우나기 선생

TORU—KANNU KARA YAMIICHIE by Shohei Imamura
Copyright ⓒ 2001 by Shohei Imamura
All rights reserved.

Original Japanese edition was published by Kousakusha.
Korean translation copyright ⓒ 2018 by Maumsanchaek
This Korean edition was published by arrangement with
Kousakusha, Tokyo, through HonnoKizuna, Inc., Tokyo,
and BC Agency.

이 책의 한국어판 저작권은 BC 에이전시를 통해
저작권자와 독점 계약한 마음산책에 있습니다.
저작권법에 의해 한국 내에서 보호를 받는 저작물이므로
무단 전재와 무단 복제를 금합니다.

▪ 이 도서의 국립중앙도서관 출판예정도서목록(CIP)은
서지정보유통지원시스템 홈페이지(http://seoji.nl.go.kr)와
국가자료공동목록시스템(http://www.nl.go.kr/kolisnet)에서 이용하실 수 있습니다.
(CIP제어번호: CIP2018030027)

우나기 선생

이마무라 쇼헤이

박창학 옮김

마음산책

옮긴이 박창학

고려대학교 국문학과를 졸업했으며 와세다대학교 대학원 문화연구과에서 영화 이론으로 박사과정을 수료했다. 음악 프로듀서 및 작사가로 활동하고 있다. 지은 책으로『라틴 소울』, 옮긴 책으로『꽁치가 먹고 싶습니다』『부디 계속해주세요』『나쓰메 소세키론』『영화의 맨살』 등이 있다.

우나기 선생

1판 1쇄 인쇄 2018년 9월 25일
1판 1쇄 발행 2018년 9월 30일

지은이 | 이마무라 쇼헤이
옮긴이 | 박창학
펴낸이 | 정은숙
펴낸곳 | 마음산책

편집 | 이승학 · 최해경 · 최지연   디자인 | 이혜진 · 최정윤
마케팅 | 권혁준 · 김종민   경영지원 | 박지혜

등록 | 2000년 7월 28일(제13-653호)
주소 | (우 04043) 서울시 마포구 잔다리로 3안길 20
전화 | 대표 362-1452 편집 362-1451   팩스 | 362-1455
홈페이지 | http://www.maumsan.com
블로그 | maumsanchaek.blog.me
트위터 | http://twitter.com/maumsanchaek
페이스북 | http://www.facebook.com/maumsanchaek
전자우편 | maum@maumsan.com

ISBN 978-89-6090-545-0 03680

* 책값은 뒤표지에 있습니다.

인간 내면을 파고들려면
프라이버시를 침해하지 않고는 불가능합니다.

차례

신주쿠의 벚꽃은 환상

저건 더 이상 방도가 없다

좋지 않은가, 필모그래피

극장 영화

나에게 배우란 언제나
맨몸이어야 한다는 느낌이 있습니다.

일러두기

1 이 책은 이마무라 쇼헤이의 『撮る―カンヌからヤミ市へ』(工作舎, 2001)를 우리말로 옮긴 것으로 차례로 산문, 인터뷰, 필모그래피의 세 부로 이루어졌다. 그중 인터뷰「저건 더 이상 방도가 없다」전편은 오직 이 책을 위해 기획·진행된 것으로, 그 배경은 저자가「후기를 대신하여」에서 밝히고 있다.

2 본문에 실은 이미지는 모두 원서에서 가져왔다.

3 옮긴이 주는 본문 글줄 상단에 맞춰 작은 글자로 적었다.

4 외국 인명·지명·작품명 및 독음은 외래어표기법을 따르되 관용적 표기와 동떨어진 경우 절충하여 실용적 표기를 따랐다.

5 국내에 알려진 작품명은 되도록 번역된 제목을 따랐고 그 밖에는 우리말로 옮겨 적거나 독음대로 적은 뒤 원어를 병기했다.

6 잡지, 신문, 영화, 연극, 각본, 노래 등은 〈 〉로, 논문과 단편은「 」로, 단행본과 장편과 무크는 『 』로 묶었다.

신주쿠의 벚꽃은 환상

청춘 기행, 쇼치쿠 조감독 시대

쇼와 27년1952년 초여름, 나는 스물다섯 살로 쇼치쿠松竹 오후나大船 촬영소의 조감독 2년 차였다. 2년 차라고 해도 아래에 1년 차가 있던 건 아니고, 네 번째 껑무니 감독으로서 슬레이트 들고 이리저리 뛰어다니고 있었다.

노무라 요시타로野村芳太郎 감독의 세 번째 영화 〈우제현형愚弟賢兄〉은 희극 터치의 청춘물로 감독도 젊고 배우들도 젊고, 촬영 현장의 위세가 몹시 좋았다. 그날의 로케이션 촬영은 신주쿠 2번지二丁目의 홍등가 한가운데서 다카하시 데이지高橋貞二가 연기하는 '우제'가 연인에게 차였거나 해서 색싯집에 뛰어드는 걸 '현형' 미하시 다쓰야三橋達也가 발견하는 신으로, 노무라 씨다운 스피디한 연출이 진행되고 있었다.

아직 잠들어 있는 한낮의 유곽이라고 해도 구경꾼은 대다수가 여성으로, 어젯밤 한가했던지 아니면 일찍 나서는 손님을 배웅하던 참인지 잠옷 차림인 여자들이 가게 입구와 2층 창에서 엿보고들 있다.

일본의 여배우는 창부를 연기시키면 엄청 잘한다는 소리를 자주들 하는데, 엑스트라 여자아이도 네커치프에 주름진 유카타 차림을 하면 벌써 어엿한 창부로 보여 똘마니 조감독에게는 진짜와 구별이 가지 않아서,

"그런 그늘에 서 있으면 화면에 안 나와. 이쪽에서 손님에게 윙크하

면서 지배인 할멈하고 얘기를 해줘."

"윙크 못해줘서 미안하네만 난 이 집 사람이야. 뭐야, 식전부터 꽥꽥 떠들고."

"아, 정말 죄송합니다. 그럼 여기 계신 여러분, 안 보이는 데로 들어가주시지 않겠습니까."

"저기, 저 엑스트라인데요"라는 엑스트라. 그럼 빨리 얘기를 하라고.

미친 듯 바쁜 중에도 스태프나 남자 배우들은 서로 농담을 한다. 누구한테 처음 여자가 말을 걸까. 머지않아 친해진 여자가 알아보고 "아, 사다짱" 할 게 틀림없다. 본촬영이라는 소리가 들리고 한순간 정적이 찾아온다. "이마무라 씨죠?" 흠칫해서 돌아서니 몸집 큰 여자가 서 있다. "봐, 이마헤이한테 누가 말 걸었어. 역시 저 녀석일 줄 알았다" 하며 다들 웃음을 터뜨리는 바람에 긴장이 한순간에 무너져서 감독과 카메라맨은 떫은 표정이 된다. "아니, 저는 몰라요, 이 사람" 하자 "무리 안 해도 돼, 이마헤이 씨. 슬레이트는 내가 맡아줄 테니까 한숨 쉬고 와도 괜찮아" 하고 말하는 노무라 씨도 사람이 짓궂다. 큰 여자는 진지하게 "당신과 만나고 싶다는 사람이 저쪽에서 기다리고 있어요. 손이 비면 꼭 와주세요" 하고 말한다.

아무튼 본촬영이 끝나자 "이마헤이를 위해 점심 먹기로 합시다" 하는 놀림을 받으며 밥값 100엔을 받고 큰 여자에게 이끌려 홍등가를 에워싼 주점가로 간다. 스무 집 정도 붉은 초롱을 내건 대폿집이 늘어선 일각의 건너편에 유카타 천 원피스에 닳은 나막신을 신은 작은 체구의 여자가 장바구니를 들고 서 있다.

이보다 7년 전 "견디기 힘듦을 견뎌⋯⋯" 하는 새된 목소리의 방송
1945년 8월 15일 정오에 방송된 쇼와 천황의 항복 선언을 들은 다음 날, 나는 기류桐生

군마현의 도시의 공업전문학교를 그만두고 다음 해 쇼와 21년1946년 봄, 전부터 깊이 뜻을 두고 있던 연극 공부를 하려고 와세다대학의 예과에 들어갔다. 도쿄의 집이 두 번이나 불타서 부모님은 홋카이도 요이치余市에 계속 피해 있었고, 나는 입학금을 지불하니 벌써 굶주렸다. 그래서 오지王子중학교의 교사였던 사촌 형에게 부탁해 Y 군이라는 중 2 아이의 가정교사를 하게 됐다. 주 이틀에 월급이 1500엔 정도였던 것 같다. Y 군의 아버지는 작은 공장 주인으로 전쟁 중에는 무기 부품을 제조해서 나쁜 돈을 벌었다는 소문이 있지만 지금은 별로 좋지 않고, 불그레한 얼굴의 듬직한 인상이지만 심한 공처가인 듯했다. 후처인 부인은 건장하고 알뜰하며 느긋한 분위기로, 저녁밥을 먹지 않고 매일 밤 외박하는 남편 일을 살짝 물었더니 "첩한테 가 있어. 벌써 몇 년이나"라고 태연하게 말하고는 호쾌하게 웃는다. 전 부인의 딸이 한 명 있는데 당시 나보다 한 살 위인 스무 살인가 스물한 살로, 서민가에서 자라 좀 깍쟁이 같은 데가 있고 후처와는 잘 못 지내는 느낌이었다. 몸집이 작고 귀여워서 나는 내심 그 누나와 만날 수 있다는 기대를 품고 오지에 부지런히 일하러 다녔다. 물론 Y 군이 열심히 공부하도록 호되게 시키기도 했다.

다음 해 여름, 나는 홋카이도의 부모님댁에서 여름방학을 보내며 사과 봉지 씌우는 아르바이트 등을 하고 좀 이르게 상경했다. 내년에 입시가 닥친 Y 군의 공부를 봐줘야 하는 데다 바다에 데려가겠다는 약속도 지키지 않으면 안 되었다. 오지 변두리 거리를 걸어 Y댁을 방문하니 공장의 일부가 시커멓게 탄 게 한눈에도 화재가 일어난 모양으로 기계도 멈추고 아무도 없다. 집 안쪽에서 누나가 나와서 눈물을 터뜨린다. 아버지가 자금에 몰려서 화재보험을 노리고 공장에 방화한 혐의로 붙들려 갔다고 한다. "엄마도 동생도 지금 경찰에 가 있어요.

나, 아버지가 정신이 나갔다고밖에 생각되지 않아요." 이웃에게서 따가운 눈초리를 받으면서도 혼자 집을 지키고 있었을 아가씨가 안돼서 뭐라도 얘기해주고 싶었지만 세상 물정에 둔한 나에게 괜찮은 말이 미리 준비되어 있을 리도 없고, 서둘러 오지 역으로 되돌아가면서 '세상에는 이런저런 성가신 일이 있구나' 하고 생각했다.

　당연히 Y 집안은 도산해서 공장이 남에게 넘어갔고, 안쪽 별채 같은 8조 다다미방조는 다다미를 세는 단위로 한 조는 약 반 평 하나만이 아마도 채권자의 자비로 남겨져 나는 거기서 Y 군의 공부를 도왔다. 얼마 안 있어서 누나가 보이지 않았는데, "눈이 맞아서 달아났어, 우리 공장 젊은 직원하고. 아하하"라고 아주머니에게 들은 나는 '아, 그 잘생긴 선반공이구나' 하고 제멋대로 단정하고, 조금 쓸쓸했지만 이윽고 잊어버렸다. Y 군은 만사태평한 사람에 공부는 도무지 못해도 활달하고 남자다운 성격이라 나와 잘 맞았다. 나는 무슨 수를 써서라도 그를 희망하는 도립 공업고등학교에 입학시키려고 몰두 중이었으므로, 아주머니에게서 수업료를 낼 수 없게 됐다는 얘기를 들어도 "필요 없습니다, 그런 거. 밥만 먹여주시면" 하고 일언지하에 대답했다. 하긴 나는 그 무렵 스모 선수급의 대식가였고 게다가 굶주릴 대로 굶주린 오자와 쇼이치小沢昭一, 기타무라 가즈오北村和夫, 가토 다케시加藤武 등을 데려가기도 했기 때문에 "밥만" 쪽이 더 힘들었을지도 모른다. 아주머니는 체력이 되는 대로 어디선가 암시장 쌀, 암시장 콩, 암시장 밀가루, 암시장 된장, 나막신, 이불, 의류, 못, 탁주 등 온갖 물자를 대량으로 짊어지고 와서 근처에 사는 사람들에게 소매로 팔았다. 처지가 어려운 사람에게는 "돈은 언제든지 괜찮아" 하는 식이었는데, 손님이 대개 어려운 처지에 있었던 모양이라 고생에 비해 벌이가 그렇게 있어 보이지 않았다. 그래도 2, 3개월 지나는 동안 수업료 대신 소주를 나눠 받게 되었다. 원가도 안 될 값으로 왕창 줬기 때문에 수업료의 몇 배는 되었다.

신주쿠의 동쪽 출입구 화재터에 와다和田 파의 암시장이 있는데 거기에 '구니짱クニちゃん의 가게'라는 술집이 있었다. 일주일에 한 번, 주머니 가방에 소주를 넣고 경관의 눈을 피해 팔러 갔다. 잡히면 출처가 어디냐 해서 몹시 번거롭기 때문이다. 이 술은 한국인이 제조한 것으로 질이 좋고 매상은 호조였다. 나는 우쭐해져서 수업료분 외에도 오지에서 술을 사들여 팔아 이득을 챙겼다. 하는 김에 양담배나 껌도 대량으로 암거래하고, 아주머니와 암시장 쌀도 나르고, 주둔군의 가솔린을 빼돌리는 일을 돕고, 임시장 2급주酒를 사기 다름없는 수법으로 팔아치워 돈을 벌었다. 나의 오십 수 년의 인생 중에서 가장 부자였던 시대로 일주일에 한 번은 신주쿠의 홍등가에서 묵고 아침 귀가 때는 여자를 데리고 암시장에서 카레라이스를 먹는 것조차 가능했다. 총 1억 암시장 시대였으니까 뭐든 예사로 할 수 있었고, 하면 돈이 되었다. 교실에는 교수에게 부탁받은 담배를 팔러 갈 뿐 강의는 듣지 않았고, 연극부 교실만은 이따금 얼굴을 내밀었다. 하지만 책은 사서 자주 읽었다. 마르크스도 칸트도, 토마스 만도 셰익스피어도 스트린드베리도 사이카쿠도, 사르트르도 하니 고로羽仁五郎도 와세다의 세 첩 하숙방첩과 조는 같은 말로, 3조짜리 다다미방에서 닥치는 대로 읽었다.

암시장과 홍등가, 알코올과 독서로 나의 전후戰後는 충실해서, 가끔 희극을 써서 동료들에게 두들겨 맞아도 '쳇, 언젠가는 걸작을 쓸 거다' 하고 혼자 우쭐했고, 그다지 의기소침하지 않았다. 실연을 해도 내장을 들어부은 것같이 비린내 나는 암시장에서 의식을 잃을 정도로 폭탄 소주를 마시면 이미 그곳은 내게 자유의 소천지小天地였고, 실연의 괴로움을 일종의 여유로 곱씹는 게 가능했다. 암시장에는 악착스럽게 살든 멍청하게 살든 바보처럼 정직하게 살든 멋 부리며 살든 생물로서의 인간 냄새가 자욱했고, 나이나 계층에 관계없는, 암흑 속의 자유 같은, 혈관 속에 걸쭉하게 비집고 들어와 있는 홀가분함 같은 것이 있었다. 다툼, 살인, 날치기, 매음 등 온갖 악덕이 북적이고 꿈틀대면서도 내장을 다 드러낸 인간들의 해방구이기까지 했다.

Y 군은 순조롭게 지망 학교에 입학하고, 나는 와세다와 암시장을 오가는 생활을 계속했다. 동료들은 신극의 연구생 등이 되어서 차례차례 프로의 길을 걷기 시작했고, 나는 딱히 목표 없이 책을 읽거나 연극을 쓰려다가 내던지고는 했다. 그 무렵이었다. 홍등가의 여자를 데리고 구로사와 아키라 감독이 만든 〈주정뱅이 천사醉いどれ天使〉를 본 건. 조금 서양풍이라는 생각은 들었지만 그런 터치가 싫기는커녕 감동했다. 영화 전체도 물론이거니와 주역인 미후네 도시로三船敏郎도 감동적이었다. 그때까지는 영화에서 미남 배우라고 하면 우에하라 겐上原謙이고 사노 슈지佐野周二고 오블라투녹말로 얇게 만든 식용 포장지로 싼 것 같은 세계에서 여자들의 인기나 끌고 있는 것 같아 거짓말 같고 마음에 울리는 게 옅었다. 그런데 내가 일상생활을 하는 암시장과 다를 바 없는 곳에서 잘못해 스크린에 날아든 것 같은 미후네 도시로는 내 눈에 질 높은 다큐멘터리를 보는 듯이 신선하게 비쳤다. 영화는 굉장하구나, 저런 게 가능한가 하는 마음으로 나는 여자를 내팽개치고 한 번 더 봤다. 잘못해서가 아니라, 같은 영화를 두 번 본 것은 그 뒤로도 앞으로도 이 영화뿐이다.

쇼와 26년1951년 스물네 살 때 쇼치쿠 오후나 촬영소의 조감독이 되었다. 월급은 3000엔이라 정기권을 사면 반이 되고 암거래도 할 수 없어서 나는 다시 거지 신세로 돌아갔다. 하지만 암시장 출신다운 터프함으로 힘껏 일했다.

이렇게 해서 첫머리의 노무라 팀 로케이션 얘기로 이어지는데, 벌써 독자가 짐작하시는 대로, 로케이션 장소에서 만난 여성은 Y 군의 누나로 홍등가가 아니라 친어머니와 친척뻘인 사람의 술집에서 일하고 있었다.

그로부터 벌써 30년이 흘렀다. Y 군의 누나는 벌써 독립해서 신주쿠 햐쿠닌초百人町에서 술집을 하고 있고, 신세를 졌던 구니짱도 오쿠보의 히코자彦左 골목에서 술집을 계속하고 있다. 아마 이 터프한 여자들의 마음의 원점에는 틀림없이 그 임시장 해방+가 있을 것이다. 나 같은 건 짐작도 할 수 없는, 산 같은 체험을 거듭해왔을 이 여자들 앞에서 적어도 나는, 변함없는 연극 청년이자 영화 청년이자 따뜻한 피가 흐르는 인간이기를 계속하고 싶다는 생각이 든다.

요코스카 항구 기행

돈 많은 수병 지금 어디에

구축함급의 소함정이 고작 서너 척이라도 입항하면 혼마치木町 부근, 통칭 시궁창 판자시궁창, 하수구를 덮는 판자라는 뜻 거리의 외국인 바는 정오 지나서부터 일단 오픈한다.

옛날과 다름없이, 보기에도 정말 간단히 넘어올 것 같은 여자아이가 넘쳐나는 전단지에 간판이 늘어섰는데, 놀랍게도 '서브마린 온리'라는 잠수함 전문 가게도 아직 한 곳 남아 비좁은 입구를 강렬한 만화로 장식하고 있다. 솔뮤직과 일본의 엔카, 군함 행진곡까지 소란스럽게 흐르고 번쩍이는 네온 앞에 수상쩍은 호객꾼과 여자 들이 우글거리지만, 정작 중요한 수병이 드문드문해서야 나이 든 유녀遊女의 아침 맨얼굴 못지않게 모든 게 확 깬다.

호객꾼 여러분이 구사하는 슬랭은 이전과 조금도 다르지 않지만 호객당하는 수병의 눈에는 왕년의 용맹스러움이 없고 풍채도 호객꾼 쪽과 큰 차이 없으며 체격조차 미국의 식량 사정이 나빠진 건 아닐까 생각될 만큼 안 좋아서 피아의 격차가 줄어든 듯이 보였다.

호객꾼도 한가한 탓인지 몇 사람은 길가에 의자를 꺼내 빨간 연필을 한 손에 들고 경륜 신문을 연구하고 있다.

"양키 고 홈"하는 목소리가 두려워서인지 아니면 본국 젊은이의 일반적 풍조를 억누를 수 없어서인지 미군은 수병들을 평복으로 거리에 내보내게 되었다. 주름진 셔츠에 장발에 청바지라 군기는 느슨하고, 용돈도 없으니까 히피와 전혀 다르지 않다. 주류점에서 산 맥주를 길가에 주저앉아 돌려 마시며 지나가는 여성을 희롱한다. 가게에 들어서자마자 주크박스에 100엔짜리 동전 하나 넣고 제멋대로 춤추다 물한 잔 마시고 바로 돌아간다. 일대일 남자다운 싸움은 안 해도 집단으로 라면 기습 정도는 한다. 영양 만점에 멋지고 돈 많은 양키 지금 어디에.

한국전쟁부터 베트남전쟁까지가 시궁창 판자 거리의 전성기로 당시 250에 달하던 외국인 바가 지금은 서른, 2000명을 넘던 여자의 수가 지금 100명. 모든 가게에서 "웰컴 재패니스" 하고 소리치지만 옛날 이미지가 너무 강해서 일본인은 별로 들어오지 않는다. 어느 정도 되는 돈이 떨어지는 건 해상자위대원이 급료일에 왕창 몰려나올 때 정도다. 옛날엔 일본인이 미군에게 들러붙었는데 지금은 거꾸로 수병이 일본인 손님에게 꾀어든다. 1만 엔 지폐가 흘끗 보이기라도 하면 끈질기게 들러붙어 떨어지지 않는다.

요코스카는 미국 제7함대의 제1기지로, 여기저기 분산된 군사시설을 모아 최근 그 기능을 점점 충실히 하는 중이라고 한다. 따라서 군인들 중에는 군에서 빌린 집에 들어가 가족을 불러들여 생활하는 자가 많아졌다. 승무원이 아니라 베이스(기지)에 소속된 군인은 원체 일본통에 구두쇠인 것이, 부인이랑 아이와 함께여서는 일본의 고물가와 싸우는 것만으로 힘에 부쳐 시궁창 판자 놀이 할 형편이 아니다. 승무원의 경우래도 미국의 급료는 신병이 달에 7, 8만으로 기본급이 옛날보다 그다지 오르지 않았다. 이걸로는 외국인 바의 보이보다 낮고, 가난뱅이와 양키가 동의어가 되지 않을 수 없다. 검은 피너츠도 수병에게는 꿈일 수밖에 없는 듯하다.이 글은 1976년 6월 신문에 연재된 것인데, 같은 해 2월에는 미국 군수업체 록히드사가 정부 고관들에게 200만 달러를 뇌물로 제공했다는 사실이 알려지면서 일본이 떠들썩한 상황이었다. 7월에는 전 수상 다나카 가쿠에이가 체포되는 등 일본을 뒤흔든 이른바 '록히드 사건'에서 뇌물로 제공한 현금을 '피너츠'라 불렀다고 보도되면서 '검은 피너츠'는 뇌물, 검은 돈을 뜻하는 말로 크게 유행했다.

기지의 미군에 의존하고 있던 세탁집도 열여덟에서 네 곳으로 줄었다. 민간인 대상으로 서둘러 영업을 전환한 몇 곳만이 성공했다. 비용이 너무 높아서 미군이 일을 주지 않는다. 세탁물을 제트기로 한국에 가져간다고 어느 업자는 한탄한다.

그러고 보면 1960년, 쇼와 35년에 내가 〈돼지와 군함〉이라는 영화를 여기서 찍고 있던 무렵의 일을 떠올린다. 승무원 5000명이 넘는 항공모함의 입항은 이 거리 최대의 관심사여서 바의 보이와 여자, 호객꾼에게는 일찍부터 정보가 들어가 있었는데, 정보의 정확성은 뭐라고 해도 세탁집이 단연 으뜸이었다. 어떤 가게 같은 데는 마닐라, 싱가포르, 홍콩, 미 본토 샌디에이고에 직접 날아가 정보를 모아서 얼굴을 팔아 맹렬히 벌어들였다고 한다.

시궁창 판자 마담의 패기

60년대 안보安保1959년과 1970년의 미일안전보장조약을 지칭하는 말. 조약 체결에 반대하는 일본 사상 최대 규모의 반정부·반미 운동인 안보투쟁을 불러일으켰다 당시, 항공모함 한 척에 호위 구축함이 서너 척, 잠수함도 두세 척이라는 기동부대가 요코스카에 입항한다는 뉴스가 흘러나올 무렵에 사세보佐世保규슈 지방 나가사키현의 중심 도시. 대표적인 미군 기지촌의 하나의 바는 텅텅 비고 규슈 여자들은 나부터라며 시궁창 판자 골목으로 몰려들었다. 어디서부터랄 것도 없이 모여든 완력 센 호객꾼들이 여자들과 사전 교섭에 들어간다. 가게에서는 입항하는 각 함의 이름에 맞춰서 간판을 새로 칠한다. 쇼를 부르고 술을 사들인다. 세탁집이나 식료품점, 수버니어(기념품점)도 각각 노동 인원을 늘리고 상품 구입 준비를 하는 등 광기 같은 분주함이었다.

입항 다음 날 밤부터 제복으로 단단히 채비를 한 수병들은 검게 탄 피부 늠름하게, 눈을 번쩍이며, 춤추듯 시궁창 판자에 흘러든다. 엄청난 야단법석은 새벽녘까지 이어져 매번 치고받는 싸움이 있고, SP(해군 헌병)는 주정뱅이 단속에 철야로 순찰을 돌고, 스무 명이나 서른 명은 확실히 붙잡아 멍키하우스(영창)에 처넣는다. 대개는 반현상륙半舷上陸군함의 승무원이 상륙할 때 좌현과 우현이 교대로 상륙하는 일이니까 하룻밤에 2500명이 항구에 넘쳐나고, 다음 날 밤에는 나머지 절반인 새 무리가 밀려온다. 이게 열흘이나 이어지니까 큰 가게에서는 함대가 들어온 달이면 한 집에서 1500만 엔을 쉽게 벌었다.

호객꾼 여러분은 대개 ×× 파라는 조직의 하부구조에 편입되어 있다. 왕창 갖고 있는 데다가 돈을 잘 쓰는 미군을 ×× 파라고 불릴 정도의 조직이 입 다물고 보내줄 리 없다. 그들은 바의 경호원으로서 버는 수입 외에도 불법 하우스를 운영하고 있었다.

요코스카는 원래 해안의 낭떠러지 아래에 있는 약간의 평지에 겨우 거리를 이룬 동네로 거리의 중심부는 갑자기 절벽에 면한 것과 같은 모습이라 방공호에 걸맞은 가로굴을 어디에든 팔 수 있었다. 이 방공호 자리라든지 낭떠러지 아래라든지 비좁은 장소에 비좁은 판잣집을 만들고 전기를 끌어와 말 그대로 매춘을 알선하는 불법 하우스 등을 운영하고 있었던 것이다.

가로굴식 방공호 입구를 합판으로 막고, 문을 만들고, 좁은 통로 양쪽에는 2층 침대를 설치한다. 통로 쪽엔 머리, 벽 쪽엔 발을 두는 2층 침대에서 옆자리와의 경계는 때가 탄 커튼뿐으로, 프로레슬러 같은 수병은 통로에 머리를 쑥 내밀고 있는 식으로 여자와 잔다.

옆자리의 군인끼리 뭔가 옥신각신하거나, 상대 창녀와 다투거나, 알몸의 여자끼리 내일 살 신발이나 드레스에 대해 큰 소리로 이야기를 나누거나, 호객꾼과 군인이 싸움을 하거나, 참호 안의 습기와 땀과 암내와 섹스가 혼합된 구역질 날 것 같은 공기 속을 도호쿠東北 사투리와 규슈 사투리와 슬랭이 어지러이 오가는, 무드고 뭐고 없는 엉망진창 되는대로의 장사지만 "좁다고 해도 군함 안과 마찬가지잖아. 여자가 있으니 낫지"라며 작정하고 돈을 긁어모으고 있었던 것이다.

베트남전쟁 중인 1970년에 나는 〈호스티스가 말하는 일본 전후사〉라는 다큐멘터리를 찍기 위해서 2개월 정도 요코스카에 다녔다. 10년이 지나자 그런 시궁창 판자도 조금 분위기가 가라앉고 가게 수도 전성기의 3분의 2 이하가 되었지만 아직 벌이는 있었다. 제7함대의 크루는 전시수당도 붙어서 위세를 부리고 있었던 것이다.

이 다큐멘터리의 여주인공은 간사이 출신으로 당시 40세, 여동생도 어머니도 딸도 전원 바에 나가서 일하고 있었다. 여동생은 제대로 된 영어를 공부해서 장교밖에 상대하지 않는 바를 운영하다가 해군 중위와 결혼해서 미국에 가버렸다. 그 바를 당시 60세였던 여걸 어머니가 사람을 써서 운영하고 있었고 자기는 '누더기'라는 바의 마담을, 두 딸은 기지 앞에서 '톱 해트'라는 작은 가게를 하고 있었다.

마담은 체격이 좋지만 어디를 봐도 40대 여자로, 혜오리라는 스물세 살의 수병과 혼약을 맺고 있었고, 장녀는 스물한 살인 조를 연인으로 두었다. 두 커플은 고지대 주택 지구의 이층집에 동거했는데 이윽고 혜오리와 마담은 결혼해 샌디에이고로 떠났다. 나이 차가 신경 쓰이지 않느냐고 내가 묻자 "어차피 2, 3년 지나 시민권을 따면 이런 수병 걷어차버리고 저쪽에서 스낵바를 열 생각이야"라고 했었다. 시궁창 판자 여자의 패기라고 해야 할 것이다.

해군 게이샤 아직도 건재

바다 근처의 요정에서 아직도 해군 게이샤로 불리고 있는 K 씨와 E 씨를 불렀다. 65세와 70세지만 두 사람 다 주름살 하나 없고 체력도 기억도 확실하다.

지금 요코스카에는 게이샤가 열세 명밖에 없지만 일본 해군의 최전성기부터 종전까지 이 부근의 화류계에는 300명의 게이샤가 사관을 상대하고 있었다. 말하자면 군용이라서 일반인처럼 군수공장 등에 징용되지 않는다는 이유로 전국에서 게이샤가 모였다. 하지만 종전이 가까워지자 사무소에 미싱이 늘어섰고 낮 시간은 국방복 등을 꿰매며 보냈다. 종전 후 대량으로 폐업해갔는데, 양복 재봉업으로 전향해 간 이가 많은 것은 그 때문이라고 한다.

E 씨는 태평양전쟁이 시작되었을 무렵 애인의 아이를 배고 있었다. 드디어 익일 출항한다던 밤에 어느 소위가 그녀에게 총각 딱지를 떼어달라고 설득했다. 소년 냄새가 채 빠지지 않은 고지식한 젊은이로, 전부터 자기에게 반했다고 느끼고 있던 E 씨도 그를 좋아했다. 그녀는 임신 중이라서 안 된다고 뒷걸음치면서 계속 거절했고 "몸조심해요. 돌아오면 그때"라며 타일렀다. 소위는 눈물을 흘렸다.

출격 후 곧 전사 소식을 받은 E 씨는 큰 소리로 울었다. 그때 그의 눈을 줄곧 잊을 수가 없다. 패전을 알고서 죽자고 생각해 발을 묶고 청산가리를 마셨지만 사카린이었기 때문에 죽지 못했는데 그때도 그를 뼈저리게 생각했다. 최근 아가와 히로유키阿川弘之 씨의 『군함 나가도의 생애軍艦長門の生涯』를 읽고 이것저것 생각이 나서 또 울었다고 한다.

K 씨는 대지진 직후인 열여덟 무렵, 어느 사관과 사랑하는 사이가 되어 여관에서 데이트를 하던 중 임검臨檢을 만나 벽장 속에 숨었다. 옷 속띠가 벽장문 사이로 빠져나가서 살살 끌어당기니 순경이 그 끝을 살짝 잡아당기다 모른 체하고 떠났다. "해군 아저씨에게 경찰이 관대하기도 했지만, 옛날 순경 아저씨는 운치가 있었지"라고 한다. K 씨는 후에 어느 중좌제2차 세계대전까지 일본 중령을 일컫던 말의 애인이 되었다. 소좌 시절에 부인과 사별한 그는 곰보에 무뚝뚝한 사람이었지만 키가 크고 스타일이 좋았다. 쇼와 15년1940년, K 씨가 서른두세 살 무렵 그는 마흔여덟로 중국에 출정해 상하이에 있었다. K 씨가 그를 쫓아 나가사키에서 상하이로 건너갔을 땐 마침 양쯔강의 수심이 낮아져 그가 참모로 소속된 함대가 한커우漢口 방면에서 돌아오지 못해 일주일 이상이나 기다려야 했다. 겨우겨우 오랜만에 만났을 때, 어쩌면 결혼 얘기 같은 걸 꺼내지 않을까 생각했는데 자기는 일생 마누라 같은 건 얻지 않겠다고만 말한다. 나중에 들으니 상하이로 가기 직전에 재혼했다고 한다. 집을 빌려주거나 가재도구를 사줘서 솔깃했던 것이기는 하지만, 처음부터 2호로 삼을 작정이었다는 걸 알고는 화가 났다. 하지만 이전에 그가 간판비 500엔을 마련해준 덕분에 독립도 할 수 있었고 기생으로 데뷔도 할 수 있었으니 어쩔 수 없다. 12, 13년이나 오고 갔지만 무뚝뚝한 주제에 경망스러워서, K 씨에게 쓴 편지를 잘못해서 부인에게 보내 탄로가 난 끝에 부인이 K 씨 집에 들이닥쳤다. "저보다 오래되셨다는 모양인데"라는 인사로 시작해 헤어져달라고 추궁해 오길래 "부름을 받으면 장사니까 갑니다. 그러니까 안 부르면 되지 않느냐" 하고 말해줬다. 그는 그 후 대좌가 되어 쇼와 19년1944년 말에 전사했

는데, 그때까지 헤어졌다가 같이 살기를 되풀이했다. 지금까지 그에게 받은 가재도구와 보석을 갖고 있다. "가끔 전차 안에서 즈시^{도쿄} 근교 가나가와현 미우라 반도에 위치한 도시에 있는 미망인을 만나지만 서로 모른 체해요. 아아, 당신 덕분에 이상한 거 생각이 나버렸어요. 잠깐 뱃바닥 물 좀 퍼내고 올게." 해군 슬랭으로 화장실에 가는 거라고 한다. 헤르담^{ヘル談}(음담), 인치(정부), 에스(게이샤) 등 그녀들은 지금도 해군 용어를 다용하고, 육군은 딱딱하고 해군은 스마트하다고 믿으며, 일생 요코스카를 떠나지 않겠다고 말한다.

그 때문인지 취기가 돌기 시작한 동시에 나는 시간이 역행하는 듯한 착각에 빠지는 것이다.

종전 직후의 혼란 통

쇼와 28년^{1953년} 8월 말에 미군이 요코스카에 찾아왔다. 당시 마흔두세 살의 고초^{胡蝶} 씨라는 게이샤는 모 제독의 정부였는데, 멀리 여행을 간다는 편지를 남기고 목을 맸다.

종전 직후, 아쓰기의 해군항공대나 진수부^{鎭守府}_{군항에 두어 해군구區를 관할하던 기관}의 일부 무리는 위로부터의 명령을 거스르고 철저 항전의 선전물을 뿌리고 소동을 일으켰지만 그것도 수습되고, 요코스카 거리는 묘하게 조용해져 밤도 아주 깜깜했다. 그 고요함이 앞으로 어떻게 될 것인가 하는 불안을 한층 심하게 했다. 미국이 와서 난폭한 짓을 할 것이 틀림없다는 얘기에 여자와 아이를 진짜로 피난시키던 이들이 꽤 있었다. E 씨가 창으로 살짝 엿보니 미군이 칠흑 같은 어둠 속에서 손더듬이로 야스우라^{安浦} 방면에 놀러 가는 게 보였다. 처음 집밖으로 나온 것은 일주일 가까이 지나고부터라고 한다.

종전까지 해군 공창工廠육군에 직접 소속되어 군수품을 제조하던 공장에도 5000명의 공원工員이 있었다. 사립 조선소인 우라가浦賀 독dock 회사의 공원과 합치면 엄청난 수가 된다. 쇼와 18년1943년 2만 4000톤의 항공모함 '운류雲竜'가 공창에서 진수했고, 같은 해까지 우라가 독에서 서른일곱 척에 이르는 구축함을 건조했다. 다음 해인 19년에는 세계 최대를 자랑하는 6만 8000톤의 항공모함 '시나노信濃'가 진수했지만 미완성인 채 세토나이카이瀨戶內海에 회송되다가 미국 잠수함에 붙들려 어이없이 격침당했다. 징용공을 포함한 5000의 공원들은 해군의 강제적인 요구에 계속 쫓겨 잠잘 틈도 없이 지독하게 일하고 있었다.

그 무렵 열일고여덟 살이던 A 씨는 지금은 ×× 파의 대간부인데 당시부터 손을 댈 수 없는 폭한으로 윗사람의 명령을 전혀 듣지 않았다. 공창 내부에서도 편을 만들어 날뛰고, 밖에선 시궁창 판자 거리에서 으스대는 수병을 붙잡아 때리고 모자를 빼앗아 달아나는 등 못된 짓을 계속했다. 당연히 찍혀서 주시를 받다가 군 측에 고소당해 군에 의해 사이판에 보내질 상황에서 종전으로 살아났다. 종전 시 상층부의 저자세라든지 혼란을 보고 환멸을 느껴 철저항전 파에 가담했는데, 기관총과 탄환과 공작기계를 다량으로 훔치고는 도요타의 전시형戰時型 트럭도 대여섯 대 훔쳐서 거기 실은 뒤 선배 공원의 고향 아이즈와카마쓰후쿠시마현 서부의 중심 도시의 산에 몇 차례에 걸쳐 옮겼다. 몇 번째인가 만에 경찰에 붙잡혀 전부 헛수고가 되었다.

당시는 득실을 생각할 겨를이 없는 하이틴이라 무아지경이었으나 연장자들 중에는 기계, 무기, 식료품 등 온갖 물자를 반출해 막대한 돈을 손에 쥔 이가 있다. A 씨는 그 후 동료들과 짜고 미군을 습격해 물건을 몽땅 털거나 시궁창 판자 거리를 무대로 화려하게 날뛰어 얼굴을 알려갔다. "이렇게 말하면 좀 그렇지만, 지금 여기서 큰 사업을 하고 있는 자들 중에는 공창의 물자를 빼돌려 기초를 만든 녀석이 몇 명이나 있습니다"라는 것이다.

전쟁 중에는 거의 해군 상대였던 야스우라의 유곽은 여든여덟 집의 가게에 평균 네댓 명의 여자를 두고 성대하게 영업하고 있었다. 연합함대가 한 해에 1, 2회 입항하면 유곽의 아이들은 보통의 직업을 가진 친척의 집에 보내진다. 어쨌든 계산대며 부엌이며 가족 방, 아이 방까지 전부 개방해 수병을 받으라는 명령이 있었기 때문이다.

지금도 그 건물 그대로 여관을 운영하고 있는 M 씨는 "여름에는 해안으로 쫓겨나서 잤죠. 달이 뜬 밤 같은 때는 손으로 젓는 작은 배에 여자와 수병이 타고 바다에 정박한 군함으로 돌아가는 것을 자주 봤습니다. 군용 마지막 배편을 놓친 거겠죠"라고 회고한다.

전후 여자들은 부채가 말소되어 대부분 고향으로 돌아갔는데, 곧이어 미군 상대 위안소를 열라는 경찰의 명령으로 여자를 모으려고 전보를 쳤지만 400명 중 100명밖에 돌아오지 않았다. 이야기를 전하자 대부분은 미국 상대 같은 건 싫다고 한다. 거기에 경찰소장이 와서 나라를 위해 해달라, 부탁한다고 머리를 숙였다. 그녀들은 높으신 분이 머리를 숙이니 감동해서, 도리 없으니까 하겠다고 다들 말했다. 히노데초日の出町의 위안소 앞에는 금세 미군이 줄을 지었지만 그 사진이 미 본국에서 발표되자 부인 단체 등이 군에 총공격을 가해 반년이 못 가 문을 닫게 되었다. 그 대신에 야스우라의 홍등가 안에 미군 전문 가게를 산재시켜, 여든여덟 집 돌아가며 맡게 되었다.

친절했던 미 해군 사관

종전 후 일반적인 바나 술집이 아직 열지 않았을 무렵 시내에는 미군을 상대하는 비어홀이 두 집 있었다. 암시장의 술이나 탁주가 없는 것은 아니었지만 위생의 관점에서 미군은 이 두 집만 상대하도록 허가한 것이다. 이곳의 번성은 엄청나서, 나가노현 한 현에서 1년에 소비하는 맥주를 두 집에서만 한 달 사이에 팔았다고 한다.

쇼와 21년1946년 여름이면 미군의 수도 늘어 유흥처도 야스우라만으로는 도저히 조달할 수 없게 되었다. 그 무렵까지 궁핍한 처지에 있던 해군 게이샤 E 씨들에게 기지로부터 호출이 걸렸다. 드디어 왔구나 하고 생각해 세 사람이 한 조로 가도 되는지 묻자 상관없다고 한다. 그래서 단벌 홑옷에 이때다 싶을 때 쓰려던 무기인 부채를 허리띠에 꽂고 가보니 전 진수부 사령장관실로 보내졌다.

'페인트 따위를 처발라서 싸구려로 바꿔버리다니' 하는 생각에 화가 났지만, 기다리고 있으니 사령관 데커Decker 대령과 부관이 나타났다. 부관은 일본어를 잘해서 그녀들의 생활은 지금 어떤가, 약은 있는가, 식료품은 어떤가 등 세세한 질문을 했다. 뭐 하나 없다고 대답하니 모자란 것은 뭐든 보내겠다고 말하고 음식을 대접해주었다. '좀 대접 받았다고 해서 구舊해군에 대해서는 절대 말하지 않을 거야.' 제국 해군의 장교에게서 받은 편지와 사진 같은 건 군의 기밀을 누설할 우려가 있어서 구헌병대가 조사하러 왔을 때도 숨기고 있었건만 그걸 꺼내라는 소리 따윌 하면 죽을 각오였지만, 그런 명령은커녕 친절하고 아무 짓도 안 할 것 같고 부채를 쓸 일도 없었기 때문에 조금 맥이 빠졌다. 그래서 이쪽이 먼저 여성에게 난폭한 짓 하지 않을 거냐고 묻자 "오오, 물론 게이샤 걸 사랑합니다"라고 해서 조금 안심하고 돌아왔다. 그 후 기지의 인사부에서 여러 가지 물품이 도착했다. 그때 E 씨 서른네 살이다.

같은 해군 게이샤인 K 씨는 그 무렵 경찰서장에게 불려가 요네가하

마米ヶ浜에서 양공주 하우스를 하라는 말을 듣고는 30명의 여자를 모아 다섯 집의 요정에 나누고 그 한 집의 책임자가 되었다. 미군 병사한테 44엔 받아서 여자와 절반으로 나눈다. 오전 11시부터 오후 4시까지 다섯 시간에 평균 여자 한 사람이 스물일고여덟 명을 받는다. 그 후 얼마 되지 않아 예기 조합이 부활해 일류 요정의 게이샤가 장교 상대로 나가게 되었는데 그녀들은 5인 1조, 6시부터 11시까지라는 조건을 달고 영업했다. 밤은 숙박 200엔으로, 그 방면의 전문가가 함께한다.

K 씨에게 "미국 사관은 어떻습니까?" 하고 묻자 "해군은 해군, 일본도 미국도 해군 사관은 통이 크고 스마트하지만 일본의 해군은 원래 영국식이잖아요. 거기는 역시 제대로 되어 있이요. 미국식은 어쩐지 야물지 못해서 난 마음에 안 들어. 해상자위대도 최근에는 늘어났지만, 절도가 없는 건 미국식이라서 그래. 뭣보다 달리기 경주도 아니고 일위一尉자위대의 계급니 이위二尉니 하는 게 재미없어요. 같은 거라면 소위라든지 중위라고 하면 좋잖아. 어서 고치라고 얘기해줘도 말이야" 라니 엄하다. 자위대의 상층부는 이 엄함을 내다보고 대원들에게 "너희는 프라이드가 없다. 자위관으로서 프라이드를 갖는 법을 해군 게이샤한테 배우고 와라. 기합을 받고 와라" 하고 말한다는 얘기다.

해병 40기라거나 50기라거나 동창회에는 어떠한 무리를 해서라도 나가고, 시내 오바라다이小原台에 있는 방위대의 졸업식에도 물론 간다. "그리워서 가시는 거군요" 하고 물으니 그리움도 있지만 제국 해군의 후배 녀석들이 도대체 어떤지 알아보러 가는 셈이라고 한다. 올해는 미국 건국 200주년제에 참가하는 연습 함대의 출항을 배웅하러 다우라田浦항에 갔다. 기함함대의 지휘관이 탄 배은 '가토리香取'로, 지금의 가토리는 4대째다. 기함에 타고 있는 함대 사령 어르신은 전 해군 대좌로, B 게이샤 언니의 연인이었지만 주정뱅이에 도리 없는 사람이었다고 하니까 사령이어도 고개를 들 수 없을 것이다.

해군 게이샤는 철저하게 '해군 만세'라지만, 시궁창 판자에서 옛날에는 일본 수병을 상대로 '만기滿期 기념품'을 팔았고 지금은 미군을 상대로 '수버니어 숍'을 하고 있는 Q 씨는 말한다. "죽어도 해군엔 가고 싶지 않다고 생각했어. 그렇게 맨날 얻어맞아서는 배길 수 없으니까."

바다로 뻗치는 섬모와 닮아서

메이지 22년1889년 6월, 오후나-요코스카 간의 철도 건설공사가 끝났다. 19년1886년 6월에 당시의 해군대신 사이고 주도西鄕從道, 육군대신 오야마 이와오大山巖가 총리대신 이토 히로부미에게 건언해 1년 후에 측량이 시작되고 그 2년 후에 완성된 이 맹렬한 속도는, 건언서에 있는 대로 "차제에 기차 철도를 가나가와 혹은 요코하마에서 요코스카에 시설함은 군략상 가장 긴요해야 할" 사항이었던 연유다.

철도 개설과 함께 도로도 만들어져, 그때까지 오로지 해로에 의지하고 있던 요코스카를 모든 면에서 커다랗게 발전시킨 것은 물론으로, 인구는 배로 늘고 시가지도 정비되었으며 시내에 있던 유곽도 교외의 논으로 옮겨지고 해안의 매립지도 번성했다.

뭐니 뭐니 해도 이곳은 군항 마을로서 해군의 확장이 곧 마을의 발전으로 이어진다. 해군 게이샤의 말을 빌리자면 제국 해군이든 미국이든 자위대든 해군은 해군인 것이다. 한국전쟁 전후前後가 재류 미군도 입항 함선도 가장 많았는데, 쇼와 27년1952년의 미 사령관의 발표에 따르면 "기지 내부의 인원이 시내에 쏟아붓는 월액이 8억 1400만 엔, 기지의 일본인 요원 1만 3000명에게 월액 2억 5000만 엔, 기지의 화물 선적과 그 밖의 서비스업자에게 월액 2억 6600만 엔 등 합계 13억

3000만 엔이 지불되는 외에도 식료품 등 기타가 매입되고 있다" 한다. 이것을 연액으로 하면 약 160억 엔이 되고, 그중 미군이 시내에 쏟아 붓는다는 돈만으로 연액 100억 가까이 된다. 같은 해 요코스카 전 상점의 매상액은 160억 원으로, 시의 세입 12억 엔과 비교하면 요코스카 경제의 기지 의존도가 얼마나 높은지 알 수 있다.

그 후 자위대가 그 세력을 신장해 어느 정도의 돈을 시에 떨어뜨리는지 모르지만 『요코스카 100년사橫須賀百年史』(쇼와 40년1965년 출간)에서 말하길 "주둔군의 기지이자 해륙 자위대의 소재지인 것이 시의 형세 및 시민 생활에 적지 않은 영향을 끼친다는 것은, 즉 본 시의 역사에 어느 정도 투영되어 있다는 것은 틀림없는 사실이며, 장래에도 또한 그럴 것이라고 짐작된다. 그런 의미에서 본 시의 장래는 양자를 빼고서는 생각할 수 없는 것"이라 운운하는 것을 보면 역시 자위대는 계속 감소하는 미군의 뒤를 메우기 위한 중대한 존재일 것이다.

현재 시내의 미군 관련 시설은 5개소, 자위대 시설은 28개소이며 그 넓이는 둘을 합해서 622만 평방미터(약 190만 평)로 시의 지역 비율 6.2퍼센트를 점하고 있다. 게다가 그 대부분은 해안선과 항만 지역의 중요한 부분에 위치하기 때문에 시의 목표인 평화산업 항만도시로의 발전에 커다란 영향을 끼치고 있다. 그래도 쇼와 36년1961년 미군으로부터 반환된 옷파마追浜 병기창 부지에 유치한 닛산 자동차를 비롯한 대공장군의 생산액은 쇼와 38년1963년에 시 전체 생산액의 70퍼센트를 점해, 소비도시에서 생산도시로 탈피하는 계기를 만들었다.

시청 위에서 보면 쇼와 41년1966년부터 8년의 세월과 44억 엔의 거액을 투자해 재작년 말 완성된 요코스카 신항의 전모가 내려다보인다. 미군에 100퍼센트 접수되어 있는 본항을 제외하면 나가우라, 구리하마만이 지금까지 대형선을 계류할 수 있는 항구였는데, 신항은 계선

능력이 구리하마의 약 세 배, 나가우라의 1.8배로 화물 처리지 면적에서도 야적지 면적에서도 압도적으로 넓어, 무역항 요코스카의 미래를 크게 짊어지고 있다. 미완성인 미우라 반도 종단 도로를 비롯해 배후의 교통 체계가 정비된다면 그 위력을 더 발휘할 수 있을 것이라고 온화한 얼굴의 요코야마 시장은 말한다.

작년 여기에 중국으로부터 화물선이 처음 들어왔고 지금은 1000대에 이르는 반짝반짝하는 신차가 줄지어 미국행을 기다리고 있다. 신항 입구에는 쇠사슬이 쳐졌고 가드맨이 경비하고 있다. "상당히 엄중하네요"라고 했더니 "권총이나 마약이 때때로 밀수되기 때문에요"라는 대답이다.

군함이 들어올 때, 자동차가 나갈 때, 항구 요코스카의 기쁨과 슬픔은 일본이 바다를 향해 내뻗는 섬모와 닮아 비릿하고 인간미 있고 조금 무시무시해서, 그 섬모를 가지고 거꾸로 일본을 보는 재미에 끌려 나는 또 이곳에 관한 영화를 찍고 싶다고 생각하기 시작했다.

〈아사히신문〉 1976년 6월 21~26일 석간

픽션과 다큐멘터리의 경계에서

　〈신들의 깊은 욕망〉이라는 극영화는 내 영화감독으로서의 전반생의 결실이자 총화였다고 생각한다.

　그 무렵 〈인간증발〉의 계획이 이미 있고 〈인류학 입문〉의 시나리오가 있고 〈신들의 깊은 욕망〉의 제5고가 있어서 몹시 바빴고, 덤으로 모로코에서 다큐멘터리풍 드라마 〈겁쟁이 알리弱虫アリ〉를 쓰고 바로 찍으려고 스태프를 모로코에 파견하는 소동도 있었다. 이마무라 프로덕션이 닛카쓰日活로부터 독립하는 시기였던 것이다.

　너무나도 바빠서 지금 기억해내려고 해도 혼돈한 상태라 정리가 안되지만 그 무렵 내 염두에 있던 것은 '신'이었다. 그 무렵만이 아니라 전후 줄곧 신에서 머리가 떨어지지 않았다. 일본인의 신이란 무엇인가? 형이상학 책을 섭렵했지만 거기서는 아무것도 발견할 수 없었다. 그럼에도 불구하고 굶주린 육체가 뭔가 신의 냄새를 맡은 것이다.

　패전 때가 열여덟 살. 진심은 듣지 않고 형식과 긴장만을 강요당하는 전시에 전후 화재터 암시장 파였던 나는 암시장에서 생활하다가 처음 진심을 꺼내 서로 소통하는 여자들을 보고 놀랐다. '쌀을 손에 넣으려면 여자임을 무기로 삼아 직접 몸으로 부딪치면 된다. 결국 그 방법밖에 없다' 하는 얘기를 지극히 당연한 것으로 깨달아, 거기에는 신이 개입할 틈 따위 없다고 여겨졌다. 천황은 "나는 신이 아니다. 인간일 뿐이다"라고 말했다. 애초에 서양인의 신 같은 것을 가졌다면 원폭 같은 건 있을 수 없다. 히틀러가 어떠한 광인이든 미국은 베를린에 원폭을 떨어뜨리지 않았고, 이탈리아가 아무리 끈질기게 저항해도 밀라노에 피카돈원자폭탄. '피카'는 번쩍, '돈'은 쾅을 내리지 않았다.

쌀과 여자가 지탱하는 야마토의 나라에서는 귀납적으로 인간 개개인의 상념이 충돌해서, 그 회로를 통하지 않고는 신과 맞부딪치기가 불가능하다고 암시장의 2첩 방에서 사카구치 안고坂口安吾의 『타락론堕落論』을 읽으며 생각했다.

그런데 〈신들의 깊은 욕망〉은 오키나와의 기후가 몹시 나빠서, 태풍이 왔다가 본토 부근의 고기압에 눌려서 멈추거나 때로는 역류해서 필리핀까지 돌아갔다가 다시 오키나와에 다가오는 식이라, 3월부터 9월 시기에 강한 햇볕을 원하는 내 목표에 반해 잔뜩 찌푸린, 구름 낀 하늘이 이어졌다.

마침내 1년이 덧없이 지나 예산을 다 소진하고 2년째에 들어섰다. 아직 찍어야 할 것이 8할 남았다. 그래도 2년째에는 얼마간 기후가 멀쩡해서 촬영을 끝내고 그 지역 사람들과 술잔을 나누며 깊은 이야기를 할 수 있었다. 신에 대해서는 아직 잘 모르지만 우리의 신은 꽤나 편의적인 신이다. 일신교의 신과는 엄청 달라서, 자연신과 선조신이 뒤섞인 모양이라는 것을 알았다.

지역 사람들과의 대화는 재미있었다. 스태프나 배우와 얘기하는 것보다 까마득히 재미있는데, 예를 들면 혼을 떨어뜨리는 일이 자주 있어 그걸 발견해서 줍는 것이 큰일이라고 한다. 어떤 경기에도 여자의 응원이 있는데, 응원이 서서 상대를 저주해 쓰러뜨릴 정도라면 승리는 틀림없다. 그러면 경기를 하는 당사자는 아무것도 안 하고 있는 게 될 것 같지만, 역시 그럭저럭 노력하지 않으면 이길 수 없다. 하지만 여자의 응원이 뭐라 해도 승리의 제1조건이라고 한다.

이 이야기를 배우들에게도 들려주고 싶지만 아무래도 마음을 기울여 듣지 않는다.

배우 따위는 동지가 아니다. 개개의 현상으로부터 우원한 입장이고자 신에게 이르는 회로를 탐색하겠다고 결정했을 때부터 나는, 배우라는 가짜 생활자에게서는 신에게 이르는 회로를 발견하지 못하고 현실의 생활자에게서야말로 그 회로를 찾아낼 수 있다고 믿고 있었던 것 같다.

변경 오키나와의 끄트머리 야에야마八重山 군도의 주민들이야말로 그들의 신에게 이르는 단락短絡이라고 할 회로를 갖고 있어서, 나의 신과는 아무래도 이질적이지만, 그들 고유의 회로를 실마리로 삼아 나도 나의 신에 맞부딪쳐보고 싶었다. "그렇지 않은가, 동지 제군" 하고 뒤돌아보면 배우들은 고개를 돌려 외면하고 있었던 사정이다.

배우는 시시하다. 특히 텔레비전이 보급된 뒤의 배우는 시시하다고 생각을 굳혀, 가짜가 아니라 진짜 생활자를 대상으로 신에게 더 가까이 다가가려던 게 내가 다큐멘터리로 전환한 이유라고 생각한다. 오키나와로는 성에 차지 않아 타이완, 필리핀, 말레이반도를 거쳐 보르네오의 오지에까지 들어간 것도 말하자면 신 찾기의 일단이었다. 미귀환병 찾기가 표면적인 줄거리였지만 정말은 신 찾기. 천황의 이름 아래 외지에서 싸우고, 끝나자 아무렇게나 방치당해 일상생활과 신상이 위험에 쫓기다 보면 '나를 방치한 것은 누구냐, 애초에 나를 전쟁에 내몬 것은 누구냐' 하고 천황에 대해 무엇인가 생각하게 된다. 그러는 사이 상사맨들이 새로운 천황의 군대처럼 찾아온다. 일견 미국인처럼 보인다. 텔레비전 다큐멘터리 등에서는 이런 예를 끝까지 파고들고 싶어도 실상 이도저도 아니게 되어버리기 쉽다. 그중에는 이슬람교를 신봉하는 사람이 있었는데, 서투른 일본어로 철저하게 자기 마음대로 떠들었다. 어디까지나 내 것이 아닌, 빌려온 것의 약함이 있다.

〈인간증발〉은 〈신들의 깊은 욕망〉보다 1년 전에 만든 것인데, 신의 굴을 파러 반년도 더 전부터 혼자서 가기도 했으니까 양자는 뒤섞여 명확하지 않다.

배우는 동지로서 의지할 존재가 못 된다. '가짜 생활자니까'라고 말했지만, 미귀환병들도 카메라를 향하면 다들 가짜 생활자가 된다. 어렴풋이 기억하는 일본어가 서툴러서 진짜인 것 같아도 배우와 한 조다.

〈인간증발〉의 여주인공 네즈미쥐는 크랭크인하고 한 달도 지나지 않는 사이에 여배우가 되었다. 네즈미의 언니 우사기토끼는 아직 그 정도는 아니다. 평범한 샐러리맨 오시마 다다시라는 남자를 약혼녀 네즈미가 쫓는다는 스토리다. 오시마는 사장에게 억지로 소개받은 네즈미가 싫어서 언니 우사기에게 기울었겠지 하는 게 스태프의 관측이었다. 네즈미가 시나리오 없이 약혼자의 발자취를 쫓는 데에 후견인으로 배우 쓰유구치 시게루露口茂를 붙였다. 내가 화면에 나가기도 부끄럽고, 타자와 이렇다 저렇다 얘기하는 데에는 네즈미의 붙임성 없는 성격이 마이너스인 것이다. 자매가 가짜 방(영화 스테이지 세트)에서 대결하는 부분이 있는데, 그 째지는 목소리가 정이 안 가는 여자 네즈미는 여배우가 되었으나 그 연유로 힘을 잃고 우사기가 판정승했다. 드라마와 다큐멘터리의 경계를 마지막에 드러낼 속셈으로 세트를 철거했지만, 드라마가 충분히 파고들지 않았기 때문에 효과가 옅었다. 생각건대 네즈미의 추궁이 약한 게 이유일 것이다. 네즈미는 여배우가 되었으므로 우사기처럼은 될 수 없다. 아무리 진실로 보이는 일을 눈앞에 들이밀어도 우사기는 모른다고 잘라 말한다. 네즈미와 달리 우사기는 다큐멘터리를 단단히 믿고 있다. 그 박력의 차이는 역력했다.

나는 처음에 네즈미가 미친 듯이 우사기를 몰아세우다 우사기는 모른다고 버티고 네즈미는 이내 손에 잡히는 찻그릇을 던지고 일어나 수라장이 벌어질 거라 생각했다. 거기까지 가면 세트 철거도 효과가 있을 거라고 생각했다. 그런 기대도 있었다.

세트를 날린 후에, 하카타의 스낵바에 노란 헬멧을 쓰고 나타난 증발자 오시마를 바로 얼마 전에 만난 소년이 있다는 통보가 있었다.

어이쿠, 하고 이 소년을 기다렸다 촬영하려고 모든 스태프를 대기시켰다. 소년이 스테이지에 들어오자마자 모든 카메라를 돌렸다. 우사기와 네즈미는 서로 동맹해 이번에는 그 소년을 닦달했다. 너무 엄청나서(우사기는 다큐멘터리로서, 네즈미는 배우로서) 소년은 쩔쩔매고 싫어증이 되었다. 우사기는 "이 아이, 거짓말하고 있어!"라고 말하고 소년은 저항하지 못한 채 허둥거렸는데, 즉흥적 연출 또한 서툴러 끝을 내지 못하다가 라스트에는 사람을 모아서 질질 끌고 어영부영 끝났다.

다큐멘터리와 신, 여배우와 신의 문제를 마음먹고 파고들면 무엇인가 성과는 있었을 거라 생각하지만, 생각이 어지러워질 뿐이지 거듭 이도저도 아니게 끝나버렸을 것이다.

그 후 〈복수는 나의 것〉이라는, 실화를 바탕으로 한 드라마를 9년 만에 하게 되었다. 각본은 언제나처럼 '큰일이군' 하고 생각했지만 그렇게 싫어하던 배우를 마음껏 써보니 배우도 아직 기대할 만하다. 그들이 개개의 배역에 몰입해 있는 것을 보면 그들 개인과 배역 사이에 신을 발견하는 방도도 틀림없이 있을 거란 생각도 들었다.

배우에도 여러 종류가 있다. 남우와 여우는 간단히 성性으로 나누지만 양자는 전혀 질이 다르다. 남우는 그대로도 괜찮지만 여우 쪽은 여수女獸짐승라든지 여호女狐여우라든지 다른 이름을 붙여야 한다. 이성이 아니라 직감으로 움직이기 때문이다.

여대생 망국론 같은 게 한때 얘기되었는데 그건 남자가 구축한 논리의 성에 비논리의 패거리가 침입해 온다는 생각일 것이다. 하지만 세계에 여성이 없어서는 안 되고, 여성과의 사귐 속에서 신의 존재를 탐구하는 학구파가 있어도 좋지 않은가.

도노야마 다이지殿山泰司라는 배우가 옛날 터키탕에서 사인을 부탁받자 "진실을 추구하여"라고 썼다. 이에 다들 웃음바다가 되었지만 실은 노년의 도노야마에게서 나는 만족할 줄 모르는 학구를 보았다.

네즈미도 여배우가 되었다고 말했으나 그 여우는 여수지 남우와 나란한 여우가 아니다. 당시의 나로서는 네즈미의 진짜 진실을 추구해 여수의 본체를 간파해줄 능력이 안 됐던 게 애석하다.

수록 매체 및 일자 미상

여자 프로듀서

일전에 후지모토 사네즈미藤本眞澄상후지모토 사네즈미는 프로듀서로 도호東宝영화사의 제작부 수장이었다의 수상식이 있었다. 프로듀서에게 주어지는 드문 상이다.

I라고 하는 30대 여성이 올해의 신인상이었다. 내가 주재하는 영화학교를 나와 조수로서 오랫동안 고생하다 〈검은 비〉에서 처음으로 프로듀서로 독립하게 된 사람이다. 다른 몇 가지 상은 영화인 외에 기업 대표의 연명이 많아, 한 명이 받은 건 I뿐이었다. 요즘 세상에 거액의 제작 자금을 만들려면 대기업이나 텔레비전 회사 등과 연계하는 수밖에 없는 게 상식인 것이다.

〈검은 비〉도 어느 기업의 투자를 기다리며 준비하고 있었으나 상대의 사정이 안 되어 어쩔 수 없이 이십 수 사社에 자금 원조를 부탁했지만 번번이 상황이 안 좋았다. 원폭을 다루고 있으니 어둡고 진지하고 재미없을 것이다 하는 게 대부분의 의견이었다. 즉, 돌아오는 게 없을 것 같은 영화에 돈을 내는 바보는 없는 것이다.

나는 작은 프로덕션의 오너니까 언제나 감독인 동시에 프로듀서다. 그러니까 제작 자금을 준비하는 것도 쓰는 것도, 그것을 버는 것도 적자를 짊어지는 것도 물론 나 자신이다. 지금까지는 I 여사도 조수일 뿐으로, 스태프와 배역의 개런티를 정하고 배급 회사와 교섭하고 선전

비나 제작비의 할당을 정하는 등을 해오기는 했지만 아직 너무 섦고, 최종 책임을 질 입장은 아니었다. 〈검은 비〉도 이십 수 사에서 거절당해 당연히 자금난에 빠졌다.

전 스폰서를 기대하고 준비는 진행해왔기 때문에 크랭크인이 눈앞에 닥쳐 있었다.

내 자택을 담보로 돈을 빌렸지만 애초에 빌린 땅 위의 낡아빠진 집이니까 큰돈은 빌릴 수 없었다. 모 회사에 비디오·텔레비전권을 미리 팔아도 아직 필요한 금액의 반이었다.

어느 날 나는 전원 앞에서 자금난을 공표하고 어쩌면 이 영화는 도중에 스톱할지도 모른다고 했다. 하지만 그것은 최악의 경우로, 최악이 되지 않게 하려고 매우 노력하겠다고 말했다. 모두 입을 다물고 있었지만 복잡한 심정이었을 것이다. I도 자금을 조달하지 않으면 안 되는 입장인 것이다.

스폰서 찾기는 오카야마 산간 지역에서 크랭크인을 하고 나서도 줄곧 계속되었다. 나는 도쿄에 남겨두고 온 I와 연락하면서 돈줄을 찾아 발버둥을 쳤다. 촬영에 쫓기는 나에게는 그녀의 움직임이 둔하게 여겨져 돌연히 상경해서 직접 닥치는 대로 뛰어다녔다. 그녀의 괴로움은 나 이상이었겠지만 나에게는 그것을 이해할 여유가 없었다. 크랭크업 이틀 후, 오카야마에서 특이한 스폰서와 만나 문제는 일거에 얼음 녹듯 풀렸다.

수상식 전날, I가 여기저기 기업에 자금 협력을 부탁한 편지를 처음 읽었다. 지금까지 경어로 편지를 쓰는 일이 전혀 없던 그녀가 훌륭한 편지를 쓰고 있었다. 결과는 실패였지만 잘 읽으면 사람의 마음을 움직일 수 있는 내용이었다. 그 증거로 평소 가난뱅이에게 상냥치 않은 은행이 몇 번인가 답장을 주기도 한 것이다. 나는 제멋대로인 스스로를 부끄러이 여기며, 그녀가 보이지 않는 곳에서 노력과 성장을 한 자취를 보고 감동했다.

〈니혼케이자이신문日本経済新聞〉 1990년 7월 5일 석간

농촌 실습

　내가 주재하고 있는 일본영화학교에서는 매년 5월 말 아흐레간 농촌 실습이라는 걸 한다. 그 무렵이 후쿠시마현 반다이초磐梯町에서는 모내기가 제일 바쁠 때인데, 농가의 아이라 해도 요즘에는 농업 따위 돕지 않는다. 진흙투성이에 더러운 중노동은 오늘날 가장 혐오받는 일인 것이다. 촌스럽고 수지 타산이 안 맞는다고 젊은이들은 다들 생각한다. 그러니까 시집도 안 온다.

　그럼 영화 일은 어떤가? 이것도 더럽고 조금도 스마트하지 않고 수지 타산이 안 맞는 일이라서 여간해서는 시집을 안 온다.

　입학식에서 늘 나는 말한다. "얼마든지 널린 수지 잘 맞는 일을 목표로 삼는 것이 당연한데 일부러 수지가 안 맞는 영화의 세계에 들어온 제군은 일종의 미치광이다." 신입생들은 "아하하……" 하고 웃는다. 교장은 저렇게 말하지만 아무리 그래도 영 수지가 안 맞지는 않겠지, 대히트할 영화를 만들어서 수지 잘 맞게 살아가는 일도 꼭 있을 것이다 하고. 크게 버는 영화도, 우두머리는 번다고 해도 아래쪽에서 일하는 치들까지 버는 건 아니다. 졸업생은 대부분이 텔레비전영화의 하청 프로덕션에 가서 월급 없이 한 편에 얼마로 싸구려 노동력으로 일한다. 인망이 있고 세심하고 일 잘한다는 평판을 따내면 차례차례 다양한 일에 끌려간다. 어디서 일하든 당연히 밑바닥이니까 어느 정도 견디지 않으면 안 된다. 그들 중 몇 퍼센트가 시나리오를 쓰고, 독립해서 연출할 수 있게 된다. 혹은 카메라맨으로서 독립한다. 스물 무렵에 졸업해서 10년이나 그 정도는 견디는 시절이 되는 것이다. 이 견딤을 얼굴을 찌푸리며 참을 뿐 아니라 9할 괴롭지만 1할 재미있다고 생각할 줄 아는 사람이 성공할 가능성이 있다.

그래서 농촌 실습인 것이다. 일주일 이상이나 농가에 얹혀살며 맛없는 쌀밥을 얻어먹고(그들이 맛있다고 하는 건 햄버거나 스파게티다) 아침에 아직 컴컴할 때부터 해 질 녘까지 더럽고 괴로운 노동에 종사하지만 아르바이트 수당은 없는 체험은 그 견딤 시절의 예습으로, 나는 그 정도로는 꺾이지 않을 거야 하는 자신감에도 이어진다. 농업도 영화도 수지 타산이 나쁘다.

이번 봄의 농촌 실습에서는 배우과(15퍼센트가 배우 지망)의 두 사람이 어느 집에서 달아났다. 아흐레 중 엿새째였다. 쇼크를 받은 것은 담당 교사와 농가의 주인이었다. 내가 그 농가를 찾으니 주인은 울음이 터질 듯이 슬픈 모습으로 "15년이나 이런 일 없었는데" 하고 불평을 하며 술을 퍼마시고 있었다.

달아난 두 사람은 다음 날 농가에 돌아가 사죄한 뒤 모두들보다 이틀 더 많이 일하고 지금은 매일 등교하고 있다. "왜 달아났느냐." "그 아저씨와 마음이 맞지 않았습니다. 노동이 괴롭다기보다 인간관계네요. 하지만 마지막엔 잘 풀렸습니다." 요즘 젊은이는 이런 이유가 먼저인 것이다. 두 사람에 대해서는 이후 계속 지켜보지 않으면 안 되겠다고 생각하고 있다.

〈니혼케이자이신문〉 1990년 7월 12일 석간

사투리

〈검은 비〉라는 영화에서 사투리 지도를 해준 ○ 여사가 『로컬색 팔레트ローカル色のパレット』라는 책을 냈다. 그 책에는 사투리 지도란 "드라마에서는 실로 다양한 지방이 무대가 된다. 등장인물은 기본적으로는 그 지방의 말을 써서 생활한다. 하지만 연기하는 배우는 거기서 생활한 일도 없고 가본 적도 없는 경우가 많다. 그래서 사투리를 통해 역할 연구를 하는 배우에게 협력하는 파트"라는 말이 있다.

그녀는 오사카, 히로시마, 교토를 아버지의 일 관계로 전전하다가 후에 도쿄에 나와 배우가 되었다.

아마 그녀는 보통 사람보다 뛰어나게 귀가 좋을 것이다. 잘못된 이상한 사투리를 들으면 조바심이 난다고 말하고 있다. 그래서 여배우 가업을 겸해 사투리 지도를 하게 된 모양이다. 사투리는 능숙히 쓰면 그 지방 생활의 세세한 뉘앙스가 표현돼 연기와 연출에 도움이 된다.

〈검은 비〉에는 옛 지주인 시게마쓰의 집에 근처의 가난한 중년 여자가 와서, 전쟁에서 뇌 장해를 입은 아들의 아내로 시게마쓰의 조카딸을 받을 수 없을까 하고 부탁하는 신이 있다. 그 앞머리에 "이거, 맛없는 건데요, 사모님께 드시게 하세요"라는 대사가 있다. 테스트 중에 ○ 여사의 의견이 나왔다. "맛없는 것"을 "변변치 않은 것입니다만"으로 하는 편이 좋겠다는 것이다. 나는 당장 그 자리에서 이것을 채용했다.

뇌 장해를 입은 아들에게 지주의 조카딸을, 하고 얘기 올리는 것 자체가 전후 5년째인 시골에서는 비상식으로 취급받을 것이다. 내 아이가 사랑스러운 나머지 터질 듯한 조바심 끝에 얘기를 하러 온 농촌 부인의 심정이, 이렇게 익숙하지 않은 경어를 쓰면 명쾌하게 표현된다고 생각했다.

옛날에 도노야마 다이지라는 배우가 오사카 사투리로 대사를 말하길래 곁에 있던 사투리 지도자가 "도노야마 씨, 거기 악센트 틀려요. 이렇게예요" 하고 바로잡자 "자네, 그건 표준어 악센트잖아" 하고 말했다. "그래도 거기는 표준어하고 똑같으니까요." "그렇군. 그래도 이쪽 편이 오사카 말 같다니께."

도노야마 씨는 에도 사람이지만 오사카 사투리의 뉘앙스를 사랑한다. 그래서 자기도 모르게 오사카 사투리 같은 오사카 사투리를 써버린다. 즉, 약간 사투리 과잉인 것이다.

나도 도쿄 사람이지만 아버지와 할머니가 간사이 사람이었던 탓도 있어서 자주 오사카 사투리를 쓴다. 오사카 말의 풍부한 어휘와, 풍부함에서 오는 완곡한 말씨가 견딜 수 없이 좋은 것이다. 다만 내 사투리는 어디라고도 할 수 없는 간사이 사투리와 가와치 말의 뒤범벅인 모양이다.

"적당히들 혀, 바보들아! 어째서 더 확실히 하지 않는 겨. 입구에 기대서 개떡 씹는 것 같은 얼굴을 하고선……."

믿음직스럽지 않은 조수와 배우를 야단칠 때는 무심결에 이렇게 된다. 〈검은 비〉의 로케이션 촬영 중, 도쿄에서부터 질질 끌던 어떤 여자와의 관계를 청산하지 못하고 매일 밤 몇 시간씩 전화하다가 그 끝에 중요한 현장에 맨날 지각해서 오는, 어느 파트의 젊은 놈을 야단쳤을 때의 대사다. "입구에 기대서 개떡 씹는 것 같은." 믿음직스럽지 못한 녀석을 이만큼 잘 표현한 재담은 없다. 그저 나쁘게만 말하는 것이 아니라 그 녀석의 말랑하고 좋은 점도 인정하는 듯한 재치가 좋은 것이다.

<니혼케이자이신문> 1990년 7월 19일 석간

결혼식

영화감독이고 교장이고 한 탓인지 자주 결혼 피로연에 불려 가는데 그때마다 생각한다.

딱히 특별하게 재미있지 않아도 좋지만 요즘의 결혼식 피로연은 너무나도 재미없다. 대부분은 식장에서 연출한 한 가지 패턴으로, 신부가 옷을 갈아입는 순서라든지 케이크 커팅이라든지 캔들 서비스라든지 손님들은 이미 질릴 대로 질려 있는 것이다.

재미있는 스피치나 내용 있는 스피치라면 구원을 받을 만하지만 이게 대체로는 시시하고 너무 길다. 노래에 이르러서는 아예 구원의 여지도 없게 무려 3절까지 노래를 하기도 한다. 참아야지 생각해서 무심결에 과음하니 곤란하다.

아주 최근에도 어느 지인의 아들 결혼식 피로연에 초대받았다. 얼마간의 촌지를 포장해 회장에 도착하니 복도에 사람이 넘쳐나고 있다. 모르는 사람뿐이고 시간도 상당히 일렀기 때문에 근처의 의자를 찾아 걸터앉았다. 다이안大安 길일의 결혼 러시 때문에 이 층에만 여섯 쌍의 연회가 있는 모양이다. 서비스 담당풍인 여자가 주스와 미즈와리水割 위스키를 나눠 주고 있어서 우선 받았다. 뭔가 콜이 있자 많은 수의 손님이 각각의 회장에 들어가서 복도는 한산해졌다. "××가의 접수대는?" 하고 앞에 나온 서비스 담당에게 묻자 "아, 그건 이제부터 세팅합니다" 하고 말하는데, 이윽고 테이블이 운반되고 옻칠한 상자가 놓여도 ××가의 접수대는 나타나지 않는다.

성질 급한 나는 촌지를 꺼내 첫 번째로 상자에 놓았다. 위스키를 한 잔 새로 받고 천천히 시간을 죽이고 싶었던 것이다. 그런데 위스키 서비스 담당은 오지 않는다. 생각해보면 나는 다른 회장의 손님에 섞여 서비스를 받고 있던 것으로, 담당자가 나를 위해서만 인적 드문 복도에 나올 리 없다. 지정된 시간까지는 아직 30분이나 있는 것이다.

빈 잔을 들고 남은 시간을 주체하지 못해 할 수 없이 아래층의 레스토랑에서 조금 마실까 생각하고 일어나려니 문득 알아차렸다. 상자에 놓은 촌지를 내버려둘 수는 없다. 그럼 나중에 다시 놓자. 집어서 주머니에 넣으려고 하니 멀리서 수 명의 손님이 이쪽을 보고 있다. 이거 몹시 난처하다. 촌지 도둑으로 여겨질 우려가 있다. 나는 서둘러 촌지를 상자에 되돌려 놓고 빈 잔을 든 채로 다시 의자에 앉았다. 바보같기 짝이 없다. 내 촌지인데…….

정각 직전에 신랑 친구인 듯한 샐러리맨풍의 몇 명이 분주히 나타나 접수대가 열렸다.

"아니, 저 봉투 어떻게 된 거야?"

"몰라."

"이름 쓰는 장부 같은 거 어쨌어?"

"식장에서 준비하는 거 아닌가?"

나는 이 봉투는 내 거라고 나서서 얘기하고서 "자네들, 좀 더 일찍 오지 않으면 곤란해" 하며 내가 너무 일찍 온 것을 미뤄둔 채 야단쳤다. 젊은이를 보니 아무래도 교장풍이 된다.

이 연회도 패턴대로인데, 노래가 세 사람이나 나와 심히 피곤했다.

장남이 결혼하고 3년이 된다. 물론 결혼식은 올리지 않았다. 마음이 맞는 친구들을 초대해 수차례 집에서 피로연을 한 모양이다. 딸이 장남의 아기를 안아서인지 결혼하고 싶다는 얘기를 꺼냈다. 판에 박힌 결혼식만 안 하면 좋을 것 같다.

〈니혼케이자이신문〉 1990년 7월 26일 석간

선생님의 가르침

관동대지진 전 교바시 고비키초木挽町에서 이비인후과 의원을 하고 있을 때 신국립극장의 창시자 사와다 쇼지로沢田正二郎가 중이염을 치료하러 왔다는 게 아버지의 자랑이었다.

"사와쇼같이 중이염으로 생명을 잃는 일도 있다. 가볍게 보면 안 돼."

나중에 나쁜 친구들이 만들어낸 얘기에서는 사와쇼를 죽인 게 이마무라의 아버지라 하여, 나 자신도 시시덕거리며 이 얘기를 자주 쓰고 있다.

그 중이염이라는 중한 것에 소학교 입학 직전 걸려서 아버지의 수술을 받느라 입학이 한 달 늦었다.(잘 살아남았다.)

그 때문에 입학 당시 나는 마르고 허약한 소년이었다. 담임은 야마시타 선생님으로 아직 젊고 위세가 좋았다. 졸업까지 6년간 담임은 바뀌지 않았다. 6세부터 12세까지 소학교 6년간 한 사람의 선생님이 담당을 하면 그 영향은 크다. 선생님은 우리를 펀치에 잘 버티는 복서처럼 끈덕진 노력가로 가르치고 싶었던 것 같다는 생각이 든다.

야마시타 선생님의 정신론은 철저해서 "도회지 아이들은 허약해서 아무래도 안 된다. 그걸로 말하자면 시골 아이는 끈덕져서 결국 마지막에 웃을 수가 있다"라는 것이다. 나는 내 얘기를 하고 있는 것 같아서 몸이 움츠러들었다.

맨날 이 얘기를 듣고서 나는 시골에 대한 강한 콤플렉스를 갖지 않을 수 없었다. 시골이야말로 실체가 있고 도회는 없다. 도회의 생활은 허상 그 자체라고 믿었다.

나중에 안 것이지만 선생님은 산타마三多摩의 농가 출신으로 각고면려의 화신 같은 사람이었다. 하지만 그런 것치고는 밝은 스포츠맨 타입이기도 했다.

나는 나중에 영화감독이 된 다음에도 주로 시골에서 제재를 취했다. 〈붉은 살의〉라는 영화는 후지와라 신지藤原審爾 씨 원작으로, 소설의 무대는 도쿄의 세타가야 부근이지만 나는 억지로 도호쿠로 무대를 옮겼다.

원작에선 귀염성 있는 미인 유부녀가 주인공 같은 역이지만 이걸 하루카와 마스미春川ますみ에게 배역을 맡겨 중량감 있고 힘찬 여자를 표현하려고 했다. 인간의 실체는 여기 있다 하는 기개이기도 했다. 그 밖에 〈돼지와 군함〉의 요시무라 지쓰코吉村実子, 〈일본 곤충기〉의 히다리 사치코左幸子, 〈신들의 깊은 욕망〉의 오키야마 히데코沖山秀子, 〈복수는 나의 것〉의 바이쇼 미쓰코倍賞美津子 등 다들 굵고 억센 여주인공이다.

생각해보면 나는 내 허약함을 여주인공으로 커버하려는 게 아닐까. 그 공백을 늠름한 여성으로 메우려는 것인지도 모르겠다.

시골에서도 지금은 남자들이 다량의 정보에 눈길을 빼앗겨 허약하게 눈앞의 이윤 추구에 골몰하는 듯 보인다. 그것과는 반대로 여성에게서는 진짜 인간미 있는 인간을 보는 일이 많다. 보수적이며 견실하고, 현실적이고, 전통을 지키고, 변하지 않는 것을 미덕으로 삼고, 하지만 변하는 것에 과감한 용기를 갖고, 남편을 의지하지 않으며…….

이것을 나는 인간미 있는 것으로 본다.

야마시타 선생님의 '시골과 도회'를 '여자와 남자'로 바꿔 놓아보고
싶어졌다.

〈니혼케이자이신문〉 1990년 8월 2일 석간

성실한 여배우

베트남전쟁 중에 하노이에 초대받아 지하의 대극장에서 연극을 본 각본가가 공연이 끝난 후 합평회에 참가했다. 이런저런 이치를 서로 얘기해 토론은 격렬했다고 한다. 일단락되자 배우 하나가 앞으로 나와 "그런데 제 연기는 어땠습니까?" 하더라고.

동서고금 배우는 자기애가 강하고, 작품 전체는 차치하고 자기 일을 먼저 생각하는 사람이다. 그건 그걸로 좋다. 그 때문에 좋은 결과가 나오지 않는다면 그것은 연출가의 책임인 것이다.

일반적으로 연출가는 촬영 전부터 각본을 쓰거나 각본가와 함께 생각하지 않으면 안 되니까 테마와 그 표현에 관한 공부만큼은 배우보다 훨씬 앞서 있다. 따라서 배역을 정할 땐 그 배우에게서 무엇을 끌어내고 싶은가가 대체로 결정돼 있고, 그것을 가르치는 입장에 있다. 하지만 많은 경우 배우는 다수고 연출가는 한 사람이니까 모든 것에 주의를 쏟을 수 없을 때도 있다. 가벼운 배역을 대할 때는 그 배우의 개성이나 타고난 재미에 기댈 때도 있다. 물론 그와 함께 만드는 인물이니까 작은 역이라 해도 서로 의견 교환은 필요해서, 그의 제맛을 한층 북돋워 전체에 재미를 보태지 않으면 안 된다. "뭐, 대체로 좋지만 재미가 좀 부족하다. 그걸로는 너무 상식적이야" 같은 소리를 잘한다. 세간에서는 정당한 것이 이 세계에서는 통하지 않는다. 본래 불량하고 하는 일마다 비상식적인 듯한 게 이 세계에선 버젓이 통용된다.

당연히 오랫동안 배우 일을 해, 그다지 좋은 배역을 맡는 일도 없는데, 눈에 띄지 않는 곳에서 빈틈없이 일하는 타입의 사람도 있다. 〈검은 비〉에서 오자와 쇼이치의 아내 역할을 어느 배우에게 맡겼다. 눈에 띄지 않는 고지식한 중년 여자다. 이전 〈나라야마부시코〉 때에도 수수한 조연 역을 맡아 견실한 배우라고 생각한 일이 있다.

현장에서 리허설을 해보니 뭔가 부족하다. 오자와 쇼이치와 기타무라 가즈오 두 사람을 장난기 있게 놀리는 장면으로 그녀가 재미없으면 안 되는 곳이다. 테스트를 거듭해도 재미가 전혀 표현되지 않았다. 절차를 조금 바꾸거나 대사를 살짝 고쳐서 테스트했지만 역시 안 됐다. 움직임도 대사도 표면적으로는 연출의 지시대로가 틀림없기 때문에 이제 와서 할 말도 없고 해서 "하룻밤 생각해 와달라" 말하고 다음날의 본촬영을 기다렸다. 성실한 노력가니까 열심히 공부해 올 거라는 생각이었다. 하지만 본촬영에서도 아무 진보가 없는 게 구멍은 없지만 생기 있는 재미가 나오지 않아 촬영을 중지하게 되었다. 배역 미스인 것이다. 그녀가 타인을 바보 취급하며 놀리는 일 따위는 없을 것이다. 실생활에서도 성실, 정직, 진지로 통해온 게 틀림없다. 즉, 불량기가 전혀 없는 것이다. 나는 안달복달하면서도 그녀의 진지함을 야단칠 수 없었다.

그날 밤 그녀에게 나의 배역 미스를 사과하고 역할에서 내려오게 했다. 하염없이 우는 그녀를 앞에 두고 나는 제멋대로인 난 내버려두고서 '이 사람, 더 불량하면 좋은데' 하고 생각했다.

〈니혼케이자이신문〉 1990년 8월 9일 석간

항구 마을의 낭만

　15년 전부터 연 2회, 열흘 정도 어느 항구 마을의 병원에 종합 건강 진단을 위해 입원하고 있다. 아는 사이였던 원장은 이미 오래전에 대가 바뀌어 지금은 아무 인언도 없지만, 오래된 사이에다 바다 냄새가 나서 있는 동안은 기분이 좋기 때문에 뻔뻔하게 그 지역 환자들 사이에 끼어드는 것이다. 15년 전과 비교해서 간호사의 평균연령이 열 살 이상 올랐고, 헬퍼 아주머니들도 완전히 할머니가 되었다.

　대기실도 거의 노인 무리로, 오랫동안 바닷바람을 맞은 늘어진 피부를 하고서 얌전히 앉아 있다. 간호사는 노인들을 갓난아기처럼 다뤄, 사투리 가득한 큰 소리로 야단치거나 타이르거나 한다.

　올여름 입원했더니 동료 환자인 F 군의 모습이 보이지 않는다. 만날 때마다 여위었기 때문에 걱정이다. 40대의 체격 좋은 남자로서 간장이 술로 상해 입원을 되풀이하고 있었는데, 상당한 영화통으로 내 영화 등도 많이 보고 있었다. 몇 년인가 전에 붙임성 있게 얘기를 걸어온 이래로 친구가 되었다.

　항구에 가까운 주점가의 변두리에 있어서 작은 창으로 빼곡히 늘어선 어선이 보이는 바의 바텐더다. 병원 근처에 하숙하고 있고 현재 독신이라고 한다. 권하는 대로 그 하숙에 간 일이 있다. 추울 때였는데 비좁은 방 두 개 중 6첩 방 쪽에 그의 이불이 깔려 있고 3첩짜리 고타쓰이불을 씌운 상 아래 열원을 두는 일본식 난방기구에는 육십 넘은 날카로운 눈매의 살찐 여성이 있었다. F 군이 "마마예요"라고 한 그 사람이 차를 내주었다.

'마마'는 엄청난 영화통으로 특히 오래된 배우에 관한 지식은 발군이라 영화사라도 읽고 있지 않으면 도저히 따라갈 수 없다.

듣자 하니 어린 시절 가마타 촬영소 옆에 살았다던가, 별로 유명하지 않은 오래된 여배우의 스캔들까지 알고 있다. 영화감독이라면 이 정도 얘긴 알고 있겠지 하며 맞장구를 요구해 와 질색하는 나에게 F 군이 눈치껏 비디오를 틀어주었다. 50편 정도 있는 것 중에서 한 편으로 〈망향Pépé le Moko〉이었다. 프랑스 영화에 관해서는 별로 모르는 모양인지 마마는 부엌에서 건어물을 굽기 시작했다. 청결하다고 말할 수 없는, 그저 커다랗기만 한 고양이가 대여섯 마리가 모여든다. 그러고 보니 여기 들어왔을 때의 이상한 냄새는 밤낮 깔려 있는 F 군의 이불만이 아니라 고양이가 풍기는 것으로 보인다. 마마는 자꾸만 고양이에게 얘기를 건다. '마마'라는 건 바의 마마를 말하나, '엄마'를 말하나. 하숙하고 있다니까 바의 마마일 거라고 알아들었지만 뭔가 분명치 않다.

3첩은 다양한 생활용품과 고타쓰로 한가득이니까 자는 건 6첩이겠지. 모자母子라면 아무 문제 없지만 타인인 것 같고, 부부라기엔 나이가 어울리지 않는다. 로맨틱한 〈망향〉을 보면서 불필요한 것 때문에 마음이 흐트러진다. 채혈 시간이래서 일어나 차를 마시려고 했더니 고양이 털 세 올이 바닥에 달라붙어 있었다.

나중에 소식통에게 들으니 마마는 아이를 데리고 남편과 헤어져 가게를 열었지만 번창하지 않자 F 군을 고용해 어찌어찌 버텼다고 한다. 그 아이도 다 자랐다. 서로 나이가 들면 이것저것 금전 문제도 생긴다.

"저래도 F 씨 꽤 복잡해요. 호적에 오른 것도 아니고"라는 소식통.

항구 마을 한쪽 구석의 인생도 그리 낭만적이지 않은 것이다.

〈니혼케이자이신문〉 1990년 8월 16일 석간

그 옛날의 삭막함

매년 건강진단으로 입원하는 미우라시립병원 아래에 호조만北条灣이라는, 어선으로 가득 찬 후미가 있는데 거기에 이르는 절벽 아래 좁고 긴 거리를 자주 산책한다.

만에 흘러드는 사쓰카가와狹塚川의 진흙탕으로 봐도, 그리고 주변에 흩어져 있는 한두 곳의 여관으로 봐도 이건 옛날 유곽터가 틀림없다는 생각에 조사해보니 역시 쇼와 32년1957년경까지 홍등가였다. 엄청 감이 좋은 것이다. 전중전후戰中戰後에는 다섯 집이 있었는데 한 집에 여섯에서 여덟 명의 여자가 있었다고 한다. 다이쇼 3년1914년, 기타하라하쿠슈北原白秋남국의 정서를 풍기던 일본 시인가 여기서 노래를 읊었다.

무지개다리에 수박 쪼개는 수박 장수
지금 막 유곽은 낮잠이 한창
무지개다리를 사이에 두고 찻집 세 집
여기 유곽은 햇빛이 쨍할 뿐

흥취도 무엇도 없는 오후 유곽의 삭막함이다.

메이지 34년1901년에 대화재가 있어 이리후네入船라는 중심부에서 여기에 옮겨졌고 41년1908년에는 세 집으로 줄어 있었다. 그래서 찻집 세

집인 것이다. 좁고 긴 거리는 강에서 조금 떨어져 절벽 아래 있는데 전장 300미터 정도로 지금은 낡은 목조 아파트, 양복 수선집, 잡화점, 폐업한 목욕탕, 생선 가게, 채소 가게 등이 흩어져 있는 가운데 촌스러운 오뎅집이 있다.

의자가 세 개밖에 없는 이 오뎅집에 이따금 들른다. 입원 중에는 식사를 제한하기 때문에 이런 가게에 들러서는 안 되지만, 할머니와 얘기하고 싶어서 살짝 들여다보고 그 김에 무와 다시마 정도 집어 먹는다. 위반은 틀림없지만 대단한 위반은 아니다. 가게 안에서 먹는 사람은 거의 없고 대부분은 아이나 주부가 반찬용으로 사러 온다. 홍등 시절에는 배를 주린 창기들이 자주 사러 왔다고 한다. 한번은 이 할머니에게 아이즈번会津藩 무사의 무덤이 절벽 위에 있다고 듣고 가보았다.

벼랑 끝 길의 3미터 정도 아래에 40평 정도의 평지가 있는데 거기에 아이즈의 무사와 그 가족의 무덤이 있었다. 잘 치워지고 구석구석 관리되어 있는 것은 이곳 노인회가 봉사한 성과다. 매년 백중날에는 무덤에 연고가 있는 아이즈 사람들도 온다고 한다.

18세기, 러시아의 남진은 우리 북방에 위협이 되었다. 이것이 점차 중앙의 문제가 되어 바다를 방비할 필요성이 거론되었고, 막부가 에도만 주변을 조사하고서 요충지에 포대를 만들어야 한다는 결론이 났다. 그래서 도쿠가와가의 에도를 섬기던 시라카와번白河藩과 아이즈번에 에도만 방위를 위한 출병을 명해, 시라카와번은 아와카즈사安房上総, 아이즈번은 미우라의 간논자키観音崎, 우라가浦賀, 조가시마城ヶ島에 포대를 구축하게 되었다. 1810년의 일이다. 그 방면의 책에서는 아이즈번의 무사 80명 정도가 아내와 자식에서 부모까지 데려왔다고 한다. 150명 정도의 도호쿠 사투리 집단이었을 것이다. 10년간 주류했는데, 무덤을 조사해보니 사무라이 스물네 명, 가족 스물여섯 명, 합계 50명이 세상을 떠났다. 상당한 사망률이다. 뭔가 사고라도 있었던 건지 영양 실조나 전염병이 유행했던 건지 생각하나 기록은 없다.

아이즈번이든 호조 유곽이든 모두 무사들의 꿈의 흔적이지만 뭔가 덧없음이 느껴진다. 엉겁결에 조각 수박을 사서 사쓰카가와에 걸린 작은 다리(옛날엔 무지개다리였다) 위에서 먹고 씨를 개천에 뱉었다. 하쿠슈를 본떠 삭막함을 맛보려고 다시 또 위반한 것이다.

〈니혼케이자이신문〉 1990년 8월 23일 석간

일본 영화의 발견

매년 10월 말 영화학교 주최로 '일본 영화의 발견'이라는 행사를 신주쿠에서 하고 있다. 올해는 이마이 다다시今井正 감독 작품을 열아홉 편 상영하고 강연, 심포지엄 등을 연다. 〈푸른 산맥青い山脈〉〈다시 만날 때까지また逢う日まで〉〈힘겹게 살고 있다どっこい生きてる〉〈꿈의 탑ひめゆりの塔〉〈한낮의 암흑真昼の暗黒〉〈기쿠와 이사무キクとイサム〉 등 소위 전후 민주주의의 원형이라고 할 만한 작품을 많이 만들고 있는 감독이다.

다이쇼부터 쇼와 한 자릿수에 출생한 사람들에게는 잊기 어려운 영화라고 생각한다. 그의 50편 가까운 작품의 일람표를 일견하니, 게으름뱅이인 나치고는 거의 놓친 영화가 없는 게 이상스럽다. 이 감독의 영화는 늘 약자의 입장에 서서 강자에게 저항하는 자세를 흐트리지 않는 내용이 치밀하게 만들어져 있어서, 선전에 속았던 기억은 없다. 양심파 등으로 불리는 사람의 작품은 대체로 별로 재미있지 않은데, 인간을 유형으로 보여주려고 하지 않으니까 세부 묘사도 부드럽고 상당히 재미있다.

이 사람, 냉정·온화한 얼굴로 걸핏하면 난 모르겠다는 얼굴을 하는 것치고는 여러 차례 아수라장을 뚫고 나오며 온갖 고생을 겪은 사람 아닐까 생각되는 부분도 있다.

어쨌든 상당히 관심을 갖고 애호하는 감독에게서 영향을 받지 않을 리 없고, 확실히 나는 그 선배를 의식하고 있었던 것 같다.

감독이 되고 6년째, 미야기현의 눈 속에서 〈붉은 살의〉를 찍을 때 출연자인 오자와 쇼이치 군이 이마이 팀의 〈에치고 쓰쓰이시 오야시라즈越後 つついし 親不知〉에도 겹쳐 출연하고 있어서 가끔 이마이 씨 얘기를 들었다.

"고집이 있어, 그 사람. 신사적이지만."

"그렇군. 하지만 호색가겠지, 분명?"

"아니, 그런 식이 아니야. 이 팀하고는 달라."

오해를 받아서는 곤란하다. 내가 말하는 호색가는 사람을 좋아하고 호기심이 엄청 왕성하다는 것이지 이마이 씨를 내 수준으로 깎아내리려는 게 아니다.

그 후 〈인류학 입문〉 촬영 중에 이전에 이마이 씨의 〈일본의 할머니 喜劇: にっぽんのお婆あちゃん〉에 나온 적이 있는 미야코 초초ミヤコ蝶々 씨가 "'이마'가 붙는 감독은 다들 끈질겨" 하고 푸념했다. 끈질긴 점만은 이마이 씨와 대등하다고 생각해 멍청하게도 조금 기뻤던 기억이 있다. "이마무라 씨는 의외로 젊으시네. 〈쌀米〉이 아마 당신이셨죠?" 하는 소리를 자주 듣는다. 그건 이마이 다다시 씨지 제가 만든 게 아니다, 이마이 씨는 대선배로 할아버지다, 무엇보다 나와 달리 더럽게 고지식한 사람이다 하고 대답하는 게 예사였다.

이마이 씨와는 이번 '일본 영화의 발견'을 개최하면서 처음으로 만날 기회를 얻었다. 온화한 얼굴에 태도는 침착한 미남으로 아주 젊은 느낌이라, 연령도 내 쪽이 꽤 다가선 것 같았다. "영화는 전부 봤습니다. 당신 것도"라고 말해서 나는 크게 황송스러워 호색가에 관해서는 묻지도 못했다. 이번 프로그램에 이마이 씨와 대담이 계획되어 있으니까 꼭 거기서 물어보려고 한다.

15년 전, 내 학교에 이마이 씨가 실습 지도를 와주셨던 일이 있다. 완전히 자유로운 분위기로 학생이 버릇없는 소리를 하길래 "이마이 씨와 만날 수 있는 것만으로도 행복하다고 생각해라" 하고 대갈일성 호통을 쳤다.

요즘 시대의 젊은 관객이 이마이 작품을 어떻게 받아들일지 무척 흥미가 있다.

〈니혼케이자이신문〉 1990년 8월 30일 석간

나의 스승

얼마 전 이탈리아 사람인 영화평론가가 와서 로테르담영화제에 가와시마 유조川島雄三 작품을 대여섯 편 내고 싶은데 어느 것이 좋겠느냐고 한다.

나는 우선 〈스사키 파라다이스 적신호洲崎パラダイス 赤信号〉〈막말태양전幕末太陽傳〉〈여자는 두 번 태어난다女は二度生まれる〉〈정숙한 짐승しとやかな獸〉을 들었다. 끈질긴 것으로 유명한 이 평론가는 대체로 같은 의견이라고 말하고 "가와시마를 일본 영화의 흐름 속에 어떻게 자리매김하면 좋은가" 하고 묻는다. "그것은 몹시 어렵다. 일본의 평론가들도 그의 작업의 자리매김에 대해서 고민하는 모양이다"라고 얼버무리지 않을 수 없었다.

쇼와 38년1963년에 45세로 저세상 사람이 된 가와시마 유조는 생애 50편의 영화를 만들었다. 그중 초기의 스물네 편은 쇼치쿠의 프로그램 픽처주로 동시 상영물 중에서 중심이 아닌 부수적인 영화, 말기의 열여덟 편은 도호東宝와 다이에이大映 계. 중기의 여덟 편이 닛카쓰로 나는 닛카쓰의 여덟 편에서 조감독으로 일했다.

가와시마라는 사람은 명장, 거장으로 불리는 감독들이 완벽함을 추구한 것과는 전혀 다르게 어느 정도 삐딱하게 세상을 꿰뚫어 보고, 거창한 말투를 혐오하고, 조소하고, 권위에 저항하고, 특히 위선을 철저하게 배제하는 태도에 시종일관했던 사람이다. 하지만 이 뛰어난 희극영화 감독은 꼭 시류를 타지는 못해서, 영화 회사에서도 인기가 좋지는 않아 기교奇矯, 변덕스러움, 주정뱅이, 파멸형으로 쉽게 결론지어지는 일이 많았고 분명 그러한 면도 있었다.

오사라기 지로大佛次郎의 신문 연재소설인 『풍선風船』을 영화화할 때, 가와시마 씨와 내가 각색을 하고(나는 각본 조수 같은 것이었다) 그 아타미의 여관에 오사라기 씨를 모셔 착수 전에 소연회를 열었던 일이 있다.

연회가 무르익기 전에 돌연 가와시마 씨가 큰 소리로 "어이, 구라마 덴구クラマ天狗!" 하고 호통을 쳤다. 구라마 덴구는 오사라기 시로의 대표작인 시대극 소설의 주인공. 검객 구라마 덴구를 주인공으로 한 그의 소설은 1924년부터 1965년에 걸쳐 장단편 총 47편이 발표되었으며 이치카와 라이조市川雷蔵, 아라시 간주로嵐寛寿郎 등 일본 영화사에 지울 수 없는 이름을 새긴 명배우들이 주연을 맡은 영화로 60편 가까이 제작되었다. 특히 아라시 간주로 주연의 〈구라마 덴구〉 시리즈는 총 46편에 이른다. 그 밖에도 텔레비전 드라마, 만화 등으로도 다수의 작품이 만들어질 만큼 널리 사랑받은 대표적인 시대극 캐릭터 중 하나다. 오사라기 씨도 술잔을 든 손을 멈췄다. "거시기가 좀 크다고 해서 득의양양한 낯짝 하지 말라고."

프로듀서는 도를 넘은 상황에 창백해져서 "술만 취하면 바로 이래요"라며 그 자리를 수습했다. 오사라기 씨는 딱히 놀라지 않고 크게 웃어서 그 이상 대단한 일이 되지는 않았다. 무슨 이유로 가와시마 씨가 화를 냈는지는 모른다. 시나리오를 읽고 오사라기 씨가 비판 같은 걸 했나 생각해보지만 아무래도 그런 기억은 없다. 상석에 앉아서 단정한 자세로 술잔을 거듭하는 대가의 모습을 얄밉게 생각해 타고난 반역 정신을 일으켰나 하고 생각해보지만 아무래도 너무 이르다. 이래서는 스쳐 지나가는데 갑자기 싸움을 거는 것이나 마찬가지 일이다. 권위와 위선을 철저히 미워한 그를 생각하면 오사라기 씨 안에서 뭔가 냄새를 맡고 폭언을 뱉었는지도 모르겠다. 남에게 시비를 걸던 예사의 눈과는 달리 이때 스승의 눈은 맑은 상태였기 때문에 그만큼 무시무시한 느낌이 있었다.

그의 작품을 보고 있으면 이건 재미있다, 이건 완성도가 높은 영화다 하고 생각하는 사이에 긴장감이 급히 느슨해지면서 급전직하 엉망진창이 되는 일이 있다. 스스로를 파괴하는 것이다. 완성도로 평가되는 것을 싫어해 무리해서라도 때려 부수고 있다고밖에 여겨지지 않는다. 아마도 그의 인간성에 뿌리내린 것일 것이다. 그만큼 자기 자신을 작품에 모조리 털어 넣는 감독을 나는 모른다.

외국에서도 일본에서도 가와시마 작품은 더 평가받아야 마땅하다고 생각한다.

<니혼케이자이신문> 1990년 9월 6일 석간

히바리 추도

미소라 히바리美空ひばり가 10대이던 시절, 쇼치쿠가 히바리의 〈이즈의 무희(伊豆の踊子)〉를 만들었다. 노무라 요시타로 감독으로, 나는 서드 third 조감독이었다. 당시 미소라 히바리는 내난한 인기였으니까 어떤 아이일까 하는 흥미도 있어서 나는 스크립트를 쓰면서 히바리를 주시했다.

생각했던 것보다 얌전하고, 물론 미인도 뭣도 아니고 평범함을 그림으로 그린 것 같은 아이였지만 감이 좋기로는 발군이었다. 감독의 지시에 군더더기 없이 적확히 움직이고, 다큐멘터리풍으로 찍고 싶다는 의향도 재빨리 알아차려 과장된 연기를 하지 않았다.

어렸을 때부터 전국을 순회한 연예인의 생활, 즉 서비스하는 생활에 익숙해진 아가씨의 대수롭지 않은 몸짓이며 될 대로 되라는 투의 거동과 무표정이 굳이 꾸미지 않아도 겉으로 드러났던 것 같다. 인텔리 조감독의 일원으로서 조금은 히바리를 얕보고 있던 나도 이 영화만큼은 그녀가 적역이라고 믿었고, 영화 속에서 노래하는 기노시타 주지木下忠司작의 노래도 상당히 좋다고 평가했다.

이즈의 각지에서 로케이션 촬영을 했는데, 히바리를 한번 보려고 모여드는 군중을 정리하는 건 큰일이었다. 나도 다른 조감독과 함께 필사적으로 로프를 쳤다.

군집한 앞쪽에 귀여운 하이틴이 있길래 "부탁이니까 밀지 말아달라" 하는 내게 "근데 그쪽에 안 가면 아무것도 안 보여"라고 한다. 이 아가씨만은 로프 이쪽에 넣어주고 싶지만 그리할 수는 없고, 나중에 몰래 약속을 나눴다. 히바리 양 사인을 받아서 와주면 데이트해도 좋다는 것이다.

밤, 로케이션 숙소에서 그날의 스크립트를 정리하고 다음 날 계획 회의를 마친 뒤 나는 눈 딱 감고 히바리와 어머니가 있는 방을 찾아갔다. 스케줄을 전달할 때 말고는 스타의 방 같은 데 가본 적도 없기 때문에 사적인 일로 찾아가는 게 굉장히 창피해서 안절부절못하며 사인을 받고 싶다고 부탁했다.

우리가 뒤에서 까마귀라고 별명을 붙였던 히바리의 어머니는 날카로운 눈초리로 "뭐야, 이런 시간에?"라며 노려봤다. 히바리는 중재하듯 "한 장이면 돼요?"라며 후딱 사인을 하고 "누구 이름으로?"라고 물었다. "이름 없이도 괜찮습니다" 하고 달아나듯 돌아 나오려는 나를 "이상한 데 쓰면 안 돼" 하고 까마귀의 목소리가 쫓아왔다. 모녀 공히 발군의 감인 것이다.

다음 날 그 하이틴에게 건네주러 사인을 갖고 나왔지만 군집 속에 그녀는 없었다. 그다음 날도 나타나지 않았다.

장소 이동을 위해 로케이션 버스가 출발할 때 구경꾼 쪽을 돌아봤지만 역시 없었다. 나의 개인 물건인 가방에 쑤셔 넣은 스크립트 사이에 사인 종이가 있는 걸 조명 조수가 보고 꼭 달라길래 어쩔 수 없이 넘겨줬다. "이상한 데 쓰지 마."

만듦새도 흥행 성적도 그다지 좋지는 않았지만 이 영화의 히바리는 좋다. 적어도 와니부치 하루코鰐淵晴子나 요시나가 사유리吉永小百合나 야마구치 모모에山口百恵보다는 좋다. 추도 텔레비전 프로그램을 몇 개인가 봤지만 〈이즈의 무희〉는 하지 않았다. 노래도 들은 적이 없다. 아쉽다. 미소라 히바리는 1989년 6월 52세로 사망했다.

〈니혼케이자이신문〉 1990년 9월 13일 석간

오징어젓

　여름, 용건이 있어서 다카오카에 갔다 오는 길에 도야마에 들러 오랜만에 먼 친척의 가구점을 방문했다.

　쇼와 21년^{1946년} 낮, 나는 여름을 이용해 이 가게에서 아르바이트를 한 일이 있다. 당시는 불탄 터에 세워진 판잣집 다름없는 거리였으나 지금은 현대적인, 하지만 개성 없는 풍경으로 바뀌어 있다.

　이 가게의 주인은 당시 '여제'로 불리던 아주머니로, 혈연과 십 수 명의 사용인을 구사하는 절대 권력자였다. 가게 안의 어두컴컴한 카운터에 아침 일찍부터 자리 잡고 앉아 사방을 흘끔 흘겨보고 있었다. 연단에 앉은 선대의 엔쇼^{만담가 산유테이 엔쇼三遊亭円生(6대)}에서 웃는 얼굴과 가벼움을 뺀 것 같은 고풍스러운 미인으로 당당한 관록이었다.

　전쟁을 겪은 도쿄의 쑥대밭에서 배를 곯고 있었으니까 "쇼헤이 씨에게 오징어젓 내드려라" 하는 소리를 듣고는 배 속에서 꼬르륵 소리가 났는데, 촌수가 멀다고는 해도 친척 축에 들어가니까 역시 특별 대우를 받는 거라며 기뻐서 부엌 마루에 앉아 쌀밥을 배불리 먹었을 때에는 눈물이 날 것 같았다.

　오징어젓은 딱히 특별할 것 없이 몇 개의 단지 안에 산더미처럼 있었고 단무지가 작은 접시에 담겨 있었다. 반찬은 두 가지뿐으로 철저하게 짠데, 그러니까 밥을 많이 먹기엔 최적이었다. 종업원은 부엌 마루에 정좌로 앉아 다들 묵묵히 먹는다. 난 그들의 두 배를 확실히 먹었다.

하지만 노동은 고되고, 한창 더울 때 혼수 가재도구를 리어카에 싣고 교외에 배달하는 작업은 상당히 힘든 일이었다. 웃통을 벗고 신품 가구를 운반하고 있으면 어쩌다 나도 모르게 어깨나 팔에 까진 상처가 생겨 그 자리가 곪아서 성가셨다.

교외 쪽은 불타지 않은 채로 대개는 중간 규모 또는 대규모의 농가라 여유가 있어 보였지만, 올라와서 차라도 한잔하라고 말해주는 집은 없었던 것으로 기억한다. 도야마 사람은 알뜰한 것이다.

사흘 지나도 닷새 지나도 반찬은 오징어젓 하나라 내 땀은 점점 오징어젓 냄새가 났다. 하지만 노동이 고되더라노 밥만 제대로 먹여주면 만족이었다. 녹초가 되도록 지쳐서 쓰러져 자는 것도 장쾌하다고 생각했다. 물론 친척이니까 아르바이트비 따위는 안 나왔다.

2주일도 지나지 않는 사이에 여제에게 불려가니 "쇼헤이 씨, 일 잘하고 계신 모양인데 좀 살이 찐 거 같네. 밤에는 일 없으니까 손자들 공부 봐주지 않겠어?"라는 얘기를 한다. 응석받이 손자 둘을 붙들어두고 공부시키는 건 큰일이라고 생각했지만, 일한 것보다 많이 먹는 걸 눈치챈 것 같기도 해서 가정교사를 맡았다.

이 아이들의 엄마는 여제를 닮아서 미인으로, 내가 하는 일마다 조잡하고 덜떨어져 웃기다며 잘 웃었다. 배달처를 모르는 경우가 간혹 있어서 이 미인이 안내역으로 따라와주는 일이 몇 번인가 있었다. 그런 때는 조금 눈부셨던 기억이 있다. 미인이 지참해 오는 주먹밥의 맛이 잊히지 않지만, 속에 든 건 단무지와 오징어젓으로 엄청 짰다. 미인이어도 도야마는 역시 알뜰한 것이다.

〈니혼케이자이신문〉 1990년 9월 20일 석간

유도가의 죽음

　20년쯤 전에 어느 대기업의 자제에게 부탁받아 로케이션헌팅과 시나리오 집필을 하러 모로코에 갔다. 페즈라는 오래된 마을에 미로 모양의 어둡고 좁은 길이 있어서, 문득 모퉁이를 돌면 돌연 거대한 모스크의 예배당이 환하게 펼쳐졌다. 이건 스틸카메라로는 찍을 수 없다. 꼭 무비카메라로 이 느낌을 포착해달라는 주문이었다.

　수도 라바트의 일본 대사관에 가서 안내인을 찾아달라고 부탁했더니 유도가로 프로레슬링도 한다는 K를 소개해주었다. 역도산에게 당한 고명한 유도가의 제자로 사소한 돈 문제 때문에 고도칸講道館에서 파문당해 캐나다, 영국, 독일, 스페인에서 프로레슬링 악역으로 돌다가, 모로코의 황제를 스페인에서 만나 유도 교사를 하지 않겠느냐는 권유를 받고 모로코에 온 것이 5년 전이라고 한다.

　철저히 금전에 신경을 쓰는 유도가로 커다란 뼈가 달린 양고기를 먹으면서 "선생님, 양고기는 일본에서 1킬로그램 얼마?" "그 손목시계는 얼마?" "여자는 하룻밤 얼마?" 하고 끝도 없이 질문을 해대는 바람에 지독하게 피곤했다.

　하지만 몸뚱이 하나를 밑천으로 이국땅에서 생활하려면 돈에 대한 이 정도의 집착은 틀림없이 필요할 것이다. 그러고 보면 포르투갈에서 만난 가라테 선생도, 태국의 미귀환병인 농민도, 말레이시아의 산사람도 다들 이런 식으로 인색하고 돈만이 내 몸을 지킬 유일한 수단이라고 얘기하던 것을 떠올린다. 물론 나도 충분히 인색해서, 다큐멘터리를 찍으러 동남아시아의 산중을 헤집고 들어갔을 때에는 원주민이 담배를 졸라도 한 개비씩밖에 주지 않고, 그것도 도중에 돌려받아 절반을 피웠다. 나중에 심하게 돈을 뜯기지 않으려고 '잘사는 나라에서 온 가난뱅이 영화쟁이'라는 인상을 단단히 심어놓으려는 노림수였던 것이다. 생각해보면 대기업의 출장 인원과 달리 고립무원으로 활동하지 않으면 살아갈 수 없는 일본인들은 다들 잘사는 일본에서 온 가난뱅이인 것이라, 때로는 몹시 강한 비난에 몸을 드러내지 않으면 안 되는 것이다.

수년 전 연말에 K의 여동생이라고 하는 체격 좋은 40대 여자가 내 사무소에 나타나, K가 모로코에서 빚을 갚지 않은 죄로 작년 형무소에 갇혀서 올여름 중독사했다고 한다. 아무래도 납득이 가지 않아 외무성을 통해서 확인했더니 심장마비라는 사망진단서가 왔다. "저, 오빠는 독살됐다고 생각하는데요, 어떻게 진상을 살펴볼 수 없을까요?"

K의 외동딸은 성장해서 모로코 여자 유도의 챔피언이 될 수 있을 것 같다고 한다. 만약 그 딸이 아버지의 죽음을 의심스럽게 여겨 모든 수단을 다해 사인을 규명할 의지가 있다면 그녀에게 따라붙어 다큐멘터리를 찍어도 좋다고 나는 말했다.

여동생분은 아버지와도 상담해서 생각해보겠다고 말하고 돌아갔지만 이후 아무런 연락이 없다. 지저분하고 궁상맞은 내 사무소를 보고 믿을 만하지 않다고 생각했는지도 모른다.

'유도가, 모로코에서 죽다'라는 제목의 기획서는 아직 내 서재에 있다.

〈니혼케이자이신문〉 1990년 9월 27일 석간

K 군과 하구로도

일류 호텔의 객실에 『게스트 인포메이션Guest Information』이라는 책이 성서와 함께 놓여 있다.

몇 년 전, 작은 광고대리점을 하고 있던 후배 K가 와서 호텔의 객실에 공짜로 이런 책을 놓고 싶다, 훌륭한 내용에 좋은 사진을 배치해 이걸 새로운 매체로 삼아 각 대기업의 광고를 싣고 광고료를 받는 건 어떨까, 라고 한다. "그거 재미있겠네. 하는 게 좋아. 네가 잃을 것은 아무것도 없어"라고 대답했다.

연 1회 배포로 이제 5회. 나는 감수자라는 게 되어 봄 편집회의와 인터뷰를 1, 2회, 감수 후기라는 단문을 맡기로 했다. 여기까지 5년, 순조롭게 잘될 리 없고 몇 차례 아수라장을 뚫고 나왔지만 K는 타고난 마력馬力으로 밀어붙였다. 단순한 객실 정보지를 뛰어넘어 문화 정보지가 되려고 인간 중심으로 취재해가는 자세는, 일본과 일본인을 알고 싶은 외국인에게도 분명히 환영받고 있다.

바로 요전 날, 유시마에 있는 하구로도羽黑洞라는 미술상의 기무라 도스케木村東介 씨와 인터뷰했다. 이전에 기무라 씨에게는 오자와 쇼이치의 소개로 〈좋지 않은가〉를 찍을 때 이런저런 가르침을 받았는데, 이번에 따라온 K와는 특히 마음이 잘 맞는 것처럼 보였다. 35년이라는 나이 차이는 있지만 강직한 성격, 호방한 행동 방식, 화려한 것을 아주 좋아하는 점, 예술에 대한 겸허함, 특히 젊은 시절의 무모하고 야단스러운 싸움, 그 강함 등 양자의 공통점은 다섯 손가락으로 꼽을 수 없이 많다.

기무라 씨는 싸움 때문에 한쪽 팔이 잘리고 몸 전체에 흉터가 남았다. 지금 여든아홉이지만 눈빛이 형형하고, 가짜를 꿰뚫어 보며, 조금 볼품없다 해도 진짜의 아름다움을 사랑하고, 이거다 생각하면 돈을 아끼지 않는다. K가 가장 동경하는 인물인 것이다. 다만 기무라 씨는 한 방울도 마시지 않고 K는 뒤집어쓸 만큼 많이 마시는 점이 딴판이다.

언젠가 K가 내게 "무선이 달린 택시에 타면 안 됩니다"라고 했다. 어제, 취해서 택시로 세타가야 안쪽의 자택에 돌아갈 때 졸아서 방향이고 뭐고 알 수 없게 되었다. 운전수가 "자택에 돌아가는 길 정도 기억해두면 어떠냐" 하는 바람에 언쟁이 붙어서 엉겁결에 뒤에서 목을 졸랐다. 운전수가 무선 기계를 집어 들고 살려달라고 소리치자 겨우 1, 2분 만에 대여섯 대의 택시가 주위에 모여들었다. 경찰에 연행되어서 강도가 아니라는 걸 알고 운전수와도 화해하고 귀가 조치 되었지만, "무선만은 조심하지 않으면 위험하다" 하고 말한다. 뭐가 위험한지는 잘 모르겠지만, 먹을 만큼 나이 먹고 아직 취해서 싸움하는 버릇이 고쳐지지 않는다.

기무라 씨는 싸움을 할 때 빙긋빙긋 웃고 있는 놈이 제일 위험하다고 한다. "큰소리를 내는 부류는 대단한 짓은 못해. 개를 봐, 멍멍 짖는 놈은 약해. 진짜 강한 개는 빙긋빙긋하다가 돌연 와락 하고 달려들어 문다고." 개가 빙긋빙긋하고 있으면 그 시점부터 이미 섬뜩하다는 생각이 드는데, 개의 표정을 읽을 수 있는 사람은 아는 거겠지.

두 사람에게 공통된 어린애 같은 순수함, 그리고 수수한 것보다는

화려한 것을 좋아하는 삶의 태도에 나와는 전혀 다르지만 강한 공감
을 느끼는 것이다.

〈니혼케이자이신문〉 1990년 10월 4일 석간

꽃 피는 체리와 기타무라 가즈오

오랜만에 소학교 때부터 친구인 기타무라 가즈오와 마셨다. 취해서 나는 〈꽃 피는 체리〉를 한 번 더 해달라고 끈질기게 말했다. 기타무라의 '체리'는 일품이라고 생각한다. 기타무라에게는 일생에 한 번 만날까 말까 한 역이다.

영국의 볼트로버트 볼트Robert Bolt라는 극작가가 쓴 이 연극을 25년 전에 보고 나는 깊이 감동했다. 당시 나도 기타무라도 마흔 전이었다.

체리는 보험회사에 근무하는 변변치 못한 중년 남자로 아내와 딸, 아들의 4인 가족이 생활하고 있다. 런던의 비좁은 집에서 도회지 생활에 지칠 대로 지쳐 있는 그의 유일한 꿈은 아름다운 고향 서머싯에서 작은 사과 과수원을 경영하는 것이다. 학력도 없고 완력에 기대는 편에 선량하고 술꾼인 그는 엄혹한 경쟁 사회 속에서 발버둥 치며 고생하고, 가족 안에서는 아버지의 마음을 모르는 아이들의 반항을 맞닥뜨린다. 아내만은 아이들을 타이르고 그를 구하려 하지만 체리는 아내의 다정함조차 자기 꿈을 위해 배신해버린다. 영문 모를 체리의 꿈과 현실의 틈새에서 괴로움을 겪을 대로 겪은 아내는 결국 집을 떠난다. 체리는 아내를 말리려고 굵은 부지깽이를 집어 들고 혼신의 힘을 다해 비틀어 구부린다. 이것은 원래 말주변이 없어 꿈에 대해 제대로 설명도 못하던 그의 유일한 자기 증명인 것이다. "꿈이 아니야, 거짓

말이 아니야. 이게 진실이야. 가지 말아줘."

　못난 아버지의 전형 같은 체리지만 마지막까지 불충분은 해도 자기 주장을 하는 부분이 일본의 못난 아버지와 다르다. 아내의 경우도 마지막엔 자기주장을 굽히지 않는다. 딸도 아들도 가족 안에서만 통용되는 감각적인 말이 아니라 사회의 풍파를 정면으로 받고 버티는 한 사람 한 사람 인간으로서의 주장이 있는데, 그들의 대화가 드라마를 엮어낸다. 특별난 것 없는 오서독스orthodox한 구성이지만 이 연극의 박력에 나는 감동했다.

　고도로 갈고닦아진 경제사회에서는 다수의 승자도 생겨났지만 패자도 산더미처럼 생겨났다. 그 패자를 연기할 때 기타무라 가즈오는 가치를 발휘한다. 열연형이라 그게 조금 성가실 때도 있지만, 체리에서는 그 열연이 몹시 좋아서 나는 마음으로부터 박수를 보낸다.

〈니혼케이자이신문〉 1990년 9월 6일 석간

신주쿠 유곽터에서

미노와의 조칸지淨閑寺는 요시와라吉原 유곽에 도시대에 에도 교외에 만들어진 유곽의 여자들이 연고 없이 세상을 떠나면 수습해서 모시는 절로 유명한데, 신주쿠 2번지의 유곽에도 조키쿠지成覺寺라는 일썩이 같은 역할을 했던 절이 있다.

후생연금회관 길의 2번지 쪽에 있는데, 도로 개정 때문에 큰길부터 몇 계단 내려간 경내 입구에 '아이 공양비碑'가 세워져 있다. 아이란 유곽의 여자로, 표면상 양녀라는 명목으로 고용한 여자를 혹사해 끝내 죽으면 알몸이나 마찬가지 모습으로 버리다가 이래서는 원한을 산다, 저주받으면 안 된다 하고(저주받아 당연하지만) 기방 주인들이 세운 것이다.

원래 신주쿠는 가도 변의 역참으로, 십 수 집의 여관에 각각 밥 푸는 여자라는 창부를 두고 있었다. 근무 교대 수도 일반 여행자 수도 적었기 때문에 밥 푸는 여자만 많아서, 도로에 튀어나와 손님을 억지로 잡아끄는 광경이 변두리의 카바레 같아서 풍기가 좋지 않다고 하여 화재인가 뭔가를 계기로 큰길에서 안으로 몰고 벽으로 둘러싸서는 다시금 유곽으로 삼았다.

막부 말기에 가까워지면 에도도 100만 도시가 되고 신주쿠의 인구도 늘어 신주쿠도 시나가와品川와 나란히 사창가의 한쪽 유력자가 되고, 50집 이상의 기방이 늘어선 버젓한 유곽이 된다.

메이지 시대 이후도 법 개정이라든지 화재라든지 성쇠는 있었으나 대지진까지는 대체로 그대로 존속했다. 대지진 이후, 물론 바로 부흥했지만, 옛날의 대하고루와는 달리 수상쩍은 국적 불명의 현대식 건물로 바뀌었다고 한다. 요시와라, 시나가와보다 여자들도 훨씬 젊은데다 근대적으로 치장을 했고 학생이나 젊은이의 출입도 많았으니까 건물도 그런 풍이었을 것이다.

어떤 일 때문에 다이쇼 말기부터 전쟁 재해를 입을 때까지의 유곽 사진을 손에 넣고 싶어서 지난번 (눈물이 날만큼 그리운) 2번지 부근을 이곳저곳 돌아다녔는데 어디에도 없다. 전후 암시장에서 돈을 벌고 여기에 와서 인생 공부를 했기 때문에 전후의 분위기와 건물에 대해서는 대강 알고 있지만, 그 이전이라면 전시라서 아직 중학생이던 내가 유곽 안을 걷는 일 같은 건 없었다.

대학 시절, 친구들과 함께 자주 여기에 왔다. 가난뱅이 학생이 인기가 있을 리는 없고, 대개 바보 취급을 당해 좋았던 기억 따위 생겼던 적도 없다. 풍경도 인간도 전부 삭막했다. 시름을 달래려 나중에 대폿집에 모여서 서로 얼마나 인기 없는지 하는 얘기를 각색해서 하며 큰소리로 웃는 게 그나마 낙이었다.

오자와 쇼이치는 상대 여자가 일에 지쳐서 심야에 방으로 돌아오자마자 크게 코를 골며 잠들어버렸다. 상대해주지 않는 것이다. 분하니까 살짝 치마를 들쳤다. 다음 날 아침 돌아오는 길에 차가운 바람이 닿으니 왠지 얼굴이 가렵다. "두드러기다! 역시 날로는 안 돼."

물론 만들어낸 이야기다. 무엇보다 오자와가 '대실'이 아니라 '숙박'으로 유곽에 들 리가 없다. 그 오자와의 집에 여럿이서 갔을 때, 어머님께 "여러분 정말 세상 물정에 밝으시네. 쇼이치에게 손톱의 때라도 달여 마시게 하고 싶네홀륭한 이의 언행을 본뜬다는 뜻의 관용적 표현" 하시는 말씀을 듣고 웃으려야 웃지 못했던 일이 있다.

생각하면 시시하게 꾸며낸 얘기투성이로 청춘을 낭비한 것이다. 당시보다 한층 더 삭막한 유곽터를, 사진을 찾아 땀을 흘리고 흘리고 걸으면서 그렇게 생각했다.

〈니혼케이자이신문〉 1990년 10월 18일 석간

노년의 동창회에서

게이오상공慶応商工이라는 학교의 동창회에 초청받아 영화에 관해 강연하게 되었다. 근처에 살아 알고 지내는 K 씨라는 상공-게이오대학 졸업생의 의뢰였다.

당일에 K 부인이 태워다줘서 간 회장에는 200명 정도의 남자들이 와 있었다. 여성도 없고 젊은 남자도 없다. 전후의 학교 개혁으로 게이오상공은 쇼와 22년1947년을 기해 폐교가 되었으니까 젊더라도 60세 정도인 것이다.

노인 무리치고는 위세가 좋고, 한동안 사람들이 나누는 대화를 듣다 보니 남의 기분을 잘 챙기는 도시 사람다운 시원시원한 느낌이 좋아서 게이오상공도 제법 쓸 만하다고 여겨졌다.

동창회지를 보면 세대별로 앙케트가 실려 있다. 나와 동 세대에서는 "가장 즐거웠던 일은?"에 대해, 선배와 바에서 마셨다든지 도요에이와東洋英和나 야마와키山脇의 여학생이 쫓아다녔다든지 하와이언 밴드를 결성했다든지 하는, 전시의(물론 초기겠지만) 중학생으로선 생각도 못할 만큼 부러운 자유로움이 있었던 것 같다. "곤란했던 일은?"에 대해서도, 여학생과의 교제가 불편했다고 몇 명인가 대답하고 있다. 서민가에서 장사하는 집안의 자제가 많고, 익살과 세련됨의 분위기가 전쟁 중에도 상실되지 않았던 것으로 보인다. 놀기 좋아하는 무리도 틀림없이 많았을 것이다.

　연단에 서서, 영화에서 중요한 것은 시나리오로 시나리오가 완성되면 영화의 절반은 끝난 거나 마찬가지다, 하지만 남은 절반은 돈도 들고 귀찮은 일도 있어서 시나리오에서 마음껏 부풀린 이미지를 그림으로 만들어내는 것은 큰일이다 하고 얘기했다. 〈나라야마부시코〉의 예를 들어, 시나리오에서는 그저 한 줄 "까마귀, 하늘을 덮다" 같은 지문이어도 막상 촬영할 때가 되면 수십 명의 남자가 엉뚱한 것을 생각하니 필사적으로 움직이지 않으면 성과가 오르지 않는다. 봄에는 나무에 올라 어린 까마귀를 잡거나 쓰레기를 뒤지는 수백 마리를 일망타진하려고 어망을 치거나 하는네 까마귀는 영화쟁이보다 머리가 좋아서 하나도 잘 안 된다. 도쿄를 중심으로 몇 백 마리인가를 모으면 아무래도 넣어둘 가건물도 필요한데 그렇다고 까마귀들을 한꺼번에 뒤섞어두면 서로 죽이기 시작한다. 특히 신주쿠의 까마귀와 시부야의 까마귀는 사이가 나쁘다. 그 부근까지 이야기가 진행되자 다들 잘 웃고 호응해주었다. 영화는 한 컷을 찍는 데에도 늘 심한 고생이 따르며, 그것을 뛰어넘을 궁리가 필요하므로 스태프는 소년처럼 재미있어 하는 경향을 가진 이가 아니면 계속하지 못한다, 조금 덜렁대고 분위기 타기 쉬운 타입이 영화 만들기에는 적당하다 하는 데서 얘기를 마무리했다.

　그 후의 연회에서 많은 사람이 재미있었다고 얘기를 걸어주었다. 이 어설픈 강연이 재미있었다고 한다면 그것은 객층이 좋았기 때문일 것이다. 나 자신이 도시 사람이니까 호흡이 맞기 쉬웠던 것이다.

　전쟁의 쑥대밭을 견뎌 살아내고, 열심히 일해서 일본을 다시 일으키고, 그것도 으쓱대지 않고 놀이도 섞어가면서, 자기들이 일본을 다시 일으켰다 하는 자각도 하지 않고, 젊은이들에 대해 조금 투덜대고,

하지만 '도리가 없어' 하고 깨끗이 포기하면서, 그래도 나중 세대에게 뭔가 조금은 남기고 싶다고 생각하는, 정신이 젊은 노인들을 나는 사랑하는 것이다.

〈니혼케이자이신문〉 1990년 10월 25일 석간

쑥대밭의 무덤

친한 친구 A의 아버님이 93세로 돌아가셨다. 오차노미즈 부속소학교의 선생님으로 오랫동안 근무하고 그 후 도쿄도 내의 소학교 교장을 몇 군데 거쳐 퇴직 후에도 교육과 깊이 관계하며 살아온 강직한 사람이었다.

어머니도, 야마가타 출신의 전직 교사로서 마찬가지로 건실한데, 전후의 엉망진창이던 혼란기를 아버지의 강직함 하나만으로 견뎌냈을 리는 없고, 그녀의 너그러움과 다정함이 보충하고 있었던 모양이다.

A 바로 위 누나는 오차노미즈 부속여학교 시절 그 위의 누나와 함께 농구를 했는데 두 사람 다 프로스포츠가 없던 그 무렵에 전국적인 유망 선수였다.

쇼와 20년1945년 5월 25일 도쿄 야마테山手 대공습 때 A와 그의 누나는 고이시카와小石川의 자택에서 B-29를 올려다보고 있었다. 초저공으로 침입해 오는 미군기는 지상의 대화재가 반사되어 은색의 거대한 기체가 새빨갛게 물든 채 난무하고 있었다. 그 배가 무수한 소이탄을 우르르 토해내는 것이 보여 A는 마당의 방공호로 도망치려고 하다가 뭔가 잊어버린 물건이 생각나(이 남자는 노상 물건을 잊어버리는 것이다) 일순 집으로 돌아갔다. 누나는 그대로 방공호 쪽으로 뛰어갔는데, 불행히도 무더기로 쏟아진 소이탄은 그녀에게 제대로 맞아 작렬했다고 한다.

그로부터 2개월 지난 7월 중순, A와 아버님과 나는 셋이서 고코쿠지護国寺 안의 묘지에 가서 황폐해진 묘지를 정지하고, 화재터의 돌을 모아 누나의 유골을 모셨다. 더럽게 더운 와중에 중노동은 조금 힘들었지만, 전쟁 화재 이후로는 불탄 터의 지하 호에 살고 있는 A댁에 간간히 집 안까지 올라가(지하 호니까 내려가는 것이지만) 아버님의 등에 밴 땀의 결정인 감자를 얻어먹으며 이슬 같은 목숨을 근근이 이어가는 몸으로서는 그나마 얼마 되지 않는 답례였던 것이다.

아버님 유골의 매장은 쇼와 20년으로부터 햇수로 45년째가 된다. 장례가 시작되기 전에 묘지 쪽을 걸어봤지만 누나의 무덤은 찾을 수 없었다. 당시 무엇 하나 장식할 것도 없어서 어쩔 수 없이 소이탄의 타고 남은 탄피(아마 육각형으로 40센티미터 정도 길이의 철로 된 통)를 두 개 주워 와서, 꽃 꽂는 통 대신에 지면에 세워놓았다. 묘표는 아버님이 쓴 것으로 이름과 향년과 날짜, 폭사한 얘기가 기록되어 있었다.

장례가 분주한 중에 A에게 물으니 전후 10년 정도 지났을 무렵 미즈카미 쓰토무水上勉소설가 씨가 어떤 문장 안에 이 엉성한 무덤에 대해 쓰고 있었다고 한다. 묘지를 산책하다 보니 손으로 만든 것처럼 보이는 무덤이 있는데 폭사한 젊은 여성의 것으로 소이탄의 타고 남은 탄피가 꽃 꽂는 통으로 되어 있었다고 쓰여 있었다. 박복한 미인이었을 것이다, 라는 식의 정감 어린 미즈카미 조의 글이었던 모양이다.

그 누나가 미인이었는지 어떤지 이미 기억에 없다. 다만 유골을 묻는 데에도 그 뼈가 20세 여성의 것이었다는 것만으로 뭔가 감동 같은 것은 있었고, 조금 무서운 강직한 아버지와 문학 기질이라고는 전혀 없는 A를 상대로는 뭘 얘기할 것도 없었지만, 전부 끝나고 저녁노을을 우러러봤을 때 아버지가 깊이 한숨을 내쉰 것만은 기억하고 있다.

A는 문과계였으니까 7월 말에 군대에 가서 8월 15일 바로 지나 물건을 잊어버릴 틈도 없이 모포를 짊어지고 귀환했다. 정말로 운이 좋은 남자다.

〈니혼케이자이신문〉 1990년 11월 1일 석간

조숙한 소년

　도쿄 오쓰카의 이비인후과 자식으로 태어났다. 주위는 텐소 신사 天祖神社 경내의 상점가, 영화관, 요세寄席 만담, 재담 등을 들려주는 대중적 성격의 유료 연예장, 바, 식당, 대폿집 등에 둘러싸여 4, 5분 거리에 삼류 화류계가 있었다. 매일 저녁 밤 동안 영업하는 노점들이 서기 때문에 밤에도 신문을 읽을 수 있을 정도로 밝았다. 집 변소 창문으로 오른편 옆집인 고깃집의 주방이 보여 여종업원이나 요리사의 오프 타임의 생태를 잘 관찰할 수 있었다. 왼편 옆집은 싸구려 클럽으로, 거기의 호스티스에게 이따금 불려가 담배의 은종이를 딱딱하게 만 것을 자주 받았다. 학교에 지참해서 군에 헌납하는 것이다. 나는 은종이 같은 것보다 오픈 전의, 알코올과 니코틴과 화장 냄새로 가득한 백일몽 같은 클럽의 느낌이 좋아서 되도록 오래 있고 싶었지만 대개 보이에게 쫓겨났다.

　이러니 엉겁결에 조숙해지는 게 당연해서 '뭐든 알고 있다고' 하며 어른을 바보 취급하는 까진 꼬마였다. 일부러 어린애답게 보이려고 군함이나 군용 비행기를 칭송하는 와카和歌31음을 정형으로 하는 단가로 시를 짓거나 네온사인과 마요네즈를 틀려 말하곤 했다. 어른들에게 하는 단순한 서비스였던 것이다.

　아버지의 조수는 간호사가 아니라 서생으로, 대대로 야간대학을 다니는 더럽게 착실한 청년들뿐이었다. 간호사가 없다는 것은 내 취미에 맞지 않았지만 스모 경기나 와세다-게이오 대학 대항전에 데려가 달라고 하거나 보트 경기를 보러 가는 데에는 지극히 편리했다.

대륙에서 전쟁이 시작되어 서생들도 점점 군대에 끌려가게 되었다.

하지만 본국에서는 그다지 전쟁빛이 없었고, 학교 갔다 오는 길에 화류계를 걸으며 검은 판자벽 너머에서 흘러나오는 연습 중인 샤미센을 절절히 들으면서 미래의 방탕을 상상하는 나의 은밀한 즐거움은 변함없이 평온하게 이어지고 있었다.

학교에서 돌아오면 조수의 빈자리를 메우려 진찰실에서 식염수를 만들거나 면봉을 감거나 거즈를 자르는 자잘한 일을 해야 했다.

게이샤가 환자로 자주 왔다 술과 담배로 목이 싱해 대부분은 곪거나 곪기 직전까지 목이 부어서 오는 것이다. 당시 항생물질은 없었고, 아버지는 구형의 화농 치료 주사를 쓰고 있었다. 아마 알바질Albasil이라는 약이었을 것이다. 이것은 앰플의 분량이 많고 근육주사라 상당히 아프다.

이걸 게이샤에게 주사하는 것은 내 은밀한 즐거움이었지만 물론 즐거운 듯한 얼굴 같은 건 하지 않았다. 허벅지에 놓는 것이다. 옷자락을 걷어 올린 것을 자기가 잡는데 "조금 아파요" 하고 아버지가 말하면 얼굴을 돌린다. 바늘이 들어가면 게이샤는 "으음" 하고 아픔을 참지만 생각 외로 아프기 때문에 몸을 뒤튼다. "다리 붙들고 있어" 하고 아버지가 말하면 나는 '싫다 싫어' 하는 얼굴로 붙잡는다. 개중에는 들어 올린 옷자락을 놓는 이도 있어서 그걸 다시 한 번 걷어 올리는 것도 내 역할이다. 나쁜 역할이 아니다. 적은 상대가 꼬마라고 생각해서 망측한 모습을 한다. 바보, 나를 우습게 보면 안 돼! 나는 뭐든 알고 있다고! 라고 마음속으로 생각하면서 잡아 누르는 것은 실로 즐거웠다.

이윽고 전쟁이 격해지자 징용당하거나 해서 게이샤는 전혀 오지 않았다. 조숙한 소년에게 꿈도 희망도 사라진 것이다.

〈니혼케이자이신문〉 1990년 11월 8일 석간

가와시마 유조 기념회

시모키타 반도의 무쓰むっ시에서 가와시마 유조 기념회가 있었다. 27년 전에 세상을 떠난 영화감독을 그리는 모임을 올해부터 무쓰시 주최로 열게 된 것이다. 기념회의 회원도 고령화해 조금씩 줄어가니 이번에 시에서 주최해주면 젊은 가와시마 팬을 위해서도 여러 가지로 편리하다고 하여 오래된 친구, 후배 들도 다들 찬성했다. 기념회의 마지막에 심포지엄이 있어서, 평론가를 중심으로 지금 다시 젊은 사람들에게 주목을 받고 있는 가와시마 영화의 매력이란 무엇인가, 가와시마 유조는 어떠한 인물인가 하는 것에 관해 얘기를 나눴다.

오래된 인정과 육친애, 부부애를 가지고 드라마 만들기의 근간으로 삼던 쇼치쿠 오후나 방식에 대한 반발이, 즉 '집'에 대한 의식을 방기하는 것이 그의 출발점이었다는 논의가 중심이 되었다. 그가 도쿄에 나온 지 몇 년인가 만에 고향의 아버지가 상경해서 찾아왔는데도 그가 친구의 권유도 듣지 않고 계속 술을 마시고 아버지를 거절했다는 에피소드가 '집'을 방기한 근거로서 내세워졌다.

그것은 그 말대로가 틀림없다. 하지만 나는 가와시마 유조 감독과 거의 동기인 니시카와니시카와 가쓰미西河克己 감독의 의견이 재미있다고 생각한다.

오후나에 하라 겐키치原研吉라는 감독이 있었다. 전쟁 전 게이오 시절부터 이미 유명한 초현실주의적 시인으로 씩씩하게 긴자를 거닐며 술을 마시고, 그러던 중 왜인지 쇼치쿠 오후나에 들어가 단기간에 감독이 되었다고 한다. 콧대가 높고 흰 피부에 미남형으로, 하라 팀의 조감독들이 감독에 대해 마음을 쓰는 분위기는 대단했다.

나는 하라 팀에서 두 편 일했는데 그의 일솜씨는 조금 대충대충이었다. 예를 들면 로케이션 촬영에서 어떤 신이 도중에 비 때문에 중단되면 대본을 지그시 노려보고 "좋아, 여기까지. 다음 신으로 오버랩하자" 하는 식이다. 그 신의 후반은 없이 가는 것이다. 과연 그래도 이어질 정도로 그 신은 대충 쓰여 있었지만 나는 '없는 것보다는 있는 편이 좋은데' 하고 생각했다.

그 하라 겐키치 씨는 야마가타의 쓰루오카鶴岡 출신이라고 하는데, 조감독으로 참여했을 때에도 도호쿠 사투리를 들은 적이 없다. 허세가 무척 센 사람이었다고 하니 노력해서 사투리를 극복했을 것이다. 옷차림도 태도도 시원시원하고 상당한 스타일리스트였다.

그 하라 씨의 영향을 가와시마 유조 감독이 강하게 받았다는 게 니시카와 감독의 의견인 것이다.

같은 도호쿠 출신으로 두 사람 공히 도회파를 자인해 옷차림도 노는 것도 심지어 여자관계도 그러고 보면 아주 닮았다. 가와시마 씨는 조감독으로서 하라 팀에 들어간 적이 있다. 과연 역시라는 생각이 든다. 작풍은 닮지 않아도 생활 스타일이 닮는 것은 자주 있는 일이다.

무쓰에서 돌아와 니시카와 감독은 이제부터 쓰루오카에 간다. 하라 겐키치 씨의 몇 번째인가 하는 부인에게 아이가 있는데 모자 공히 건재하므로 만나러 가는 것이라고 한다. 상속 문제인 모양이다. 니시카와 씨는 제대로 된 사람이니까 문제없지만 영화감독은 대개 뭔가 문제를 남기고 죽는다. 난 어느 쪽인가 하면, 나도 문제를 남기고 죽고 싶지만 이것만은 뭐라고도 말할 수 없다.

〈니혼케이자이신문〉 1990년 11월 15일 석간

싱가포르의 왕 씨

싱가포르에서 이발소를 하고 있는 왕 씨라는 친구가 있다. 미귀환병 찾기 다큐멘터리 때 만났으니까 벌써 20년 된 관계지만 최근 2, 3년 소식이 끊어졌다.

전쟁 중 아직 소학생 정도였던 왕 씨는 일본군을 따라서 걷고 병사들에게 귀여움을 받으며 일본어를 배웠다. 일본인에게 친근감을 가졌으나 헌병 등이 하는 일은 잔학해서 눈뜨고 볼 수 없었다. 절도죄를 씌워 중국인의 목을 자르거나 여성 몇 명인가를 일주일 동안이나 끌고 다닌 일도 있었다. 항일 게릴라는 거의 중국인이었으므로 일본군은 싱가포르를 점령하고부터 몇 천 명이나 되는 중국인을 죽였다. 왕 씨의 친구도 몇 명이나 피해자가 있어서, 지금 다시 일본 기업인이나 관광객이 우르르 밀어닥쳐 잘난 체를 하며 지폐를 뿌리고 있으면 미운 게 당연하다는 생각에 왕 씨에게 "당신은 일본인이 싫죠?" 하고 물으면 "저, 일본인 친구 많다"라며 결코 싫다고는 말하지 않는다.

거리 중심부에 '일본 점령 시대의 중국인 순난비殉難碑'라는 높은 돌탑이 있다. 비석을 세운 것은 화교 상공회인가로, 그 회장을 만나봤지만 아무것도 분명히 말하지 않고 "일본의 좋은 친구가 산더미처럼 있으니까 노코멘트입니다" 하고 대답했다. 왕 씨와 마찬가지로 밑바닥에 간단히는 말할 수 없는 복잡한 기분이 틀림없이 있을 것이다.

그 후 몇 년에 걸쳐 나의 '미귀환병 찾기'에 왕 씨는 잘 협력해주었다. 해안 거리에 마약에 중독된 구일본군 병사가 있다는 소문을 캐물어 알아내고 곧바로 그의 조사망으로 정보를 모으는 속도와 집중력은 대단했다.

거의 매년 나도 싱가포르에 갔는데, 그때마다 반드시 그와 만나 밥을 먹었다. 왕 씨와 함께 가는 밥집은 조금 지저분하지만 양 많고 싸고 맛있다. 그는 나를 치켜세우려는 생각인지 영국 부인이 라면을 먹고 있으면 "영국인 이제 안 된다. 가난하다. 라면 하나 먹는다. 우리들, 샤부샤부 많이 먹는다" 같은 얘길 큰 소리로 떠든다. 조금 창피하지만, 나란 일본인에 대한 호의를 겨우 가져준 건가 하는 생각도 든다.

가끔 내가 반나절 한가하고 왕 씨도 쉴 때가 있어서,

"오늘은 일 없어. 노는 거니까 왕 씨 집에 가보고 싶네."

"우리 집?"

"응, 보통 서민의 집을 보고 싶어. 부인도 만나고 싶고."

"우리 집, 노는 거 안 돼. 부인 안 돼. 노는 거 안 돼……."

뭘 잘못 생각했는지 이만큼 친교가 있어도 결코 일본인을 믿어주지 않는다.

사귀고 2, 3년 뒤에 그는 어느 일류 호텔의 이발소를 운영하게 되었다. 기술은 별로 높은 수준이 아니지만 장사는 잘하는 것으로 보인다.

언젠가 내 방에 부탁이 있다고 찾아와서는 내가 알고 있는 일본의 대기업 공장에 지점을 내고 싶으니까 부디 알선해달라고 말한다. 바로 두셋 소개했지만 그 후 어떻게 됐는지 연락이 없다. 그의 일이니까 분명 잘하고 있을 거라고 생각한다.

〈니혼케이자이신문〉 1990년 11월 22일 석간

남태국의 일본인 의사

20년 전 〈미귀환병을 좇아〉라는 텔레비전 다큐멘터리를 제작하고 있을 때, 말레이시아 동북부의 도시 코타바루에서부터 도보로 남南태국에 들어갔다. 태국, 말레이시아에 걸쳐 있는 깊은 밀림을 자유자재로 돌아다니는 공산당 게릴라 속에 구일본군 병사가 두세 명 있는 것 같다는 정보를 얻었기 때문이다.

남태국의 핫야이시市는 방콕 다음인 제2의 도시로 오래된 콘크리트 빌딩 사이에 사람이 넘쳐나고 있었다.

미쓰비시 자동차의 H 씨에게 소개받아 M 선생이라는 일본인 의사를 찾아갔다. 온화한 얼굴에 에너지 넘치는 초로로 경성제국대학 의학부 출신이라고 한다. 저녁밥을 대접받으며 이야기를 듣는다. 핫야이에서 한 시간 정도 더 들어간 곳에 미쓰이 금속과 중국인이 합병으로 만든 광산이 있다. 5년 전 그곳의 창고장인 히로세라는 일본인이 M 의원에 와서 얘기하기를, 하시모토라는 일본인 게릴라가 산속에서 단발머리 여병사를 열 명 데리고 찾아왔다. 쌀을 나눠 달라는 것이다. 3000명의 광부가 있는 대광산이니까 조금 정도는 괜찮겠지 생각해서 몇 십 킬로그램인가를 태국 바트로 팔아 줬다. 한쪽 눈을 다친 커다란 남자로 가마쿠라 출신이라고 했다. 소학교는 가마쿠라의 뭐라고 하는 마을의……

나는 흥분해서 성급하게 M 선생의 기억을 환기하려고 캐묻는다. 선생은 침착 태연히 라오주老酒를 들이켜지만 좀처럼 기억해내지 못한다.

"그 히로세 씨한테서 직접 얘기를 듣고 싶네요."

"아아, 지금은 방콕에 있네."

"그럼 내일 장거리전화를 걸어주십시오."

다음 날 아침 M 의원에 가니 대기실에 여성 환자가 서너 명 있고 굉장히 예쁜 간호사가 일하고 있다. 그런데 내과라더니 부인과인가. 장거리전화는 좀처럼 받지 않는다. "온종일 기다려도 안 될 때가 있네. 뭐, 진득하게 기다리게." 한동안 보고 있자니 환자들도 간호사도 태국인이 아니라 중국인인 모양이다.

근처 노점에서 점심 식사를 하면서 물으니 그가 말했다. 내 환자는 다들 중국인이다. 중국인이 아니면 치료비를 지불하지 못한다. 나는 환자에게는 어디까지나 상냥히 대하는 것을 신조로 삼고 있다. 예를 들면 진찰대에 누울 때 스커트가 말려 올라간다. 그런 때는 다리에 친절하게 천을 덮어준다.

'조금 이상한 의사인걸' 하고 생각했지만 장거리전화가 걱정되어 의원으로 돌아갔다. 예쁜 간호사는 어디에서도 전화가 걸려오지 않았다고 한다.

저녁까지 대여섯 명의 중국 부인이 내원했지만 전화는 걸리지 않는다. 여자뿐인 대기실에 내가 계속 있는 게 좋지 않은지 간호사의 응대가 점점 쌀쌀해진다.

저녁에 미쓰비시의 H를 만나 넌지시 M 의원에 관해 묻자 아무래도 면허증을 가진 의사가 아닌 모양이지만 인기가 없지는 않다고 말한다.

"괜찮을까요?"

"이런 곳에선 고치지 않으면 자기 목숨과 관계되니까요. 어떻게 해서든 고치지 않으면 안 되지. 어설프게 면허 갖고 있는 사람보다 괜찮잖아."

얼마 전 말레이시아에서 48년 만인가 귀국한 두 일본인 중 한 사람은 하시모토 씨였다. 텔레비전을 가만히 응시하며 나는 핫야이의 M 의원을 떠올렸다.

〈니혼케이자이신문〉 1990년 11월 29일 석간

영화인과 빚

지금 내가 주재하고 있는 일본영화학교에 있는 B는 오랜 영화인으로 어지간한 인물이다.

이 학교도 창립 후 얼마 되지 않았고 게다가 이사 측에 의지는 낮으나 투기심은 충분하다는 식의 멤버도 있고 나도 이치만 좇아서, 운영이 뜻대로 안 되는 시기가 있었다. 덤으로 내 조수가 감독 독립하도록 자금 마련도 도와야 해서 엉덩이에 불이 붙은 것 같은 1년이었다.

상층부를 완전히 교체하고 일체의 책임을 혼자서 폼 나게 짊어졌지만 빌딩의 집세도 직원의 급료도 지불할 수 없어서 오랜 지인, 친구에게 기대어 곳곳에 돈을 빌리며 돌아다녔다. 하필 이런 때에 판에 박은 듯한 학교 소동이 일어나, 선동하는 이에 그걸 막는 이가 서로 뒤섞여 작지만 패닉 상태가 되었다.

남 탓을 할 수는 없다. 나 자신 안에도 멀쩡히 투기심이 있었던 것이라고 생각한다. 학생들이 적으로 보이는 게 싫어서 죽을 만큼 지쳤지만, 몇 사람인가하고 뜻밖에 얼굴을 마주하게 되면 "선생님, 영화 찍어주세요. 우리가 아르바이트해서 자금을 모을 테니까"라고 말해 "얼마 모이는데?"라고 물으니 "한 사람에 5만 엔씩 30명이라고 치고 150만은 모입니다"라고 말한다. 금액의 적음도 감동적이라 나도 모르게 눈물을 머금은 일도 있다.

어음 결제에 쫓기고 산더미 같은 빚에 파묻히고 빚쟁이의 전화에 시달리며 고군분투해 1년이 흐르니 과연 소모되어, 10킬로그램 체중이 줄고 흰머리도 늘어서, 아침에 밖에 나갈 때 영차 하며 스모 선수처럼 땅을 굴러 기합을 넣고 와 하며 큰 소리를 내지 않고는 몸이 움직이지 않았다.

B는 어느 쪽인가 하면 선동자 측이었으니까 나는 그를 미워하지 않을 수 없었다.

이 B가 구렁텅이에 있던 나에게 어느 날 얘기를 걸어왔다. 돈을 빌릴 수 있을 것 같은 선배가 있다는 것이다. 지푸라기라도 붙드는 기분으로 B와 함께 선배라는 사람의 집에 갔다. 결과는 실패였다. 나는 돈을 빌리는 방법조차 모르고 있었던 것이다.

돌아오는 길, B는 안 될지도 모르지만 조금 짚이는 데가 있다고 말하고 나를 그의 옛 여자인 듯한 사람에게 데려갔다.

그 사람이 근처의 찻집에 나왔다. 물론 젊지도 않고 B와는 이미 소원해진 모양으로, 나를 조금 의심스러운 눈초리로 봤다. "반지인가 뭔가 있었잖아"라는 B.

"어떤?"

"진주인가 뭔가 달린 거. 달라는 게 아니야. 그거 은행 담보로 해서 조금 빌리는 걸로……."

보아하니 그 반지는 B가 사준 게 아닌 것 같다. 게다가 그녀는 겉보기에 큰돈을 갖고 있는 느낌이 아니다. 바의 마마라고 하는데 수수하고 현실적인 분위기로, B의 제의에 어지간히 놀란 모양이었고 결국 이야기는 결실을 맺지 않았다.

고립무원이라고 스스로를 비극의 중심에 두고 있었던 내게 이 일은 진심으로 기뻐서, 결과가 어땠는지와 상관없이 꺼칠하게 메말랐던 내 마음을 촉촉이 적셨다. 그도 '돈 빌리는 법' 같은 건 몰랐던 것이 틀림없는데, 우리의 세상에는 아직 이런 남자도 있는 것이다.

〈니혼케이자이신문〉 1990년 12월 6일 석간

40대 독신남 두 사람

영화학교 직원 중에 40대 독신 남자 두 사람이 있다.

한 사람은 검은 피부, 장신, 안경, 꾸준형으로 별로 놀지 않는다. 어린 시절 양친과 사별하고 고학 역행力行의 청춘 시대가 있었던지 '가정'을 동경해 결혼을 하고 싶어 한다. 최근 5년 사이에 두 번 결혼했지만 두 번 다 결혼 일주일 만에 새신부가 달아났다. 첫 번째 상대는 이전부터 관계가 있던 남자에게 달아났다. 두 번째는 이유를 잘 모르겠지만 친구들의 얘기로는 상대의 양친이 자식을 떠나보내지 못하고 딸도 부모에게서 독립하지 못했던 거라고 한다.

부모와 떨어질 수 없으면 결혼 같은 것 하지 말라고 말해주고 싶지만, 모양만 식을 올리고 바로 친정으로 돌아가버렸다고 한다. 부친은 정년 샐러리맨이고 본인은 일류 은행의 OL이다. 겉보기로는 일은 잘하지만 매력적인 데라곤 전혀 없는 서른네댓 살로 말도 없고 표정도 없고, 뭘 생각하고 뭘 느끼고 있는지 알 수 없는 사람이었다. 식을 올리기 반년 전 교장실에 인사를 왔는데 머리 모양도 옷차림도 전혀 튀지 않고 수수하고, 5분 채 안 되는 동안 한마디도 하지 않았기 때문에 목소리도 듣지 못해 인상은 극히 옅었다. 돌아가고 나서 30분쯤 만에 '그런데 어떤 얼굴이었더라' 하고 기억해내려 해도 할 수 없었다. 하지만 남자 쪽도 그다지 존재감이 없어 눈에 띄지 않는 타입이니까 남자의 맨션에서 조용히 생활하는 상대로는 좋을지도 모르겠다고 생각했다.

또 한 사람은 보통 키에 다부진 체격, 흰 피부, 살이 좀 찐 스포츠맨 풍으로서 안경은 안 쓰고 대주가로, 결혼을 하고 싶다고 하고 싶다고 부르짖는 것치고는 여자운이 없어서 결혼하지 못한다. 마시고 노름하는 데까지는 상당한 수준이지만 땄다는 얘기는 별로 못 들었다.

학생에게도 강사에게도 인기가 있는 교무과로, 검은 피부에 큰 키인 경리과와 마찬가지로 누가 보든 안 보든 열심히 일한다. 성실하지 잘생겼지, 강사 몇 사람인가는 신부를 구해주려고 맞선까지 보게 하는 것이지만 전혀 이어지지 않는다. 여자를 싫어하느냐 하면 그렇지는 않아서, 모임으로 늦어서 귀가하지 못하는 여학생을 서너 명씩이나 자기 맨션에 묵게도 한다. "안 된다니까! 생각 없는 짓 하면" 하고 교장답게 일갈하자 하는 말이 "각각 집에 전화를 하고 나서 묵게 합니다. 저는 밤새 양말을 벗지 않아요". 양말을 신고 있으면 성적으로 전혀 발동하지 않는다는 얘기다. 이상스러운 남자도 다 있다. "양말 벗고 싶어지는 상대는 없나?" 하고 물으니 "지금은 없습니다만 올해 안으로 반드시" 같은 대답을 한다. 그런 얘기를 계속한 지 어언 10년 가까이 됐다.

검은 피부의 경리도 흰 피부의 교무도, 남들 받는 정도의 급료에 일도 잘한다. 둘 다 그만저만한 맨션에 살고 전기 제품이나 가구나 죄다 마련되어 있어 여자만 생기면 바로라도 신혼 생활을 할 수 있는 모양이다. 두 사람의 공통점은, 굳이 말하자면 상식적이고 온화하고 성실하고 다정하다.

젊은 여자는 입을 열면 다정함과 포용력을 남자에게 바란다. 그 말을 믿어서는 안 된다. 늘상 다정한 남자는 섬뜩할 뿐이다. 이때다 싶을 때야말로 다정함의 질이 문제가 되는데, 그 '이때'가 언제인지를 야무진 젊은 여자들은 예감하고 있을 것이 분명하니까.

〈니혼케이자이신문〉 1990년 12월 13일 석간

경솔한 강사

신주쿠의 영화관에서 '일본 영화의 발견—이마이 다다시의 세계'라는, 영화학교가 주최하는 행사를 일주일 동안 열어 연일 많은 관객이 찾았다. 젊은 관객에게는 실로 일본 영화 새발견인 듯했다.

뜻대로 되어 만족한 학교의 직원, 강사 들은 뒤풀이가 끝나도 흥분이 가라앉지 않아 2차로 다들 몰려갔다. 이미 취한 강사 N이 2차로 간 술집에 들어가자 먼저 와 있던 안경 쓴 초로의 손님이 "어이" 하고 말을 걸어 N도 "야아" 하고 답했는데 상대가 누군지는 분명치 않은 모양이다.

N의 얘기에 따르면 5, 6년 전, 그의 돌아가신 아버지의 세 번째인가 두 번째인가 하는 부인의 제사가 기타카마쿠라에서 거행되었을 때 상복을 차려입고 역에 도착하자마자 마찬가지로 상복에 안경을 쓴 초로가 "여기여기" 하길래 따라갔다. 엔카쿠지円覚寺에서 법요가 있었지만 친척이라고 해도 몇 년이나 소원한 사이로 지낸 N은 아는 사람도 없어서 구석에 정좌하고 있었다.

요정에 초대받아 안경과 술을 많이 마시고 마지막까지 남아서 극진히 배웅받고, 그래도 모자라 역 앞에서 마시고 귀가했다. 받아 온 기념품 봉투를 열고 아내가 "아니 당신, 어느 분 법회에 갔었는데요?" 해서 취한 눈으로 보니 전혀 모르는 사람의 이름이 쓰여 있다. '하지만 그 초로는?' 하고 생각해봤지만 이름도 모른다. 그렇지만 아마 어느 마작집에서 만난 일이 있겠지 하고 생각했다.

여기서 하이쿠 한 구절. "화창한 봄날 남의 집 법회에 섞여 들어가."

어느 하이쿠 모임에서 이걸 냈더니 훌륭하다는 소리를 들어 '나는 천재다' 하고 생각했다고 한다. 형편없는 하이쿠 모임이다. 그런데 그 초로는 도대체 누구냐고 물어도 N은 아직도 알지 못한다. 술집 여주 인에게 물으니 어느 대학의 선생이라고 한다. N의 새어머니와는 관계 가 없는 모양이라, 그렇다면 초로 자신도 '남의 집 법회에 섞여 들어 간' 것이 된다. 그렇다면 그가 가야 할 법회는 따로 하나 더 있었던 것 이고, 경솔한 사람 둘이 만난 게 된다. 그러나 N만큼 경솔한 사람이 따로 있다고는 여겨지지 않으니 초로가 가야 할 법회는 역시 N의 새 어머니의 법회였을 거라고 2차에서는 결론을 지었다.

경솔하게 남의 집에 섞여 들어가는 것은 N의 버릇이라서 나는 크 게 놀라지 않았다.

학생 시절 그의 집은 이케부쿠로에서 그리 멀지 않은 곳에 있었다. 어느 날 밤 N은 암시장에서 폭탄주를 뒤집어쓸 만큼 마시고 살짝 장 난기가 동했다. 본디 이 남자는 늦된 편이라, 친구 일동 그런 장난은 졸업했을 무렵에 뒤늦게 발동하기 시작한 것이다. 인력거를 잡아타고 서 어디어디로 가달라고 부탁하고 무심코 차 안에서 잠이 들어버렸 다. 상당히 멀리까지 가서 어느 여염집에 이끌려 가, 맞아준 여성과 그 곳 2층에서 하룻밤을 함께했다고 한다. 쇼와 23년[1948년] 무렵까지는 이 런 집이 곳곳에 있었다.

아침에 덧창문 사이로 새어 들어오는 빛에 잠이 깨서 비틀비틀 일 어나 덧문을 열었다. 아래는 옆집의 좁은 마당으로, 빗자루를 든 노파가 거기 서서 말했다.

"어째서 옆집에 있는 거니, 너!"

어머니인 것이다.

경솔한 에피소드를 흘리고 다니면서도 N은 요즘 드물 정도로 학생을 잘 보살피는, 정이 깊은 선생님인 것이다.

〈니혼케이자이신문〉 1990년 12월 20일 석간

유객인 명부

시나리오 사정으로 전시戰時의 신주쿠 유곽에 관해 조사하던 중에 『신주쿠 유곽사新宿遊廓史』의 저자가 "재미있는 게 있습니다" 하고 보여 준 것이 『유객인 명부遊客人名簿』다. 쇼와 17년1942년 5월 6일부터 월말까지, 신주쿠의 ○○루에 들었던 유객의 이름, 연령, 주소, 외양, 직업, 상대한 창기의 이름, 소비한 시간과 요금 등이 기록되어 있다.

20대의 회사원과 군인이 많고 시간은 20분부터 올나이트까지 다양하다. 작은 집인 모양으로 창기는 열한 명, 저녁부터 다음 날 아침까지 손님이 많은 창기는 열 명 이상, 제일 꼴찌도 네댓 명의 손님을 받고 있다. 시세는 20분에 1엔 50센銭, 한 시간에 3엔, 숙박은 6엔 이상으로, 여자 위에 "新(처음)" "裏(두 번째)" "馴染(단골)"라는 세 종류의 기호에도시대부터 존재했던 요시와라 유곽의 운영상 관례에서 온 구분. 처음과 두 번째로 등루한 손님은 각각 그에 따라 받을 수 있는 대우에 차이가 있었고, 세 번째부터 단골로서 말하자면 정식 손님의 대우를 받을 수 있었다가 있고, 지불이 5엔 지폐인지 10엔 지폐인지도 알 수 있다. 경찰에 제출해야 할 명부이므로 범죄 조사에도 활용했을 것이다. 군인은 중좌 한 사람을 제외하고는 하사관과 병사가 많고, 다들 총검을 맡기고 들어갔는지 검의 넘버도 메모해놓았다.

주소, 직업, 이름은 엉터리겠지만 가게 측이 쓴 차림새는 그리 틀리지 않을 게 분명하다. 엑스트라의 의상과 소도구를 마련하려면 조감독이 꼭 살펴야 할 문헌이라서 조수 몇 사람이 자료 분석을 시작했다.

그중에 도호東宝 촬영소라고 쓰여 있는 게 있다. 거짓인지 진짜인지 바로 문의했더니 전쟁 중 그 이름의 카메라 조수가 분명히 있는데 쇼와 19년1944년에 전사했다는 것을 알았다.

로쿄쿠浪曲샤미센 반주로 부르는 일본 고유의 창 가수 J·T라는 이름이 25일 동안에 세 번 나온다. 28세, 줄무늬 기모노에 고무창으로 된 일본 짚신을 신고 가즈코라는 기생의 단골이다. 스에히로테이末広亭신주쿠에 있는 요세 극장. 몇 차례 이전·재건을 거쳐 현재에 이르렀다. 창업은 메이지 30년인 1897년. 도쿄의 상설 요세로는 유일한 목조건물에 전화로 확인하니 현주소를 알 수 있었다.

이 명부로는 알 수 없는 것이 여자이 캐릭터다. 손님 측에서 본 장기의 고향과 생활 태도, 외양과 용모 등을 꼭 알고 싶다. 그걸 물어보고 싶어서 T 씨가 사는 기요세로 갔다.

T 씨와 부인은 검소한 도영都営 주택의 한 방으로 영문 모를 방문자를 반갑게 맞아주었다. 온화한 얼굴에 풍채가 좋은 노인으로 작년에 교통사고를 당해서 움직임은 조금 완만하지만 화려한 예복이라도 입히면 상당한 관록이 틀림없다. 두 번째라고 하는 부인은 젊은 시절에는 구가 요시코久我美子풍의 미인이었을 것으로 생각되고 서민 지구의 시원스러운 말투로, 남편의 젊은 시절의 유흥 따위 전혀 문제 삼지 않는 기색이다.

"쇼와 17년 말입니까……. 아니, 신주쿠 2번지도 모르는 건 아니지만…… 어, 17년이라면 저 만주에 있었어요. 16년에 이토의 연대에 있다 거기로 가서 19년에 오키나와까지 나가 있었죠. 거기서 종전을 맞았어요."

"그렇다면 이 명부에 있는 J·T는 가짜인 게 됩니다."

"그러게요. 거기다 키가 5척 3촌척은 약 30센티미터이고 촌은 그 10분의 1인 약 3센티미터이라는 건 저로서는 너무 작네. 저는 5척 5촌 좀 넘으니까요."

이 세계를 잘 알고 있는 옛 친구에게 전화했다. "가짜가 나올 정도의 연예인이 아니야. 오히려 동문 동료의 못된 장난으로 봐야 할 거야. 그의 동료로 5척 3촌 정도의 녀석은……." 두셋 이름이 나왔다. 딱히 가짜를 뒤쫓는 데 시간을 들일 사람은 없을 것이다. 하지만 나는 분명 그들을 만나고 싶어서 찾아갈 것이다. 여러 인물을 만나는 즐거움은 절대적이다. 시나리오는 언제가 돼야 쓸 수 있을지 전혀 알 수 없다.

〈니혼케이자이신문〉 1990년 12월 27일 석간

〈검은 비〉 제작 현장에서

들어가는 말

안녕하십니까. 별로 두근두근하지 말고 들어주시면 좋겠습니다.(웃음) 대단한 얘기를 하려는 건 아닙니다. 걸프 전쟁 얘기도 방금 나왔던 것 같습니다만, 군사평론가인지 뭔지 하는 사람은 거기에 전차가 몇 대인지 하는 것까지 여러 가지를 잘 알고 있군요. 늘 뭘 하는 걸까요. 그런 것만 하는 걸까요?(웃음) 전혀 모르겠습니다만, 평화를 주제로 삼는다는 얘기도 사회자와 그 밖의 분들한테 들었습니다.

애초에 영화를 본다는 것은 지극히 평화적인 일이어서, 전쟁을 하면서 영화를 보는 일은 좀처럼 없죠. 여기서는 영화 만들기라는 것, 특히 몇 해 전 만든 〈검은 비〉라는, 원폭을 피폭한 사람들의 이야기를 중심으로 슬슬 생각나는 것을 얘기하고 싶은데, 그런 일종의 무책임한 강연을 진행하게 해주신다면 제가 대단히 편해지지요. 부디 그런 생각으로 들어주십시오.

영화감독이란 사람이 이런 단상에 서서 뭔가 말하는 걸 들으시는 일이 그리 많지는 않을 거라고 생각합니다. 뭐, 오시마 나기사大島渚 군 정도지요. "영화감독입니다" 하고 텔레비전 앞에 나와서 많이 얘기하는 건. 바보니 뭐니 해가며 호통을 치는 건 그 사람의 독특한 재미로 어딘가 신경질적인 느낌이 드네요. 일을 할 때도 아마 그런 식으로 하겠죠. 저 같은 경우도 아주 무섭다는 소리를 자주 듣습니다만, 이런 온화한 얼굴의 아저씨를 두고 무섭다니 별로 있을 수 없는 일이라 생각합니다.(웃음) 일할 때는 뭔가 눈을 세모로 치켜뜨고 호통치는 일도 있는 모양입니다만.

영화감독의 일

영화감독이라는 게 일본에 340명 정도 있습니다. 일본영화감독협회라는 공동 조합이 있는데, 오시마 나기사가 그곳의 이사장입니다. 이 340명은 각각 텔레비전 작품을 하거나 다큐멘터리스트거나 저처럼 장편 극영화을 만드는 등 다양해서 늘상 긴 작품을…… 늘상은 아니고 저 같은 경우 3년에 한 번 정도밖에 일하지 않습니다만, 정말은 계속 매년 한 편 정도 하고 싶은데 기회가 없네요. 아무래도 3억, 5억 하는 돈이 들기 때문에 그 돈이 마련될 때까지, 그리고 앞 작품의 적자가 보전補塡될 때까지, 요는 우리 집이 제 손에 돌아올 때까지라고 말해도 좋습니다만, 어찌한다 해도 3년은 걸리는 겁니다.

영화가 "팔린다" 표현을 하지만 요컨대 상영권을 파는 겁니다. 한 편 하루 빌려드린다고 하나요, 그렇게 하면 50만 엔을 받거나 합니다. 굉장히 싸죠. 어떤 때는 15만 엔이기도 해요. 그건 16밀리라든지 35밀리라든지 혹은 비디오니까…… 비디오, 이건 공짜인데…… 그런 여러 가지 판매 방식이 있죠.

어떤 주장이라는 게 있는 영화는 수명이 길어요. 〈검은 비〉를 만든 게 벌써 3년쯤 전인데, 그 후 저의 집이 드디어 돌아와서 얼마 전에 축하를 했습니다. 돌아왔다는 건 원래대로 되었다는 거니까 또 어느 정도 빌릴 수 있지 않을까요.

지금은 상당히 빌리기 힘든 세상이 되었죠. 전쟁 같은 쓸데없는 걸 시작해준 덕분에 굉장히 빌리기 힘들게 돼서 어쩌나 생각합니다만, 어쨌든 자금 조달에 성공하면 영화를 만들고 싶어요. 만들고 싶은 영화가 몇 개인가 있습니다만 그중 하나로 이상한 영화를 꼭 해보고 싶은데…… 조숙한 소년의 이야기로, 그 준비에 들어가 있습니다. 시나리오가 없으면 돈이 모이지 않죠. 시나리오가 있으면 더더욱 모이지 않는 일도 있습니다. 하지만 뭐, 시나리오가 되어 있으면 재미 같은 건 여기저기서 발견할 수 있는 거니까, 전면적으로 찬성하진 않더라도 마지못해 조금이라면 내도 좋다는 식의 스폰서가 붙지 않는 것도 아닙니다. 한 회사가 스폰서면 저로서는 몹시 귀찮은 주문도 나오니까 되도록 여러 스폰서한테서 조금씩 모으는 게 이상적이네요. 그런데 그렇게는 되지 않죠. 우선 거기 사장과 만나는 약속을 잡는 데 한 달 걸리는 일도 있습니다. 그렇다고 거기 가서 끝도 없이 얘기를 하면 "으음" 하는 소리를 하며 거기가 다음 달 회의를 할 때까지 기다리게 만들고는 결국 안 된다는 얘기를 하기까지 처음 시작하고부터 3개월이 걸리는 일은 얼마든지 있으니까, 영화 같은 건 도저히 일정이 맞지 않는 겁니다.

그러니까 어떻게 해서든 찾고 싶은 것은 오너 사장이에요. 전권을 휘두르는 그런 오만한 할아버지 같은 녀석이 제일 얘기하기가 쉽죠. 안 되면 안 된다고 당일에 결과가 나오니까 일을 벌이는 사람으로서는 아주 편한 겁니다.

그 자금이라는 게 영화계에서 가장 고생스러운 부분으로, 말이 많습니다만, 1억 엔으로 만들어지는 영화도 있고 5000만 엔으로 만들어지는 영화도 있습니다. 돈은 걸프 전쟁까지는 꽤 남아도는 감이 있었기 때문에 선전비라든지 홍보비만 해도 100억 가까이 갖고 있는 회사가 쎄고 쎘으니까…… 딱히 선전비에서 나오는 건 아니고 무슨 비라고 하나요, 아무튼 나오기 쉬운 상황이었습니다만, 이 전쟁 이후 뭐랄까요, 다들 조금 긴축에 들어가 있는 느낌이 듭니다.

돈 문제는 좀 놔두고, 영화감독에게는 재능이 필요하지 않은가 하는 설이 있습니다. 필요한 것 같은 기분도 듭니다. 하지만 저 자신에게 그런 재능이 있다고 여기지는 않습니다. 꼬마 때부터 문학소년이었던 것은 분명한데, 아까 스포츠 만능의 문학소년이라고 소개받아서 뜨끔했습니다만 문무양도文武兩道에 뛰어났다는 것이 아니고, 어느 쪽인가 하면 어렸을 때는 허약할 정도의 타입이었습니다. 스포츠는 좋아했지만 허약형이었다고 생각합니다.

영화감독 일은 조금의 재능과 발군의 체력이 필요하다고들 대체로 생각합니다. 크랭크인하면 밤에 거의 안 자는 데다 술도 세지 않으면 잘해낼 수 없고, 여러 가지 무리를 하지 않으면 안 되니까요. 솔선해서 삽으로 구덩이를 판다든지 하는 일도 국면에 따라서는 필요하고 남보다 앞서 물속에 뛰어든다든지 하는 것도 때론 필요한 것으로, 조감독만큼은 아닙니다만 언제까지고 조감독을 써서 "너, 뛰어들어" 같은 소리만 하고 있을 수는 없기 때문에, 스스로 물속에 들어가는 일도 경우에 따라서는 필요한 겁니다.

그러한 의미에서는 조금 촐랑대는 요소도 필요한지 모르겠습니다. 신중한, 듬직한 타입보다도 어느 정도 촐랑대는 쪽이 연출가가 되기 쉬운 느낌이 있습니다. 여자 흉내를 내기가 부끄러워도 좀 하지 않으면 안 되는 경우도 있는 겁니다. 그러니까 어느 정도 촐랑대는 성격이라고 할까, 사람들 앞에서 눈에 띄는 걸 좋아하는 타입이 맞을지도 모릅니다.

인간을 그리는 게 직업이니까, 개를 그린다든지 고양이를 그린다든지 새끼 사슴을 그린다, 곰을 그린다 하는 것도 그러니까 의인화된 하나의 인격으로서 그리는 것이기 때문에 같은 게 됩니다. 다루기는 어렵습니다만. 빗속에서 개가 재채기를 하는 숏을 찍으려고 엄청 고생한 일이 있는데 결국 찍지 못했습니다. 후추가 비에 젖어 흘러내려서 안 됩니다. 그건 마른 공기 속이 아니면 효과가 없지요. 그런 것을 하나하나 실험하는 실로 멍청한 어린애 같은 짓을 하고 있을 때가 많아서, 그런 것도 재능이라 하면 깜짝 놀라는 겁니다. 재능을 재능답게 하는 노력을 물론 하기는 합니다만.

인간을 그린다는 것은 배우와의 공동 작업입니다. 어느 여성, 어느 남성, 각각의 역에 따라 대체로 제가 직접 각본을 쓰니까 저의 이미지가 선행하고 있죠. 엄청 매력적인 여성이다, 유카타 차림으로 저쪽을 쪼르르 걷는다, 그리고 허리띠는 무슨무슨 띠라는 것을 매고 꽉 조이면 몸이 이렇게 돼버린다 하는 그런 여성이 좋다는 소리를 하는 감독이 자주 있습니다. 그 언저리는 굉장히 취향의 문제이기 때문에 뭐라고 말하기 어렵습니다만, 좀 더 내면적인 문제에 있어서도 여러 이미지라는 것이 있습니다. 그것은 배우와 둘이서 만들어가는 겁니다. 즉, 배우의 육체를 빌려 자신의 이미지를 펼쳐가고자 하는 것인데, 배우의 육체를 빌린다고 해도 상대는 살아 있는 사람이라서 "오늘은 상태가 안 좋다"라든지 "오늘은 그런 기분이 도저히 안 된다"라는 경우가 있습니다. 특히 어린아이 같은 경우는 "여기서 울어" 하고 말해도 "울기 싫어" 하고 답하면 그냥 그걸로 끝입니다. 울고 싶은 분위기를 만들어주지 않으면 안 되기 때문에 조감독이 큰 법석을 떨어 아이를 둘러싸고 여러 가지를 하는데, 그건 옆에서 보면 실로 우스꽝스럽기 짝이 없는 일이죠.

그러니까 '배우의 육체를 빌려서'라는 부분에는 100만 마디를 들여도 잘 표현할 수 없는 무엇이 있지요. "안녕하세요" 하고 처음 배우를 만나고부터 촬영할 때까지 몇 개월 사이에 어떤 식으로 교류하는가 하는 데서 현장은 엄청나게 달라질 가능성이 있죠. 그것은 인간과 인간의 사귐이니까 당연한 것입니다.

배우와 연출가의 관계는 영화의 진행 상황에 따라 상당히 다르죠. 우선 한 사람의 배우는 영화에 나와서 3분의 1까지는 감독이 말하는 것을 듣고 상황 설명을 들으며 함께 역할을 만들죠. 진짜로 그런 기분이 아니면 한 발짝도 움직일 수 없고 한 마디도 할 수 없기 때문에 고분고분한 학생처럼 선생님이 말하는 것을 잘 듣습니다. 이게 3분의 1입니다. 연출가는 말 즉 입, 그리고 자기 머리로 생각하고 생각해서 하나의 캐릭터를 만드는데 그걸 자신의 육체로 연기하는 게 바로 배우인 겁니다. 영화가 정확히 중반에 접어들면…… 물론 순서대로 찍는 것은 아니고, 대체로 분량 면에서 3분의 2가 끝날 무렵에는 배우가 자기 발로 걸을 수 있게 됩니다. 연출가 같은 게 필요 없죠. '쓸데없는 소리를 하는 아저씨네' 하는 식으로 생각하죠. 점점 자기 다리로 걸어요. 즉, 몸에 그 역이 들어와 있는 거라서 그가 말하는 게 배역의 인물이 말하는 것 같은 느낌마저 들기 시작합니다. 꽤 자유롭게 혼자 걸어줍니다. 이것이 연출가의 가장 즐거운 부분이네요.

그러니까 영화가 진행될수록 감독과 배우의 입장이 역전하거나 여러 상황이 생기는 거죠. 또 관록이 있는 유명 배우 같은 사람이 나오면 "선생님" 소리를 하는 것은 감독 쪽이어서 굽실굽실하며 모셔요. 그 배우가 배후의 연출가같이 돼요. 이렇게 되면 그 영화는 전부 가망 없는 상태가 되어버립니다.

가쓰 신타로勝新太郎는 구로사와 아키라 씨의 〈가게무샤影武者〉라는 작품에 출연하다가 도중에 뭔가 다퉈서, 즉 가쓰신이 제멋대로인 애기를 꺼낸 거죠, 그랬더니 구로사와 씨가 그만두게 해버렸어요. 그래서 나카다이 다쓰야仲代達矢가 됐죠. 물론 가쓰신에서 나카다이로 한다는 것은 영화가 훨씬 작은 느낌이 되어도 좋다는 판단이겠죠. 나카다이 씨에게는 방자한 부분이 좀 보이지 않아서 손해되는 면이 있습니다. 좋은 얼굴을 하고 있는데 말이죠. 그래서 알갱이가 작아지기도 했고, 재미도 절반이 되어버렸어요. 가쓰 씨가 하는 편이 재미있을 게 뻔하죠. 보통이 아니니까요. 배우에 한해서는 마약이든 뭐든 막 해도 된다고 나는 생각합니다. 배우로서 재미있는 성적을 남길 수 있다면 실컷 하세요, 라고. 군이 팬티 속에 숨기지 않아도 좋다고까지 생각합니다.실제로 가쓰 신타로는 1990년 하와이 호놀룰루 공항에서 속옷 안에 대마와 코카인을 숨기고 있다 발각되어 현행범으로 체포된 적이 있는데 그 사실을 언급하고 있다. 또 그다음 해에는 일본에서도 마약 복용 혐의로 체포돼 유죄판결을 받았다. 머리가 이상해지거나 하면 그건 쓸모가 없어지지만, 연출가라는 것은 자기 편한 식으로밖에 말할 수 없는 거라서 정말로 솔직하게 말하면 막 해줬으면 좋겠다, 이런 얘기가 됩니다.

여배우의 경우, 상대가 꼭 남자 배우라는 법은 없지만 남성 편력이 많으면 그만큼 재주가 불어난다, 야마다 이스즈山田五十鈴는 어떻다 하는 소리를 많이들 하는데 그건 거짓말입니다. 대단히 몸가짐이 좋은 견실한 배우여도 엄청나게 연기를 잘해요. 헤픈 연기도 제대로 잘하고, 엄청 술을 마시고 나자빠지는 연기 같은 건 실로 훌륭한 경우까지 있어서 이건 모르는 일이네요. 사생활과 완전히 떨어뜨려서 생각하지 않으면 아무것도 안 된다고 생각합니다. 야마다 씨는 남자가 바뀔 때마다 연기가 더 좋아진다는 꽤 맞는 부분도 있지만 말이죠. 하지만 남자가 무엇인가를 준다는 게…… 연기자로서 무엇인가를 준다는 걸까요……. 그런 건 아무래도 없는 것 같습니다.

결국은 그런 분위기가 중요하다는 것으로, 제가 하고 있는 영화학교에서도 그렇습니다만, 영화를 가르친다는 게 좀처럼 잘되지 않아요. 그건 센스라든지 감성이라든지 너무 전인격적인 것이라 어쩔 도리가 없습니다. 제가 쇼치쿠 오후나에 들어갔을 무렵에는 실로 봉건적인 취급을 받았습니다. 그렇지만 오시마 감독도 그렇고 시노다시노다 마사히로篠田正浩 감독도, '도라寅 씨아쓰미 기요시渥美淸가 평생에 걸쳐 연기한 〈남자는 괴로워〉 시리즈의 주인공 역할'의 야마다야마다 요지山田洋次 감독도, 그럭저럭 세계의 영화제에 나가서 무슨무슨 상을 받든 받지 않든 적어도 뭔가 한마디 하고 오는 건 거의 쇼치쿠 오후나 출신이죠. 이건 이상한 일입니다. 그런 봉건적인, 아무래도 시어머니처럼 들들 볶는 그런 촬영소에 한해서 세계에 간신히 통용되는 영화감독이 나온다는 게 도대체 무슨 얘기일까요. 봉건적인 편이 좋은가 하는 생각까지 듭니다.

그렇다면 후세인 쪽이 훨씬 좋다, 단순히 그런 게 되는 거라서 그건 아무래도 잘못되었다는 기분이 듭니다. 오후나에 하나의 방식이 있기는 했어요. 즉, 아까 말한 어떤 종류의 진지한 노력을 거듭 쌓는 방향에 대해 뭔가를 접한다, 그 분위기를 접한다, 영향을 은연중에 받는다, 별로 직접적이진 않지만 그런 장소이기는 했습니다. 그것은 명장, 거장이 떼구름으로 존재하고 있고 제각각 군웅할거 같은 형태로 촬영소를 점거하고 있어서, 거기에 소속된 조감독이니까 스승의 영향을 다분히 받는 거죠. 그뿐이지 않나 싶은 기분이 듭니다.

그럼 우리 밑의 조감독들은 어떤가 하면 그들은 비교적 민주적인 취급을 받고 있고, 저 같은 경우 실로 민주적으로 다루고 있죠. 이거 나쁘지 않을까 싶은 기분도 듭니다. '민주주의'라는 말에 현혹되어 있다 싶은 느낌까지 저는 듭니다. 마음껏 생각한 바를 전부 조감독의 안면에 내뱉는 게 어떨까 하는데, 그런 것이야말로 교육이고 어떤 면에서는 이게 맞는 거죠. 민주주의라는 이름에 만족해버리면 자신에게도 물러질 우려가 있거든요. 꽤나 차원이 낮은 얘기입니다만 실제로 확실히 그런 느낌이 있으니 어렵네요.

인간을 그린다는 것은 딱히 영화에 한하는 게 아닙니다. 연극도 물론 그렇습니다. 연극 연출가라는 건 전체를 언제나 틀어쥐어야 해서 대체로 한가운데 언저리에 연출대가 있고 거기에 대본을 펼치고 작은 스탠드를 달아서 그곳에서 전체를 늘 보고 있습니다. "잠깐! 잠깐!" 같은 소리를 해서 움직임을 멈춰 세우고 "거기 부분은 이렇게 해줘" 하며 이렇게 저렇게 연출해가는 겁니다.

저는 영화밖에 안 하고 있습니다. 두세 번 연극을 한 적이 있는데, 연극 연출가와 연극배우가 부럽다고 생각되는 건 다양한 상상력을 불러일으키는 요소가 연극 쪽이 훨씬 크다는 점입니다. "엄청난 폭풍이 왔다" 같은 말을 하면 이미 폭풍인 거죠. 관객 한 사람 한 사람이 경험한 적 있는 폭풍 중에서 가장 큰 것을 상정해줍니다. 그 이미지의 폭풍에 팔이든 뭐든 데굴데굴 굴려서 휭 하고 바람 소리를 들려주면 이미 뭔가 여기저기서 쏴 하고 물이 들이치는 게 아닌가 하는 느낌조차 듭니다. 배우가 연기를 잘해야 말이지만요.

그런 자유자재로 바뀔 수 있는 연극이라는 것은 말하자면 이미지의 겹쳐 쌓기인데, 영화의 경우라면 그렇게는 안 됩니다. 최대급의 폭풍을 그대로 비추지 않으면 최대급의 폭풍이 되지 않아요. 게다가 진짜 대폭풍이 왔을 때 카메라를 꺼내면 카메라가 젖어 렌즈가 완전히 뿌옇게 돼서 뭐가 뭔지 알 수 없죠. 흐릿할 대로 흐릿한 그림이 되거나 하는 겁니다. 그러니까 대단한 어려움이 있어서 폭풍은 되도록 찍지 않기로 하고 있습니다.

즉, 연극은 그 이미지를 관객에게 전합니다. 관객이 마음대로 이런저런 것을 상정해준다는 점에서 무척 유리하니까 자유롭네, 부럽네 하고 생각합니다. 카메라가 어디로든 갈 수 있는 영화 쪽이 실은 부자유한 것이네요. 본 것에만 한정된다는 이유로 굉장히 불안합니다. 자신이 하고 있어도 '이걸로 괜찮은가, 이걸로 괜찮은가' 하고 언제나 반성하게 되는 게 몹시 싫습니다.

영화학교

약간의 재능과 발군의 체력이라고 말했습니다만, 제 영화학교에는 연간 200명씩 들어옵니다. 배우는 20퍼센트, 나머지 80퍼센트가 연출, 카메라, 각본, 프로듀서, 그 밖에 녹음과 영화미술 등의 기술 관련. 텔레비전도 그렇고 비디오도 마찬가지입니다만, 기술 관련된 인원이 대부분이고 일부가 연출과 시나리오 등에 속해 있죠. 이게 해마다 늘어납니다. 영화는 완전히 가망 없는 상황이라 다들 쪼들리고 있는데도 지원자가 늘고 있습니다. 역시 영화 일은 재미있는 모양입니다. 머리로 쾅 박치기하는 힘씨름은 가장 피라미 조감독이랑 카메라 조수도 할 수 있는 겁니다. 그런 전력투구의 좋은 점 따위가 알게 모르게 전해져 오는 걸까요. 잘 모르겠습니다만, 그렇게 '3K^{きつい, 汚い, 危険의 첫소리에서 따온 것으로 힘들고 더럽고 위험하다는 뜻} 같은 소리를 하면서 더럽거나 힘든 것을 싫어하는 젊은 사람들이 왕창 몰려오는 겁니다.

저는 4월의 입학식 때 단상에서 "더러워"라든지 "힘들어"라든지 "가난하다" 같은, 그들이 가장 싫어하는 것을 산더미처럼 얘기합니다. 그래도 그만두는 녀석이 적은 걸 보면 '뭐, 어쩔 수 없지' 하고 생각하고 있는지도 모르겠네요. '결국에는 부귀영화'라고 생각하고 있는지도 모르죠. 그래서 도중에 "실은 우리 집이 최근 은행에서 돌아왔다" 같은 얘기를 하는 겁니다. 그러면 이미 세상에 알려진 영화감독이라도 집을 늘 은행에 저당 잡혀두지 않으면 돈이 없다는 걸 알고서 살짝 전도 불안이 되거나 합니다. 그 언저리에서 두세 명 그만두는 녀석이 있네요.(웃음) '뭐, 어쩔 수 없지' 하고 생각합니다.

학생은 저한테 와서 대개 선생이나 양친이 반대한다고 말하죠. "그래서 제대로 설득하고 왔느냐" 하는 얘기를 해서 거듭 확인을 합니다. 사립학교니까 "부모가 반대하고 있습니다"라는 소리를 하는 녀석은 돈을 못 내기 때문에 돈을 안 내면 넣어주지 않는다고 분명히 말하고 싶지만, 제 영화는 가난한 사람을 다룬 영화가 비교적 많으니까 그런 식으로는 얘기하기는 어렵습니다. 어딘가 모질지 않아 보여서 학생들이 우습게 보기도 합니다만, 아무튼 재능이 있는지 어떤지를 시험으로 알아봅니다. 이 시험이 상당히 어렵습니다. 결국 어느 선까지 공부해서 자신을 영화 쪽으로 일단 세팅하고 그쪽을 향해 있는 것인데, 그게 나중에 어떤 식으로 전개되고 성공할지는 단정적으로 말할 수 없습니다. 세팅했으면 걸음을 내디뎌야죠. 그 진행형의 행동 속에서 얼마간은 재능을 볼 수 있습니다.

우선 그곳을 향해 뛰기 시작했다는 것이 이미 재능입니다. 재능이 없는 사람은 뛰지도 않으니까, 움직이지 않으면 우리도 아무것도 판단할 수 없으니 '평범한 청년이군' 하는 데서 멈추는 거죠. 머리를 물들여서 정신 나간 것마냥 껄렁껄렁대는 놈이 오면 싫다는 생각도 들죠. 저희 세대는 그런 걸 대체로 싫어해서, 머리를 여러 색으로 염색한 껄렁껄렁한 녀석이 왔다고 하면 교원실에서 화제가 되기도 합니다. 그런데 그런 놈은 대체로 괜찮네요. 결과가 좋아요. 이상한 일이죠. 정말로 이상합니다. 저런 부류는 완전히 틀렸다, 아주 짓밟아주고 싶다 생각해도 의외로 괜찮은 겁니다. 특히 시나리오에서는 자기의 고교 시절

일 같을 걸 중심으로 쓰게 하는데, 이 시나리오 성적이 좋은 건 일반 성적이 나쁘고 머리를 물들인 녀석이에요. 머리를 물들일 정도의 근성이랄까 반항이랄까, 영문 모를 그런 성질을 가진 녀석입니다. 이걸 바보 취급 할 순 없다고 최근에는 생각하고 있습니다. 하지만 본심은 아주 싫어합니다.(웃음)

시나리오

시나리오가 화제가 되었습니다만, 〈검은 비〉의 경우 이부세 마스지井伏鱒二소설가라는 대선생의 쇼와 40년1965년 무렵 작품입니다. 그걸 원작으로 하고 있습니다. 원작을 각색한다고 하잖아요. 그러니까 시나리오작가는 각색자가 됩니다. 저도 이시도 군이시도 도시로石堂淑朗이라는 시나리오작가와 짝을 이뤄 시나리오에 참가하고 있으니까 '각색, 이시도·이마무라'가 되는 겁니다. 그렇지 않고 자기 머리로 아예 애초부터 생각한 것은 오리지널입니다. 이건 각색이라고 하지 않고 각본이라고 하죠. 일컫는 방식이 다를 뿐이지 요컨대 어느 쪽도 마찬가지로 원작자와의 싸움이든 자신과의 싸움이든 있는 것이어서 무척 괴로운 작업입니다. 대체로 저는 앉아서 하는 일은 썩 잘하는 편이 아닌데, 끝도 없이 눌러앉아 머리가 깨질 만큼 생각하지 않으면 안 되니까 괴로워서 좋아하지 않아요. 게다가 추상론을 떠드는 건 비교적 간단한데, 평화라고 하면 평화 쪽이 좋은 게 당연하지요. 평화라는 것을 내세울 때에도 일상적인 행동이나 대사를 쌓아 올려서 평화가 소중하다는 것을 관객에게 충분히 알리지 않으면 안 됩니다. 알린다고 할까, 느끼게 해주지 않으면 안 되죠.

그걸 비일상적인, 예를 들어 추상론으로 말하게 되면 아무래도 기분이 안 납니다. 추상적인 목적을 갖는 드라마야 물론 있어도 괜찮습니다만, 그것을 전개하는 방법은 아무래도 구상적이지 않으면 안 된다는 겁니다. 작중인물이 술을 마시면서 이론풍의 얘기를 왕창 하는 것, 아주 지긋지긋해질 만큼 이론을 말하는 것은 처음엔 좋아도 금방 분위기가 깨져버립니다. 그렇게 테마를 말하는 건 5분으로 끝을 내라, 그게 아니면 차라리 논문을 쓰면 어떻겠느냐 하는 꼴이 된다, 그게 아니라 생생히 살아 있는 인간은 거기서 약동하는데 자기가 동조할 수 있는 인간도 있고 그렇지 않은 인간도 있다, 그중에서 관객이 자유롭게 선택해가야 할 문제로, 자기가 자꾸 테마를 말하며 영화를 만드는 사람은 어서 논문을 쓰는 편이 좋다, 이렇게 생각하는 겁니다. 어느 쪽인가 하면 조금씩 서서히 주제가 드러나는 쪽이 더 낫다고 봅니다.

〈검은 비〉의 원작은 바로 이렇게 일상적인 대사와 행위를 배열해 쓴 작품이기도 합니다. 실로 침착하고 차분한 문장입니다. 아마 읽으셨을 거라고 생각하는데, 문고판으로 나와 있으니까 아직 읽지 않은 분은 꼭 한번 읽어보시는 편이 좋습니다. 영화감독이 이런 얘길 해서는 좀 그렇지만, 읽는다는 것은 정말 좋네요. 가와카미 데쓰타로河上徹太郎 쇼와 시대 문예평론가라는 사람이 『검은 비』에 대해 일종의 논평 같은 것을 하고 계시니까 조금 길지만 읽어 보겠습니다.

> 세상에 원폭 소설이라는 것은 한없이 나와 있다. 또 원폭에 대한 정치적 논의는 평소에도 그것보다 한층 떠들썩하다. 그것에 관한 사실 조사는 될 만큼 됐고 (…)

조사는 아직인 것 같지만,

(…) 정치상의 모럴은 끝없이 캐물어지고 있다. 그러나 때로 그 논의가 불손하게도 과잉된 느낌이 드는 건 왜인가 하면, 가장 중요한 인간성이 그 안에 희박하기 때문이다. 그래서 문제가 관념화하고 감상적이 되는 것이다. 소설이라는 것은 원래 일상의 인간성의 세계를 대상으로 하고 있음이 분명하다. 세상의 원폭 소설이 자칫하면 이 틀에서 벗어나는 것은 이 사건이 너무도 쇼킹하고, 그래서 곧바로 도덕적 비판에 호소하고, 그리고 다짜고짜 그것에 대한 정치적 토의의 장에 사람들을 불러들이기 때문이다. 이 경향에 정면으로 반대하는 자는 없다. 하지만 이렇게 격분해봐야 도리어 문제의 진의를 흐릴 수 있다. 특히 소설로서는 리얼리티를 훼손하고, 데이터를 관념화하는 결과가 된다. 『검은 비』의 성공은, 위에서 언급한 과오와는 연이 없는 점에 있다.

평론가란 무척 에두르는 표현을 좋아해서 장황합니다만 요는 일상적인 대사나 움직임이나 사고방식의 축적이 있으면 그걸로 충분하다고 쓰여 있는 것으로, 거기에 정치적 논의는 개입하지 않는 편이 더 낫다고 말하는 거네요.

『검은 비』는 일기체의 소설로 쇼와 25년1950년에 히로시마현 동쪽의 산속 마을에서 조금 차분하게 전후 생활을 영위하는 환경을 무대로 하고 있습니다. 야스코라는 꽃다운 나이의 예쁜 여자아이와 시게마쓰라는 삼촌, 두 사람의 피폭 일기를 인용·삽입하는 식으로 피폭 당시의 모습을 극명하게 쓰고 있습니다. 이것은 영화도 답습했습니다.

이걸 만들고 싶어도 배급 회사를 정하지 않으면 할 수 없는 것인데, 우연히 도에이東映의 사장과 그때까지 별 뜻 없이 "난 세 편은 도에이에서 한다. 뭐, 괜찮겠지" 하고 약속하고 있던 중이라 도에이에 가서 "이제부터 〈검은 비〉를 세 편째로 할 겁니다" 하고 얘기했더니 "으음" 하며 재미없다는 얼굴을 하는 겁니다. 손님이 들지 않는다는 거죠. "손님은 들지 않아도 약속은 약속이니까" 해서 만들기로 했습니다만 개봉은 외화 계열의 소극장에서 하기로 정해졌습니다. 외화 계열이라고 하면 대체로 지하에 있죠. 지하에 있는 작은 극장, 조금 지저분한 극장. 지금까지 외국 포르노를 하고 있으니 그런 관객을 가지고는 극장에 고정 관객이 있다고 말하기 어렵죠. 이렇게 저렇게 저희 쪽에서도 표를 팔고 나면 "저기, 오다와라에서는 안 하나 본데 언제 합니까?" 같은 얘기가 들려요. 제 쪽은 배급은 모르니 도에이의 배급부에 가서 조사해보면 "하고 있어요, 이미"라고 말합니다. 그러니까 오다와라 사람이어도 어디서 하는지 모를, 이렇게 말하면 좀 그렇지만, 아무래도 어딘가 지하에 기어 들어간 듯한 곳에서 하는 모양이지요. 그런 취급을 당해버렸습니다.

배급을 정하면, 일반 지상 극장과 보통 극장에서 할 때는 제작 자금이 대체로 절반 나옵니다. 때에 따라 다르지만 대체로 절반이네요. 저도 또 집을 잡혀서 절반 내는 겁니다. 그러면 손님이 들지 않을 때는 양쪽이 손해를 보게 되죠. 실은 양쪽이 손해라고 해도 도에이는 거의 손해를 안 봅니다. 그런 장치가 확실히 돼 있어서, 제 쪽만 완전히 손해를 보고 좀처럼 집이 돌아오지 않는 겁니다.

그렇지만 만일 벌게 되면, 머릿속에서 계산한 금액의 10분의 1입니다만, 그래도 억이라는 돈이 돌연 돌아올 때도 있습니다. 제 영화에서는 〈나라야마부시코〉가 흥행을 해서 몇 억인가 하는 돈이 확 들어왔죠. 그러면 덜덜 떨 듯이 기쁜데, 영화를 만들어서 이렇게 번 적은 없다는 생각에 두근두근하는 것이겠지만, 너무 두근두근해서 다음에 어떻게 할까 따위는 아무것도 생각할 수 없는 탓에 학교에 기부해버렸습니다. 그렇게 하면 안심이 되는 게 나도 모르게 '이 학교 내가 만든 거야' 하는 식이 돼서 무척 좋다고 생각했는데, 그 후 곧바로 이번에도 뭔가를 하겠다 하고 은행에 빌리러 갔더니 "바보다" 하는 얘기를 들었습니다. 어째서 전부 내느냐, 조금 남겨두면 좋지 않느냐 하는 거죠. 하지만 조금이라도 남기면 굉장한 불안이 남아요. 밥을 남긴 것 같아서, 나중에 그게 싫은 겁니다.

원작자

물론 원작을 쓴 이부세 씨를 만나 뵙지 않으면 얘기는 진행되지 않죠. 그런데 왜인지 이분을 만나기가 몹시 두려운 거예요. 저의 소학교 시절에, 그러니까 쇼와 극히 초기인 2, 3년1927, 1928년에 데뷔하신 분이니까 연세가 아흔두셋으로, 옛날부터 존경했던 만큼 두렵죠.『오기쿠보 풍토기荻窪風土記』 같은 걸 쓰셨으니까 오기쿠보에 살고 계신 건 잘 알고 있죠. 한데 그곳에 어찌어찌 연락을 해도 좀처럼 만나 뵐 수 없어요. 살짝 감기 기운이 있다나 춥다나 뭐라나 여러 가지 일이 있어서 만나 뵐 수 없는데, 어떻게 조금 따뜻할 것 같은 날 부탁을 해서 결국 성공했습니다.

가니까 떡갈나무로 된 멋진 테이블이 있는데 그 아래에 고타쓰가 있고, 무릎 덮개 같은 걸 덮고 솜옷인지 솜이불인지 아무튼 많이 입고 있는 거예요. 맹렬하게 왕창 입고 있어요.(웃음) 이불 속에서 목을 내밀고 있길래 그저 '추운 게 싫은가 보다' 생각했습니다만 인사했더니 "흐음" 하면서 별로 반응도 없는 거예요. 그걸 만들고 싶다는 식으로 말씀드리고, 이시도 도시로라는 시나리오작가와 제가 둘이서 각색을 할 테니까 각색이 마무리되면 보여드리겠다고 말했더니 "으음" 하고는 아무 말도 하지 않아요. 아무 말도 하지 않는 건 좋은 소식이라고. 주위의 편집자에게 물었더니 "'으음'이라고 하는 건 싫다는 얘기가 아니니까 괜찮아. 계속 진행하면 돼"라는 얘기를 들었거든요. '그렇다면' 하고 시나리오에 착수했습니다. 역시 이부세 마스지 대선생이 쓰신 것은 퇴고에 퇴고를 거듭해서, 엄청난 퇴고를 거쳐서 완성된 거니까 어설프게 뜯어고치기가 어려워요.

또다시 시나리오

쇼와 40년대1965년부터에 쓰여, 소설에서는 쇼와 25년1950년이 현재의 시간이고, 때때로 쇼와 20년 피폭 당시로 돌아갑니다. 25년이 중심인 세계라고 쓰여 있습니다. 쇼와 25년 당시 저는 학생이라서 쇼치쿠에 들어가기 전인데, 암거래상이 되어 농촌에도 꽤 갔습니다만 그 인상은 역시 모노크롬의 세계지 컬러는 아닙니다. 그래서 '모노크롬으로 그리는 편이 좋겠군' 하고, 각색하면서 점점 생각하게 되었습니다.

이시도와 둘이서 이런저런 생각을 했습니다만, 양쪽의 의견이 일치한 것은 야스코라는 주인공 여성이 원폭을 뒤집어쓰고 백혈병 같은 것에 걸려, 2차 피폭이라고 합니까, 그 때문에 머리카락이 빠지는데, 그걸 라스트로 하자는 것이었습니다. 이 때문에 꽤 많은 의사 선생님을 만나고 원폭 병원에도 가서 물었습니다. 어떤 식으로 빠져야 좋은지 면밀히 조사하지 않으면 안 됩니다. 그런 가발은…… 본인의 머리카락을 뽑을 수는 없으니까요…… 어떤 식으로 하면 좋을지 생각하지 않으면 안 됩니다.

오늘날과 그 당시는 항암제 사용법이 달라요. 약제 자체도 다르죠. 이것은 나쓰메 마사코夏目雅子의 오빠에게 들은 얘기로, 나쓰메 마사코의 오빠라는 게 이 영화의 주인공이 된 다나카 요시코田中好子와 복닥복닥 엮여 있어서 좀 그런 관계이기는 합니다만 꽤 잘생긴 남자입니다. 견실한 남자인데, 옛날은 지금과 상황이 다르다고 말합니다. 머리가 빠지는 방식도 나쓰메 마사코, 그러니까 여동생의 경우에는 이랬지만 지금은 그렇지 않다, 훨씬 전에는 또 다른 모양이었다 하고 얘기를 하길래 저도 무척 갈피를 못 잡고 있었습니다.배우 나쓰메 마사코는 급성 골수성백혈병으로 투병 끝에 1985년 27세의 나이로 세상을 떠났는데, 1991년 다나카는 생전 절친한 사이였던 나쓰메의 오빠 오다테 가즈오小達一雄와 결혼했다. 이듬해인 1992년 다나카는 유방암 판정을 받았고, 이 사실은 2010년 재발한 암으로 그 이듬해 그녀가 세상을 떠난 직후 오다테의 기자회견을 통해 세상에 알려졌다.

그래서 병원에서 돌아와서 목욕을 하는데 머리카락이 빠지죠. 빠지면 그 후 어째서인지 그대로 건강해질 때도 있는 거예요. 그러니까 그런 식으로 머리카락이 자연스럽게 빠질 때도 있고 항암제를 대량으로 투여해서 그 부작용으로 빠지는 경우도 있는데 그것과 이것은 또 다르죠.

어찌 됐든 그녀가 입욕 중에 탈모하는 부분을 영화의 라스트로 하게 됐어요. 아주 쇼킹한 신이지만 그렇게 하자고 일치해서, 두 사람 다 드라마가 직업이라 이렇게 저렇게 드라마적으로 쌓아가는 걸 좋아하니까 라스트를 꽉 압축한 데서부터 전체를 짜나가고 싶었던 겁니다. 그러나 애초에 일상적인 일만 쓰여 있는 일기니까 그런 식으로 되기는 어렵죠. 이부세 마스지가 아닌 것처럼 생각되는 겁니다. 과장되게 떠벌리는 식으로 하고 싶지 않아요. 과장스러운 건 피해야 한다는 생각에 다시 그걸 뜯어서 '되도록 담담하게'라는 생각으로 씁니다. 그렇게 하니 딱 산들바람 속에 있는 것 같아 아주 좋긴 한데, 알맹이가 없는 느낌마저 들어서 그것도 무서운 겁니다. 드라마니까요. 드라마 만드는 다른 이들의 의견도 이것저것 듣고 싶어집니다. 점점 이건 틀림없이 다들 싫어할 거라는 식이 되죠. 영화가 시작하고 한 시간쯤 지나면 손님이 전부 돌아가버린다든지 하는 그런 어두운 생각이 머릿속에 들러붙어서 '좀 더 드라마적이지 않으면 안 돼' 하고 생각하게 됩니다.

신인은 더 그럴 거라고 생각합니다만 우리들 구인류도 역시 그런 두려움이 늘 있습니다. 과장된 것을 군이 회피하면서…… 요컨대 '원작에 충실하게'라는 겁니다만…… 원작을 각색해가는 중에 가장 중요한 게 무엇일까 하는 걸 또 생각하게 됩니다. 그러면 과장되지 않은 편이 좋단 걸 알 수 있는데 하지만 또 지금 볼 관객은 현대인 1990년의 사람들이니까 그들에게 어필하지 않을 수 없습니다. 영화라는 것은 언제나 그런 숙명을 짊어지고 있죠. 시대극을 하든 신화시대를 다루든 SF를 하든 영화는 현대의 관객을 염두에 둡니다. 그 사람들에게 어필하지 않으면 무엇보다 손님이 전혀 오지 않아요. 지하라서 안 왔다는 소리는 할 수 없으니까…… 그들에게 어필하지 않으면 어떻게도 되지 않죠. 그러니까 언제나 현대성이 요구되는 겁니다.

클로드 이덜리

그래서 제가 생각한 것이 클로드 이덜리Claude Eatherly라는 남자였습니다. 이 남자에 대해서는 쇼와 33, 34년1958, 1959년 무렵 〈주오코론中央公論〉에 2, 3회 연재된 적이 있어요. 그는 미국의 공군 대위입니다. 에놀라 게이Enola Gay인가 하는, 원폭을 떨어뜨린 B-29의 선도기에 스트레이트플러시라는 같잖은 이름의 비행기가 있는데 그것의 기장입니다. 이 남자와 크루 전원이 나가사키, 히로시마에 일주일씩 체재하고 본국에 돌아가는 일정으로 원폭 투하 후의 상황을 보러 왔어요. 크루가 40명 가까이 와서 나가사키를 먼저 봅니다. 나가사키에 일주일 있기로 했던 것이 그는 사흘째에 본국으로 돌아가버립니다. 도저히 견딜 수 없는 기분이었던 모양이죠. 아무래도 그 심리의 깊은 곳은 읽지 못하겠습니다만, 행동을 보면 곧바로 고향 텍사스로 도망쳐 돌아갔어요.

그는 전쟁 중이던 쇼와 17년1942년 무렵에 결혼을 했는데 상대가 할리우드의 여배우로 엄청나게 예쁜 여자입니다. 쇼와 17년에 장남을 낳았어요. 전후 이덜리는 수폭 실험에도 여러 차례 참여했는데, 쇼와 22, 23년1947, 1948년에는 쌍둥이 여자아이가 생겼어요. 그 무렵 그는 조금 정신이 혼란한 상태였습니다. 텍사스 시골에서 네바다의 수폭 실험 등에 나갔는데, 왔다 갔다 하는 중에 점점 이상해져요. 특히 여자아이, 쌍둥이가 백혈병이라는 걸 알게 됐죠. 그 자신도 신체검사를 해보니 역시 이상하다는 걸 알게 됐습니다. 피폭되어 있던 거죠. 무엇인가 풍향 때문에 원자구름 안에서 한동안 빠져나오지 못해서, 그래서 그 자신도 몇 차례인가 피폭되었던 겁니다. 이런 쇼크들로 이상해져서 일본이 공격해 왔다나 뭐라나 헛소리를 하게 됐어요. 곧바로 여아 두 명이 세상을 떠났습니다. 그러고 부인은 건강한 남자아이를 데리고 냉큼 달아나버렸습니다. 그는 혼자 남아서 여전히 헛소리를 하며 떠들고, 부인이 있던 무렵부터 자주 해오던 강도질을 되풀이합니다.

슈퍼마켓 같은 곳에 가서 커다란 권총을 꺼내 "홀드 업" 하고 위협하죠. 이 남자도 몸집이 커서 점원이 놀라 쪼그라드는데 "15달러 내놔" 같은 소리를 해요. 굉장히 금액이 적어요. 15달러 이상은 빼앗지 않는 모양인데 돈을 낚아채서는 "경찰에게 얘기하려거든 얘기해"라며 권총을 휘두릅니다. 주위에 있는 화장지 같은 걸 주머니에 좀 챙기는 짓도 하죠. 정말로 쩨쩨한 강도이기는 해도 이걸 몇 번이고 몇 번이고 당하면 역시 곤란하죠. 경찰에서도 향토 영웅이니까 붙잡아도 곧 풀어주곤 하는데, 그러던 중에 조금 시간을 들여 정신감정을 하지 않으면 안 되게 됩니다. 그 와중에 독일계 미국인인 어느 평론가는 "그 녀석이야말로 미국의 양심이라 할 수 있지 않을까" 하고 논평을 합니다. 미국으로서는 좀 곤란스러운 일인 거죠.

대체로 나라라는 건 다 그렇습니다만, 그 나라도 나라에 거북스러운 일은 무시합니다. 압살합니다. 여러 형식으로 죽이죠. 클로드 이덜리도 미국으로부터 죽임을 당했습니다. 저게 영웅이거나 미국의 양심이어서는 곤란하거든요. 원폭을 떨어뜨린 나라니까 그에 대해 반성이든 비판이든 이제 와서 얘기해봐야 어쩔 방도가 없지 않은가, 입 다물어주면 좋겠다, 그러려면 어떻게 하면 좋은가 궁리했을 거라고 저는 생각합니다. '저 녀석을 진짜 미치광이로 하면 제일 좋다.' 그렇게 점점 시간을 거슬러 올라가 사관학교 시절도 고교 시절도 전부 미치광이로 만들면 어떤가 하는 협의가 있었다고 생각될 정도로 모두가 그렇게 주장하게 되자 '뭐야, 미치광이가 하는 얘기라면 도리가 없군' 하고, 뭔가 가시가 박혀 있다 싶은 느낌은 있었지만, 그 뒤로는 없는 일 취급을 해버렸습니다.

그러자 일본의 매스컴도 그것을 추종해서 아무것도 보도하지 않게 됐습니다. 쇼와 35년1960년경에는 어디에 무엇도 실리지 않아요. 우연히 제게 미국인 조감독으로 독특한 사람이 있었는데 그 남자가 텍사스 출신이라서 그에게 편지를 보내 이덜리에 관해 조금 알아봐달라고 부탁했습니다. 이덜리는 1970년에 죽었다고 하고실제로는 1978년에 죽었다고 알려졌다 그 남동생이 있는데 굉장히 사나운 인물이었습니다. 제 조감독을 하던 미국인은 허약한 남자라 만나러 가서는 깜짝 놀랐던 모양이에요. "도대체 뭐냐, 뭘 원하느냐" 하는 소리를 들으며 꽤나 들볶임을 당한 모양인데, 그래도 필사적으로 물고 늘어져서 이러쿵저러쿵 조사해 왔습니다. 그 리포트가 있는데, 이덜리는 재혼했네요. 혼자서 정신

병자로 취급당해 입·퇴원을 되풀이했다지만 실은 그렇지도 않은 거예요. 도리어 입원해 있는 탓에 어딘가 이상해져버린 느낌입니다만, 후에 결혼해서 1970년에는 또 다른 여자아이가 하나 태어났어요. 이 아이는 건강했습니다. 이딜리는 그 아이가 태어나고 곧 죽었습니다.

이 영화를 만들 무렵이 1988년이었으니까 1970년에 태어난 그 아이가 열여덟이 되어 있었을 겁니다. 18세라면 대학에 들어갔을 나이니까, 그 대학에서 일본에 건너온다는 얘기는 어떨까 하고서 저는 몇 개월이나 그것에만 매달려 있었죠. 미국에서 올 리포트를 기다리면서, 그냥 기다리는 건 싫으니까 마작이나 하면서 말이죠.(웃음) 엄청나게 품이 드는 겁니다.

그래서 그 여자아이를 임시로 앤이라고 이름 붙였는데, 앤이 미국에서 날아와 나리타에 착륙하는 데서부터 스토리가 시작됩니다. 그녀가 태어난 해에 아버지가 죽었으니까, 서로 교대한 거죠. 그런 아버지가 아무래도 정신이상이었다는 소문을 들어요. 꽤 오래된 이야기지만 소문은 나 있는 겁니다. 그녀의 새로운 어머니는 젊고 전후 사정을 잘 모릅니다. 히로시마에 대해서도 원폭에 대해서도 아무것도 모르는 태평한 어머니인 거죠. 하지만 자기 아버지가 정신이상이고 가끔 뭔가 악몽 같은 것에 시달리는 일이 있었다는 얘기를 듣습니다. 그게 무엇이었을까 생각하죠. 벌써 18년 전에 죽어버린 사람이니까, 요는 자기는 무엇인가 하는, 뿌리를 찾는 의미로 여러 가지 알아보고 싶다, 그런 생각을 하기 시작합니다.

아버지가 남긴 쪽지를 보면 "일본"이라는 단어와 "히로시마"라는 지명이 나옵니다. 지극히 상식적으로 '히로시마의 비극' 정도는 알고 있는데 뭐, 앤은 아무것도 모른다고 해도 괜찮아요. 다만 아무래도 아버지의 영향일까요, 불교 등에 흥미가 있어서 일본이나 중국, 한국 등 불교와 관련된 부분을 묘하게 마음에 두고 있습니다. 그래서 여름방학에, 히로시마대학에 우연히 적합한 교수가 있어서, 도대체 어떻게 공부하면 좋을까 하고 방법론을 물으러 찾아오죠. 히로시마의 대학원에 그 방면으로 적당한 교수가 있는데 일본인에 여자를 밝히는 놈이어서 앤과 함께 시코쿠 순례를 하자고 합니다. 그녀도 순례할 마음이 있어서 밝히는 놈과 함께 순례를 하다가 우연히 어느 무덤을 지나게 됩니다. 어느 여성의 무덤인 듯합니다. 몇 십 년 전에 지금의 자신처럼 이곳에 순례를 왔던 야스코라는 사람의 무덤인 거죠. 그곳에 스님이 있는데 청소 같은 걸 하고 있어요. 도노야마 다이지가 맡은 배역이죠. "흥미가 있는가." "흥미 있습니다." 듣자하니 여성의 순례가 여기 쓰러져 끝났다는 얘기인 모양입니다. 이분은 무척 독특한 분으로 자신의 장례 비용에다 자기의 일기와 삼촌의 일기, 이렇게 두 개의 일기를 배낭에 짊어지고 걸어 오셨다, 다리가 이미 메마른 고목처럼 되고 원폭을 맞은 탓에 병에 걸린 모양인데 나이를 아주 웃돌아 할머니처럼 보였다 하는 겁니다. 무엇보다도 그 일기를 소중하게 여기고 계셨다고. "당신도 보겠습니까?"라고 말하죠. 그래서 기뻐하며 그 일기를 보게 돼요. 복사를 해서 펼쳐 보니 이게 『검은 비』인 거죠.

〈검은 비〉를 그런 식으로 시작할까 생각했습니다. 상당히 앞머리가 길죠. 미국 부분에서 "홀드 업" 같은 데도 나오니까요. 그렇게 해서 앤이 체험한 『검은 비』, 1988년 현재의 『검은 비』를 전개해야 진짜 현대적이 아닐까 생각한 겁니다.

하지만 말하자면 괄호를 치는 것은 미국입니다. 원폭을 떨어뜨리는 쪽의 윤리감이라고 할까요, 미국의 괄호 안에 일본의 『검은 비』가 들어 있는 식이 됩니다. 묶는 게 미국이라면 미국인이 찍으면 된다는 생각이 자꾸 들었습니다. 중국 혹은 말레이시아를 취재하는 작품은 그

곳 나라 사람이 찍는 게 마땅하고, 그곳의 젊은 감독이 나선다면 저야 기쁘게 응원하겠다는 얘기를 늘 떠벌리며 다니곤 합니다만 좀처럼 그럴 기회가 없어요.

그러니까 이건 미국인이 하면 됩니다. 실제로 제 학교에 하버드의 영화 관계자 녀석들이 매해 30명 정도 스쿨링으로 옵니다만, 거기 교수들이 이 얘기를 듣고 "재팬 머니로 영화 만들 수 있겠죠" 하며 알선해주기를 바라는 것같이 얘기하길래 당치도 않다고 말하고 거절했습니다. 재팬 머니가 있다면 내가 쓰고 싶다는 생각에 큰소리로 거절은 했지만, 미국이 그런 영화를 만든다면 훌륭한 일이라고 생각합니다. 미국이라는 나라는 꽤나 속이 깊죠. 하긴 이번 걸프 전쟁에서는 속이 지독하게 얕은 느낌이 들었지만요. 저는 미국은 딱히 좋아하지 않습니다. 하지만 속이 깊다는 건 거기 영화를 보면 잘 알 수 있죠. 베트남전쟁에 대한 일종의 반성…… 반성하는 영화는 별로 없어요. 열 편에 한 편밖에 없습니다만…… 정말로 반성하는 영화도 개중에는 있죠.

또 그런 것을 나라가, 나라가 허가해서 영화를 만드는 건 아니지만, 어쨌든 그것을 제대로 응원하는 모습을 보면 속은 깊구나 하는 느낌이 듭니다. 그리고 또 여러 다양한 사람이 있죠. 일본인은 대체로 비슷비슷한 사람이 많아서 캐릭터가 별로 강하지 않지만 미국인의 경우 기본적으로 다인종 혼합에 또한 캐릭터가 다양한 인물들이 있는 건 분명하다고 생각합니다. 여러 의견이 절충해 속 깊음을 낳는 것일까요.

현대성이라는 것에서 얘기가 샜습니다만, 40년 전의 이부세 씨 원작을 그대로 영화에 옮기는 것으로는 현대성을 느낄 수 없지 않을까 하는 불안이 있었습니다. 작자는 언제나 그런 불안에 시달리는데, "너무 케케묵은 얘기라 싫어졌어" 하는 소리를 듣지는 않을까 싶어 주눅이 들죠.

모노크롬과 컬러 촬영

예를 들어 부분 컬러로 해서 흑백 부분을 괄호 안에 넣습니다. 머리하고 꼬리는 컬러로 하고 회고하는 부분만 흑백으로 하자, 이거 무척 알기 쉽다 할 만큼 관객의 이해를 돕자는 생각이 들었어요. 그런 형태로, 현대에도 생각하지 않으면 안 될 문제로 제시하는 게 마땅하지 않나, 그런 것을 통절히 고민했습니다. '미국 얘기는 버리고 일본만으로 현재를 천착하려면'이라는 생각으로 시나리오를 만들었습니다.

야스코가 40세가 됐습니다. 원폭병이 꽤 진행돼 머리카락이 상당히 빠졌습니다. 거의 중머리가 되어 있죠. 그리고 입술에서 때로 피가 배어나요. 잇몸에서 피가 나는 겁니다. 컬러라면 분명히 피가 비치죠. 대머리니까 삿갓을 쓰고, 흰옷을 입고, 겨울철에 눈 속에서 뚜벅뚜벅 순례 길을 걷는 겁니다. 순례 때 눈이 와요. 시코쿠 88소 중에서 눈이 내리는 게 어딘가 하고 조사하니까 에히메현과 도쿠시마현의 경계밖에 눈이 안 내려요. 그게 몇 번 찰소札所다, 그것과 비슷한 게 지치부秩父의 어디다 하는 걸 알아내서, 지치부의 12번인가 뭔가 하는 곳에서 시코쿠의 순례자가 걸어보고 눈을 재현할 수 있다는 것까지 알아냈죠. 지치부 쪽이 확실하게 눈이 오더군요.

그래서 겨울부터 크랭크인했습니다. 컬러지만 눈 속을 걸으면 그 풍경은 거의 흑백으로 보여요. 수묵화처럼 보이죠. 그 속을 할머니 같은 야스코가 걷고 있어요.

이게 제일 톱이고, 그리고 라스트는 삼촌도 숙모도 다들 죽어버리고, 할머니를 떠나보내고 혼자 남은 야스코가 가진 걸 죄다 팔아서 병원에 기부하고 시코쿠 순례를 떠납니다. 라스트도 컬러예요.

이 순례 길을 갈 때 원폭 돔이 있는 데를 지나면, 쇼와 40년1965년 정도의 얘기죠, 돔 앞에 사와 다마키沢たまき라는 사람이 있습니다. 사와

다마키는 나쁜 할머니인데요, 그 사람이 이라는 이에는 전부 금니를 해 넣고 기와를 팔고 있습니다. "원폭으로 무너진 가옥의 불탄 기와예요"라면서 팔고 있는 겁니다. 물론 그건 그녀와 딸 둘이서 어디선가 은밀하게 굽고 있는 거죠. 새 기왓장을 비뚤비뚤하게 깨고 그걸 버너로 태우든지 해서 매대에 놓고 팔아요. "히로시마 기념품으로 원폭에 불탄 기와는 어떻습니까"라고 하는데, 그러니까 굉장히 교활하고 지저분한 짓을 하고 있죠. 그 "원폭"이라는 말에 담긴 어떤 무게감을 그녀는 거의 아무것도 느끼지 않고 있다는 거겠죠. 그 앞을 야스코가 걸어갑니다. 뚜 하는 기적이 울리며 시코쿠 쪽으로 가는 겁니다.

마루가메丸亀인가 어딘가 상륙해서 거기부터 걷기 시작하는 겁니다. 로케이션 촬영도, 흑백 부분을 일단 찍었기 때문에 이제 남은 시간이 거의 없어요. 시간도 없고 돈도 없죠. 돈이 없으니까 이젠 시코쿠로 건너갈 수가 없어요. 오카야마 주변에서 찍고 있으니까 프로듀서가 오카야마에서 마저 찍어주면 좋겠다고 합니다. 그래서 오카야마에서 시코쿠를 찾은 겁니다. 오카야마에서 찾으니 시코쿠가 많더군요. 이거 잘됐다고 생각해 시코쿠를 이렇게 저렇게 만들었습니다. 쇼와 40년1965년이라고 하면 자동차가 꽤 달리고 있잖아요. 그 무렵은 관광버스도 많이 달리고 있습니다. 순례자의 모습도 꽤 달라졌죠. 그 기점이 40년이라는 것을 조사로 알아냈기 때문에, 40년 당시를 표현하기 위해 여러 가지 오래된 클래식 자동차 같은 것을, 오카야마하고 히로시마 부근에도 수집하고 있는 사람이 있는데 그런 사람에게서 빌렸어요. 요금을 지불하는 대신 신문에 기사를 많이 내주겠다고 잘 얘기해서 이용 허락을 받았습니다. 큰길 네거리에서 연기를 하는 경우 역시 온종일 걸리는 대규모 로케이션이 됩니다. 그저 걷는 것뿐이지만, 도키타 후지오常田富士男라는 남자와 다나카 요시코가 둘이서 걷는 겁니다. 그러려면 교통정리니 뭐니 여러 준비를 하지 않으면 안 됩니다. 겨우 날씨 상황이 좋아서 시작하면 이걸 도키타가 NG를 내거나 해서, 이런저런 계획을 어렵게 세워도 한순간에 다 날아가버리죠. 그러면 또 다음 날을 노리든지 오후를 노리든지 하게 됩니다. 로케이션 촬영이라는 건 정말로 골칫거리예요.

그렇게 해서 어찌 됐든 대체로 완성이 됐어요. 라스트에 컬러 부분을 붙이는데, 야스코가 마침내 죽는 것으로, 석상들 속에 섞여 들어가 석상의 하나가 돼버리죠. 저는 여성이 돌이 된다는 것을 무척 좋아합니다.

야스코가 섞여 드는 석상군群을 만들려고 산인山陰에서 돌 세공을 하는 사람들이 많이 왔습니다. 상당히 우수한 사람도 있었는데, 부드러운 돌과 딱딱한 돌이 있어서 딱딱한 쪽은 일주일, 부드러운 쪽은 두 시간이면 팔 수 있다는 거예요. 부드러운 걸로 하자고 하고 되도록 많이 파서 나한羅漢을 잔뜩 만들었죠. 그 나한이 각각 등장인물과 닮았습니다. 미키 노리헤이三木のり平를 닮았다든지 기타무라 가즈오를 닮았다든지 이치하라 에쓰코市原悦子를 닮은 나한이 있어요. 나한이라는 것은 아직 부처님이 되기 전의 사람들이니까 닮았어도 괜찮다는 생각에 인간처럼 늘어놓고, 그 한가운데로 그냥 이미 늙어버린 다나카 요시코가 다가갑니다. 그러자 어째선지 돌이 되는 거죠. 그런 이야기를 그림으로 만든 겁니다.

9할 정도 완성됐지만 톱은 아직 없었어요. 아직 지치부에 눈이 안 내려서요. 톱은 없었습니다만 중간의 긴 흑백과 라스트의 컬러, 그러니까 톱을 뺀 흑백과 컬러가 9할 9부 만들어져 있었습니다. 그것을 열심히 편집해서 이어봤죠. 그러자 흑백과 컬러의 경계가 아주 싫은 겁니다. 뭔가 경박해져버려요. 흑백의 경우는 색이 물론 없지만 오래 보고 있으면 색이 느껴져 옵니다. 그 색은 만들어진 게 아니고 리얼리티가 있어요. 색을 느낀달까. 마지막에 무지개가 나온다든지 안 나온다든지 하는 부분은, 이건 마지막에 완성된 다른 라스트입니다만, 무지개를 봤다는 사람이 있어요. 무지개 같은 거 저는 찍은 기억이 없어요. 그렇지만 무지개를 본 사람이 있다고 할 정도로 마음이 거기 담겨서 그림이 변형되어 보이고 컬러가 보이고 하는 겁니다.

그런 생각으로 흑백을 보고 있다가 마지막에 확 컬러로 바뀌면 쿵하고 오는 거죠. 컬러필름은 인공적인 색입니다. 그때까지 관객이 제각각 흑백에 마음을 담아서 보고 있었는데, 그리고 그것이 지극히 자연스러운 것이었는데 그게 부서져버린다는 거죠. 요컨대 경박해진다는 느낌이 아무래도 들어서, 역시 이건 흑백으로 끝나지 않으면 안 된다고 그때 생각했습니다.

그럼 현대화는 어떻게 되는가. 쇼와 40년을 그리고 관광버스를 그리고 여러 가지로 40년대의 거리나 자동차를 그려야 그게 현대에 가까워지느냐 하면 그런 일은 없습니다. 시대극을 찍고 있으면 "아직도 시대극이냐"라고 하죠. 그것이 현대적이려면 현대극적인 요소, 즉 등장인물들이 놓여 있는 입장이나 심리 같은 것을 현대인도 잘 알 수 있어야 하는데, 그건 내용 문제지 그림의 문제가 아닙니다. 당연한 얘깁니다. 이미 10년이나 감독을 하고 있으면서 바보 같다고 생각하지만, 역시 컬러를 쓰고 싶다는 고집이 있어서 그런 식이 되어버렸습니다만, 우선 연결 부분이, 나무에 대나무를 접붙였다는 말이 있는데, 이게 정말로 잘 안 나옵니다. 거기에, 육체는 나날이 쇠퇴해서 할머니가 되어가지만 마음은 지극히 건전하고 밝고 게다가 여성성을 잃지 않는다 하는 장면도 만들었는데, 에너지가 엄청난…… 그런 여성을 제가 죽을 만큼 좋아해서 다시금 이마무라식의 여자를 만들었다는 느낌이 들어요. 〈일본 곤충기〉에서도 〈붉은 살의〉에서도 혹은 〈신들의 깊은 욕망〉에서도 〈나라야마부시코〉에서도, 거기 나오는 여자들은 대부분 그와 비슷하게 에너지 넘치는 여성입니다.

요즘 세상에 그 에너지 넘치는 여성 같은 걸 그린다 해도 전혀 새로울 게 없습니다. '그런 거 당연하잖아'라고 남자아이들은 다들 생각하겠죠. 그러니까 어떻다는 얘기는 아니고 뭐, 그런 완성본 원고를 써서 영화를 찍었다는 것인데, 컬러로 해서 쇼와 40년에 가깝게 그린다거나 50년에 가깝게 그린다는 것이 현대를 표현하는 것과는 다르다는 얘기네요. 어중간할 뿐이지 전혀 좋을 게 없다고 뒤늦게나마 반성을 해서 흑백만으로 끝냈습니다. 흑백의 세계로 일관해도 관객은 충분히 이게 현대로 이어지는 문제라고 느낄 게 틀림없다고 생각한 거죠. 첫머리에 얘기한 연극과 마찬가지로, 어설픈 그림을 전부 보여주는 것보다는 관객의 이미지 쪽을 신뢰해야 한다는 얘기입니다.

캐스팅

앞뒤가 바뀌었는데, 크랭크인하기 전의 캐스팅 얘기를 하겠습니다. 첫 시나리오를 쓰고 나서부터 캐스팅에 들어갔습니다. 구사카 다케시日下武史라는 사람이 있는데, 아시는 분도 계실지 모르겠습니다만 극단 '시키四季'에 소속된, 꽤 은근한 멋이 있는 아저씨입니다. 이 사람과 제일 먼저 만났습니다. '구사카 다케시도 괜찮네' 하고 생각했죠. 그다음에 다니 게이谷啓와도 만났습니다. 다니 게이라는 사람은 제가 무척 좋아하는 배우입니다. 꽤 다재다능한 재미가 있어요. 그다음 기타무라 가즈오라든지 오자와 쇼이치도 이름을 올렸죠. 오자와가 "이마무라 군, 한 사람 잊고 있는 거 아니야?" 하길래 "누구 얘긴데?"라고 했더니 "아니, 나 말이야"라는 거예요. 오자와 쇼이치가 맡는 주인공 시게마쓰는 전혀 생각해보지 않았습니다. 그러고서 주위의 모두들 하는 소리가 이마무라 쇼헤이의 시게마쓰는 어떠냐고 합니다. 이건 좀 괜찮네요.(웃음) 결코 나쁘지 않아. 대단히 지성적이고.(웃음) 풍격도 있고 말이죠. 하지만 저는 아무래도 부끄러움도 좀 있어서 말이죠, 그래서 기타무라에게 얘기를 던진 겁니다. 기타무라 가즈오는 소학교 때부터 저와 친구입니다. 중학교는 다르고 대학에서 다시 만났는데⋯⋯ 이 사람은 엉뚱하지 지적인 느낌이 아니에요.(웃음) 세간에선 좀 착각하고 있습니다만 그 사람은 지적이지 않아요. 막일꾼 같은 게 굉장히 잘 맞고, 어느 쪽인가 하면 피로한 육체노동자라든지 현대적인 경쟁에 패한 고참뻘 부동산 업자라든지 이제는 유행 지난 세일즈맨이라든지, 그런 세계를 표현할 때 그는 발군의 힘을 냅니다. 훌륭한 배우예요. 그렇지만 그 역에는 별로 맞지 않는다고 생각했습니다.

그것은 이마무라 쇼헤이의 환영이 있었기 때문이기도 합니다.(웃음) 와세다에 있을 때 오쿠마大隈 강당에서 같이 연극을 한 적이 있습니다. 〈쉬는 날La folle journée〉이라는, 에밀 마조Émile Mazaud라는 프랑스 사람의 연극입니다. 저는 피크Picque라는 이름이었고 그가 무통Mouton이었습니다. 서로 이웃집에 살고 있는데 쉬는 날 아침 제가 신문을 읽고 있어요. 거기에 흰색 작은 울타리가 있고요. 옆집에서 무통 씨가 와요. 저는 피크니까 이렇게 신문을 읽고 있다가 "안녕, 무통 씨"라고 해야 하는 거예요. 근데 이걸 기타무라가 했어요. "안녕, 무통 씨"라는 얘기를 그에게서 먼저 듣고 머리에 불꽃이 튀었죠. 제가 느닷없이 무통으로 불렸으니 이후 서로 이름을 계속 바꾸지 않으면 안 돼요.(웃음) 이 뒤로 두 사람밖에 안 나오는데 계속 무통과 피크를 바꿔 불렀죠. 그는 자기 잘못을 깨닫지 못하고 그 후로는 저를 피크 씨라고 부르기도 해요. 그러는 중에 관객 쪽에서 "작작 좀 해라" 하고 말하는 거예요.(웃음) 어느 쪽인지 알 수 없지 않느냐는 항의가 있어 웃음바다가 되고, 완전히 찌그러졌던 일이 있습니다.

원인은 맨 처음 한마디가 잘못되었기 때문이니 이건 기타무라 가즈오의 책임이죠. 그렇게 열심히 해도 어쩔 수 없이 엉뚱한 실수를 해버리는 배우인 겁니다.

미키 노리헤이라든지 오자와 쇼이치, 그리고 야마다 마사山田昌 이 사람은 멋진 배우죠. 나고야의 배우로 도쿄에는 나오지 않습니다. 그리고 이치하라 에쓰코. 능숙하고 집요한 아줌마예요. 거기에 여러 가지로 고생해서 사와 다마키라는 사람도 골랐습니다. 다만 야스코 역이 좀처럼 정해지지 않아서 무척 고생했는데, 누가 가장 나이 들어 보이기 쉬운가 하고 젊은 여배우 몇 명을 불러 차례로 나이 든 분장을 했죠. 제일 나이 들어 보이는 거예요, 다나카 요시코가. 즉, 이건 마흔 넘은 나이까지 들어 보이지 않으면 안 된다는 전제로 캐스팅하는 건데, 아무래도 나이를 스피드업해서 든다고 할까, 그렇지 않으면 안 되니까 품을 들여 골랐죠. 다나카 요시코는 압도적으로 나이 들어 보이기 쉬운 얼굴이에요.(웃음) 그때까지 저는 캔디즈キャンディーズ 다나카 요시코가 멤버였던 3인조 여성 그룹. 아이돌의 시초 격으로 1972년부터 1978년까지 활동하며 엄청난 인기를 누렸다인가 하는 그룹이 텔레비전에 나온 것을 본 적이 없었거든요. 그러니까 어떤 사람인지 잘 모르고 있다가, 그 후 영화에 나온 것을 보고 상당히 감이 좋고 연기 잘하는 사람이구나 생각해서 존경하고 있었기 때문에 몇 명 중에서 이 사람을 쓰자고 생각한 겁니다.

캐스팅은 대체로 2개월에서 3개월 걸립니다. 상대의 상황도 있고 궁합 같은 것도 봅니다만, 한 사람 한 사람 결정해가는 경우 각본상의 해석으로 고릅니다. 이런 해석이라 이 사람을 선택했다는 식으로, 보는 사람에 따라 해석이 제각각이죠. 해석이 정반대가 되지는 않습니다만 바로 곁에서 보이는 미묘한 차이는 충분히 있을 수 있죠.

크랭크인

합숙하며 크랭크인을 했습니다. 오카야마의 산중, 요시나가초吉永町라고 합니다만, 거기서 폐옥 같은 곳에 스태프를 집어넣고 저는 헛간에 들어갔습니다. 본래 물이 풍부하지 않아서 수도도 없고 아무것도 없어요. 미즈와리도 마실 수 없는 그런 곳으로, 거기서 꽤나 고생하면서 촬영했습니다.

오자와 쇼이치의 아내로 어느 고참 배우를 썼습니다. 전에 〈나라야마부시코〉에서 상당히 호연을 한, 이름은 없지만 노력해서 호연한 그런 여배우인데, 저는 열심히 노력하는 타입을 좋아하니까 '그럼 그 사람을 재차 기용하자. 오자와 쇼이치의 아내로 쓰자' 하는 생각으로 부탁한 거죠. 대본 연습도 했는데 본촬영이 되자 무난하지만 재미없는 거예요. 배우는 연기로 관객을 즐겁게 하지 않으면 안 됩니다. 그건 날고뛰고 해서 즐겁게 하는 것만을 말하는 게 아니죠. 차분한 연기를 하건 시원스러운 연기를 하건 관객에게 어떤 즐거움을 전달해야 하는 겁니다. '그래 맞아, 저런 사람 많지' 하는 그런 존재감이 없어서는 안 됩니다. 그녀를 보고 있으면 저의 연출대로 하고 있어요. 주의를 준 대로 전부 실수 없이 해줍니다만, 그럼 그걸로 전체적으로 재미있는가 하면 재미없어요. 남편인 오자와 쇼이치, 실로 무책임한 놈이라는 느낌이 드는 남자와 오랜 세월 부부로 살고 있는데 자식들은 어떻게 되었을까 하는 부분이 있어요. 해군에 간 아들과 육군에 간 아들, 양쪽 다 전사했는데 그들 사진이 머리맡에 장식되어 있죠. 그런 식으로 표현되어 있는데, 전쟁 중 그 애가 군대에 가 있을 땐 어땠을까 하는 걸 이렇게 저렇게 생각하게 됩니다. 그런 것도 이 사람은 잘 공부하고 와요. 그런데 재미가 없어서 곤란하죠. 그런 남편을 상대할 때, 그리고 마을에서 평판이 좋지 않은 사와 다마키의 소문을 얘기할 때 어떤 얼굴이 되는가 하는 것을 깊이 생각해서 해주면 좋은데, 그녀는 무척 설명적으로 그런 얼굴을 해줍니다. 재미가 없어요. 이건 곤란한 일입니다.

연출에 충실하고 연출가가 말한 것은 무엇이든 듣고 열심히 하는 것은 나쁘지 않아요. 그러지 않으면 또 연출가는 곤란해집니다. 그래도 말하는 걸 100퍼센트 들어줄 필요는 없다고 어디선가는 말하고 싶은 거예요. 절반 이상, 7할 정도 들어주면 나머지 3할은 자기가 하라고 말하고 싶습니다. 그런 게 아닐까 생각해요. 그녀의 개성을 바탕으로 꽃피어야만 진짜로서, 제가 거기 가서 그녀를 대신해 만들어주는 것은 불가능하니까, 역시 자기의 고유한 면을 내보이는 것이 그녀가 대성하는 길이기도 하고 진짜로 생기 있게 재미있어지는 길이기도 하다는 생각에 정말 아쉬웠지만 그만두게 했습니다.

이런 건 좀처럼 없는 일이라 프로듀서 같은 사람은 정말로 울 만큼 노력했습니다. 그 여배우분, 아무 불만도 얘기하지 않았지만 안타깝네요. '전에는 그녀도 그렇게 재미있는 대사를 했었는데' 하는 생각이 들어서 잘 떠올려보니 〈나라야마부시코〉 때는 현장에서 그 사람을 벙어리로 만들었었어요. 대사가 없는 역이었죠. "아아—" 하고 이상한 소리를 내는 역인데요, 아주 좋았어요. '박진감이 있었는데' 하고 생각해보니 멍청하게도 그녀의 대사를 들어본 적이 없어서 제가 대단히 부끄러웠습니다만 사과하고 물러가게 했습니다. 울고 있었죠. 자기가 잘못해서 그렇다고. 잘못은 틀림없지만 그렇게 잘못이라고 할 정도도 아닌데, 하고 말하면서 나도 모르게 가이부가이부 도시키海部俊樹. 당시 일본 총리

대신 씨처럼 애매해져버렸죠.(웃음)

구스노키 도시에楠トシェ라는 사람으로 교체했습니다. 이 사람은 정말 자신의 개성적인 필터가 있어서 오히려 말을 잘 듣지 않아요. 듣지 않는 걸 꺾어 누르는 것도 상당히 좋지요. 그래서 '그렇군. 그렇게 생각할 수도 있구나' 하는 생각이 들면 배우는 한번 크게 폭이 넓어집니다. 그러니까 생각하는 방식을 가르치는 것이 무척 중요합니다. 구스노키 씨는 쓸데없는 움직임이 많은 사람으로 경박하게 정말 잘 움직입니다. 이 움직임을 봉쇄하죠. 봉쇄해야만 농부가 될 수 없는 겁니다.

사와 다마키라는 사람도 대단한 사람으로서 도회적인 씩씩한 분위기를 한 사람입니다. 그래서 몸뻬 바지를 입고 그런 식으로 걸으면 이상하지 않겠느냐고 얘기하지만, 버릇이에요. 빠른 걸음으로 척척 정말 멋지게 걷습니다. 논두렁이든 뭐든 아래 따위 안 보고 시원시원하게 걸어요. 운동신경도 있죠. 그래서 의상부에 이 사람의 몸뻬를 쭉 내려 입게 해서 다리를 짧아 보이게 하라고 했습니다만 어떻게 하든 티가 나버려요. 역시 내용이 문제라, 이건 미스캐스트였다고 생각합니다.

하지만 마을 사람들에게 왠지 적응 못하는 그런 여성을 표현하려고 했으니 다행히 아주 못 쓸 것도 아니었습니다. 다만 이건 원폭 돔 앞에서 가짜 기와를 파는 배역을 시키려고 선택한 거잖아요. 히로시마 거리에 나가서 가짜 기와를 팔아도 이상하지 않은 나쁜 여자를 시키려고 그녀를 골랐으니까 그 컷이 잘리면 몹시 곤란해집니다. 이건 해석을 바꾸지 않으면 안 되죠. 고심이 되었지만 그건 어찌어찌 해결했습니다.

잘라버린 컬러 부분에도 훌륭한 컷이 있었다고 생각합니다. 쇼와 40년이니까 도시락을 가지고 관광버스에 타는 사람이 있고, 순례자들이 흰옷을 입고 쭉 걷고 있어요. 다나카 요시코는 여자 거지 행색이니까 흰 의상이 갈색이 되고 검정이 되어 번들번들해져서 지저분합니다. 지저분한 거지 할머니가 되어 걷고 있습니다. 그러자 버스 안에서 무책임하게 가라오케 같은 게 들려오고, 먹다 만 도시락을 획 하고 던져줍니다. 악의는 없습니다만 그녀 앞에 툭 하고 떨어지는 거예요. 그러면 정말로 거지니까 그걸 받습니다. 받고 계속 버스를 향해 비는 겁니다. 감사 인사를 드리죠. 데굴데굴하고 달걀이 굴러갑니다. 그게 시궁창 속에 툭 하고 하나 떨어져요. 시궁창 속에 빠진 것도 잘 주워요. 우물 쪽으로 가서 쓱 하고 씻어서 그걸 먹습니다. 먹으면 입술연지가 지워지죠. 품속에는 어디서 받은 입술연지. 뭔가 미흡하다 싶은지 나무 그림자에 들어가 쓱 하고 입술연지를 칠하는 대목은 제가 제일 잘한 부분이라서 아주 좋아요.(웃음) 그냥 그것만으로 가슴이 막히는 그런 그림이 만들어졌습니다. 하지만 아쉽게도 그것도 한데 묶어서 버렸습니다.

흑백에서 컬러로 가는 부분의 연결이 좋지 않다, 거짓말 같다고 해서만이 아니에요. 역시 이건 시나리오 내용의 문제인데, 라스트에서 구제받는 것처럼 보이는 것이 몹시 괴로웠습니다. 원폭의 후유증을 많이 가지고 있고, 그래서 자기 육친이나 지인의 마을 사람인 듯한 석상군 속에 들어가서 돌이 됩니다. 그때 원폭 돔 쪽에서 댕 하고 종이 울리면 그 여운이 이쪽의 석상군 쪽에도 동 하고 울리죠. 그러면 뭔가 엄숙해지는데, 이걸 구제받았다고 합니까 거룩하다고 합니까. 게다가 그 고생을 해서 사람이 발이고 입술이고 피를 흘리는데, 너저분해져서 고생하며 걷는 모습에서 일종의 순례의 본질다운 늠름함 같은 것이 막연히 풍겨오죠. 그러다 마지막에 종소리와 함께 돌이 되면 '아, 다행이다' 하는 느낌이 듭니다. '아, 다행이다'로 좋은가 하면 좋지 않아요. 처음 계획과 달리 거기서 나도 모르게 제가 좋아하는 쪽으로 점점 여성을 뒤틀고, 거기서 구제의 감각이 작용해버린 거니까요. 구원 받아 기쁘다는 식의 그런 영화여서는 안 되는 겁니다. 그런 시점에서 만이 아니라 또 다른 시점에서 원폭과 관련된 영화를 만들지 않으면 안 된다고 생각합니다. 뭔가 질질 끌면서 가지 않으면 안 됩니다.

걸프 전쟁과 관련된 여러 나라에서도 더 원폭과 관련된 영화를 봐주면 좋겠다고 생각합니다. 후세인은 가지고 있다 가지고 있지 않다 뭐라뭐라 얘기하고 있습니다만, 그런 것을 쓰는 일의 죄악이 엄청나다는 거죠. 그것이 도쿄 공습과 히로시마·나가사키 원폭의 차이인 겁니다. 후유증이 몇 십 년이나 남죠. 그런 사람들을 많이 만났습니다만 그런 수많은 원폭 환자에게 이 영화를 보여줄 때는 저도 무척 걱정이었습니다. 결국 아까 말한 것처럼 저는 꽉꽉 비틀어 올려서 제가 좋아하는 타입의 여성으로 만들어가자는 데가 있는 남자니까 많은 얘기를 듣고 많은 사람의 의견도 들었습니다만, 그 환자들에게 완성된 영화를 보여주는 건 대단히 두렵네요. 과연 어떻게 호소할 수 있을까, 맹렬히 야단을 맞을까 어떻게 될까 하는 불안이 있었습니다. 딱히 아무 소리도 듣지 못해서 안심했습니다만……

아무래도 이제 시간이 된 것 같습니다. 제 얘기는 도대체 뭐였을까요.(웃음) 잘 모르겠지만요, 이런 고생을 하면서 영화를 만드는 건 역시 재미있습니다. 재미있어서 하고 있으니 재미없으면 하지 않겠지만요. 두서없는 이야기였습니다. 긴 시간 경청해주셔서 감사합니다.

1990년 강연에서

말의 문제

1989년 여름부터 가을에 걸쳐서 캐나다, 미국, 스페인, 프랑스로 나의 작품 〈검은 비〉를 갖고 국제영화제에 참가했다.

각국에서의 평판은 대단히 좋아서 그만큼 활기가 있는 여행이었지만 기자단의 질문 중에 "원폭에 관한 영화라서 놀랐다. 일본에서는 원폭 영화를 만들 수 없는가?"라는 것이 꼭 있어서 도리어 이쪽이 놀랐다.

내가 아는 것만도 히로시마를 무대로 일고여덟 편, 나가사키를 무대로 서너 편의 소위 원폭 영화가 만들어져 있는 것이 확실하다. 그러나 영화 기자들은 모르는 것이다. 이거 큰일이라고 생각했다. 우리들 영화제작자는 만들 건 만든다. 그것도 과장스럽게 말하면 생명을 걸고 열중해서 만든다. 하지만 완성된 작품을 보여주는 데에는 열심히 노력하지 않았던 것일까. 나 자신 정말 그렇다.

그런데 귀국한 다음 신문을 보고 알았는데, 원폭 영화 몇 편인가는 국제영화제에 출품하려다 관계된 각 관청의 의도로 가로막힌 일이 있었다고 한다. 이제부터 사실은 사실로서 당사자들이 확고히 주장하지 않으면 안 된다고 생각한다.

그런데 영화를 외국에 배급하는 데 최대의 난관은 말의 문제다. 대체로 자막은 분량 면에서 전체 대사의 3분의 2 정도가 되고, 대사의 세세한 뉘앙스 문제가 되면 이해는 거기서 또 절반이 되기 쉽다. 즉, 전체 대사의 3분의 1 정도밖에 관객에게 전해지지 않는다고 생각하지 않으면 안 된다. 이것은 번역해서 자막을 만드는 사람만의 책임이 아니다. 오히려 자막 만들기에 제작자 측이 얼마나 관여하고 있는가 하는 문제다.

나 자신도 그런 전문가와 협의한 일이 거의 없다. 열심이 있는 자막 제작자가 협의 전화 등을 걸어오지만, 그에 대해서도 나의 대응이 엉성했을지 모른다고 지금은 빈번히 반성하는 것이다.

『Guest Information—Japan Now 1990』

도시형 전중파

　내가 여자사범대의 부속소학교에 입학한 것은 쇼와 8년[1933년] 4월이다. 그로부터 6년간, 졸업까지의 담임은 야마시타 선생님으로 정열적인 교육자였다. 도쿄도 기타타마군의 농가 출신 수재에 국어교육의 선구자로, 그가 행한 연구수업에는 다른 학교의 교사들이 몰려들어 우리들 아동까지 자랑스러운 기분이 되었다.

　야마시타 선생님의 교육 중에서 잊을 수 없는 것이 있다. 이 자신 넘친 실력파 선생님에게서 우리는 6년간 아침부터 저녁까지 "너희 도회지의 아이들은 정신도 육체도 허약하므로 유사시에는 시골 아이들에게 져버린다. 시골 아이의 끈질기고 강한 체력과 지지 않겠다는 정신에는 당할 수 없다" 하는 것을 되풀이해서 교육받았다.

　지금 와서 생각하면 이것은 시골 아이였던 야마시타 선생님 자신의 결의 표명 같기도 한데, 쇼와 초기의 농본주의적인 사고방식에서 본 일반적인 도시관이다. 어쨌든 도시 주민에 대한 이 극단적인 차별관은, 우리들 되바라져 있긴 했지만 아직 순진한 부분도 있는 소년들에게 강한 영향을 줄 수밖에 없었다.

　번화가 태생의 상당히 조숙한 소년이었던 나는 학교에서 돌아오는 길 몰래 유흥가의 골목에 들르는 버릇을 어서 그만두지 않으면 안 되는 아주 나쁜 버릇이라고 생각하게 되었는데, 하지만 그만두지는 못해서 그 버릇을 마음속 깊이 죄의식과 함께 억지로 쑤셔 넣었던 것 같다. 즉, 고분고분하지 않게 된 것이다.

도시의 생활 자체가 소음과 도시의 번잡 속에서 부유하는 것과 같아 실체가 인지되지 않는다. 실체는 농어촌에서 자연과 생활하는 사람들 속에 있는 것이 틀림없고, 도회에서 세련되었다든지 스마트하다든지 얘기하는 것은 실로 허망할 뿐이다.

화류계를 걷고, 연습 중인 샤미센 음색에 마음이 두근대고, '언젠가 방탕해질 거야' 따위의 생각을 하는 것이야말로 허망하고 기댈 데 없다는 생각에 스스로 압살하려고 한다. 도시에 살면서 농본주의적 도시관이나 자연관을 철저하게 주입교육 받은 세대를 나는 도시형 전중파戰中派 제2차 세계대전 중에 청춘 시절을 보낸 세대라고 부른다. 이 무리는(나를 포함해서) 무엇에 대해서도 고분고분해질 수 없다. 순박해지면 부끄러운 것이다. '더 진짜인 것'이 따로 있다고 철석같이 믿어서는 곤란한 것이다.

『**Guest Information—Japan Now 1991**』

요전번 전쟁

　우에노의 산에서 "요전번 전쟁 때……"라고 찻집 할머니가 말하길래 물론 제2차 세계대전 얘긴가 생각했더니 실은 더 전의 전쟁 얘기인 모양이다, 잘 들으니 제1차 세계대전도 러일도 청일도 아니고 우에노의 쇼기타이彰義隊 전쟁 얘기였다, 라고 아사쿠사의 친구가 말한다.

　"노망난 거 아니야, 그 할머니?"

　"아니, 노망난 게 아니었어."

　"언제 적 얘기야?"

　"7, 8년 전일까."

　"하지만 보신戊辰전쟁1868년 무진년에 시작된 유신 정부군과 구막부군의 전쟁을 알고 있는 거라면 130세는 될 텐데."

　"물론 실제로 겪은 건 아니지. 단지 사이고사이고 다카모리西郷隆盛. 사쓰마번 출신으로 메이지유신을 이끈 무인 씨의 동상 아래서 매일 일하다 보면 그런 기분이 드는 거겠지, 아마."

　재미있을 것 같다. 만나보려고 우에노로 갔다. 이 친구도 시공을 뛰어넘어 살아가듯 두둥실 들떠 있는 남자인 것이다. 찻집에서 물으니 안타깝게도 그 할머니는 4, 5년 전에 세상을 떠나 있었다.

　친구는 미안하다고 말하고(딱히 미안할 일은 없지만) 맞은편에 있는 쇼기타이의 비석으로 나를 안내하더니 그 비석 옆에 있는 한 채의 집에 들렀다. 오랫동안 이 비석의 지킴이를 하고 있는 ○ 씨라는 이의 집이다.

이 40대의 남자는 다른 곳에서 인쇄 일을 하고 있는데 선조가 쇼기타이의 대원이었기 때문에 "어쩌다 보니 이렇게 되었죠" 하고 말한다. 이제 와 새삼 쇼기타이도 아니지만 매년 대원의 후손이나 연구자 등이 기념일에 모이기 때문에 어쩔 수 없이 여기에 있는 거라고 얘기한다.

○ 대원은 스타급 인물이 아니고, ○ 씨도 "대신할 사람도 없기 때문에 어쩔 수 없이 여기 있"을 뿐 쇼기타이에 빠져 있는 분위기는 전혀 없는, 보통 인쇄업자인 것이다. 실례했습니다, 하고 일어서자 ○ 씨가 현관에서,

"기대에 부응하지 못해서……. 제가 쇼기타이와 몇 가지 관련이 있다고 한다면 지금 고등학교에 가 있는 아들놈에게 요시아키라는 이름을 붙인 것 정도라……."

"요시아키라면 어떤 글자를 씁니까?"

"쇼기타이를 뒤집어서 요시아키義彰로 했습니다."

역시, 하고 나는 생각했다. 여기에도 '요전번 전쟁'이 있다.

집 앞 광장의 사이고 동상 근처에는 관광객이 떼 지어 모이고, 아이들이 뛰고, 아베크족이 산책을 하고, 농땡이 중인 세일즈맨 같은 남자가 앉아서 멍하니 있다.

하지만 사이고 동상을 바라보는 내 귀에는 '요시아키라고 이름 붙였습니다'가 들리고, 광장을 향하던 시선을 팬다운pan down. 카메라의 시선을 아래로 이동하며 촬영하는 것하자 그곳은 이미 피비린내 나는 아수라장으로서, 상처 입고 쓰러진 쇼기타이 대원들의 원통한 모습이 똑똑히 보이는 것이다.

"전사자의 유체는 역적 무리라고 해서 아무도 손을 대지 않고 버려 두었어. 그래서 미노와의 중인가 하는 사람이 사이고 군軍 측에 매장 허가를 받아서 극진하게 매장했다는 모양이야."

'두둥실 아사쿠사'는 의외로 박식하다. 나도 시공을 뛰어넘어 두둥 실 보신전쟁에 빠져 들었다.

며칠 뒤, 이번에는 K 씨를 불러내 미노와의 절에 가서 주지와 만났 다. 대학교수이기도 한 주지는 철사로 만든 수제 팔면체 같은 걸 이용 해 우주관을 입체적으로 늘어놓아서 우리를 어리둥절하게 하더니,

"쇼기타이 얘기였죠. 그건 조슈長州의 오무라 마스지로大村益次郎의 책략에 걸린 쇼기타이가 참패한 전쟁으로, 그 후로 에도 시민은 오랫 동안 조슈 사람에게 원한을 품었습니다."

K는 이것을 듣고 커다란 몸집을 움츠리듯 하면서 석연치 않은 얼굴 을 한다. 그는 야마구치현 출신인 것이다.

"우에노의 산에 고립되었기 때문에 원군을 기다렸죠. 도호쿠 연합 이 결성되면 머지않아 북에서 원군이 나타날 거라고 생각했던 겁니 다, 쇼기타이는. 오무라 마스지로는 일개 중대 정도를 이끌고 가스카 베 부근까지 우회해서 유턴해, 북문(지금의 우구이스다니鶯谷)에서부터 아이즈의 깃발을 세우고 당당히 우에노의 산에 들어가 수비병의 환영 을 받았습니다. 그러다 갑자기 안쪽에서 발포를 시작한 거니까 배겨 낼 수가 있나요. 불과 몇 시간 만에 쇼기타이는 궤멸했습니다."

야담가 못지않은 주지의 화술에 나는 또다시 시공을 뛰어넘어 '요 전번 전쟁'의 세계에 빠져들었다.

"그 후 가와라반瓦版에도시대에 보급된 속보 매체로 시사성 및 속보성이 높은 뉴스 등 서 민들의 관심사를 주로 전했다. 가와라반을 가두에서 판매하고 다니면서 일종의 공연처럼 큰 소리로 내용을 읽으며 사람들의 주목을 끌었던 것에서 이 가와라반 또는 판매하는 사람을 요미우리読売라

고도 했다. 〈요미우리신문〉의 이름은 여기서 온 것. 어째서 '기와판'이라는 이름이 붙게 되었는지에 대해서는 여러 설이 있는데, 실제로는 찰흙에 새겨서 구운 기와판이 아니고 목판 인쇄한 종이 매체다

에 오무라의 비겁한 수법이 폭로되었지만 관군이 전부 회수해버렸죠. 딱 한 장 남은 것이 이겁니다. 조슈 사람은 에도 토박이한테는 인기가 없을밖에요."

K도 벌써 한참 전에 시공을 뛰어넘은 모양으로, 돌려 볼 차례가 오자 가와라반을 손에 넘겨받더니 의젓하게 얼굴을 가리는 시늉을 했다.

『Guest Information─Japan Now 1992』

나라야마부시의 현재

작년 여름, 그때까지 매년 여름을 보내던 다테시나의 오두막을 처분하고, 오다큐小田急선의 오다와라에서 가까운 단자와丹沢의 산속으로 이사했다.

K천이라는 작은 물줄기를 내려다보는 경치 좋고 바람 잘 부는 급경사진 땅이다. 여기는 숯막이 있던 부지로, 조금 아래쪽에 작은 밭을 만들고 감자와 마늘, 양파, 콩 등을 키우며 즐기려 생각했다.

다테시나는 별장지라서 이웃과 왕래도 소원하고, 1300미터를 넘는 고지로 한랭, 불모의 산이다. 이쪽은 신주쿠에서 한 시간으로 표고 300미터 정도니까 채소도 자라고, 조금 귀찮지만 이웃과의 왕래도 있고 토착민들과의 교류도 있어서 꽤 재미있을 거라고 생각했다.

본래 이곳은 단자와 산괴의 변두리로 산만 잔뜩 있고 평지는 별로 없으니까 농업이라고 해도 논은 거의 없고, 차와 귤과 땅콩과 약간의 채소 외에는 농산물이라 할 게 없다. 그 귤도 차도 질과 양 모두 시즈오카산産 정도는 아니고, 작금은 귤의 극심한 가격 하락 때문에 닥치는 대로 나무를 베고 있는 상황이다.

이런 곳이라서 옛날부터 사냥꾼이 많고 집집마다 사냥개를 키우고 있기 때문에 아침저녁 짖는 소리가 골짜기 전체에 메아리친다. 이 부근도 이젠 통근권이라 도쿄로 다니는 샐러리맨도 늘었고 학생도 많다. 도시화도 부쩍 진행되어 오래된 산촌의 옛 모습이 거의 눈에 띄지 않는다. 그런 것치고는 멧돼지나 사슴, 원숭이가 몹시 많아서 우리 집 밭 등을 자꾸 망쳐놓는다. 덤으로 크고 작은 뱀도 많다. 하지만 생각해보면 본래 그들이 살던 곳에 이쪽에서 비집고 들어온 것이니 그러는 것도 무리는 아니다.

내가 전에 만든 〈나라야마부시코〉라는 영화는 짐승들과 공존하는 산촌을 그렸다는 게 내 생각이지만, 인구가 늘고 인간 사회가 맹렬한 스피드로 산짐승들의 세계를 짓밟고 들어가면 공존은 없다.

나보다 배 이상이나 수고해서 밭을 만들고 있는 아내는 멧돼지와 사슴의 철저한 밭 망쳐놓기에 격노해서 해치워버리고 싶다는 둥 얘기를 한다.

더 진지하게 작물을 키우는 농민들은 야수에 대해 분노하는 게 당연해서, 사냥 금지 기간에도 '유해 짐승 구제驅除를 위해'라는 허가를 받아 총으로 쏴 죽인다. 이전에 사슴을 쫓아서 상처를 입혔지만 달아나는 통에 정신없이 뒤따르다 중학교 교정까지 가서 사살한 사건이 있었다. 학생들은 건물 안에 있었으니 다행이지, 만일 사람을 쐈다면 큰일이었을 거라며 신문의 얘깃거리가 되었다.

"소란스러운 건 농업과는 관계없는 양복 넥타이 놈들이다. 그럴싸한 말만 늘어놓아봐야 도리가 없다. 사슴도 멧돼지도 늘어났다. 허가도 받았고"라고 지역 사냥꾼들은 씩씩거린다. 내 주변에서 가장 씩씩거리는 건 기껏 복숭아 묘목을 심었는데 새싹을 사슴에게 전부 당해버린 남자다.

노령화도 진행된다. 앞에서 말한, 사슴에게 당한 남자의 할머니는 아흔을 넘어 치매가 되었지만 튼튼하고 성질이 있어서, 손자 부부가 자기를 괴롭힌다고 떠들고 다닌다. 아이들은 타지로 나가 아무런 뒷바라지도 하지 않는다. 양로원에 집어넣어도 뻑하면 동료 노인들에게 이래라저래라 하다가 그것도 금방 싫증을 내고 돌아온다고 한다. 정도껏 하고 죽어주면 좋겠다고 개탄하지만 전혀 그럴 기색이 없다.

도시화가 진행된 이와 같은 산촌에 사람은 밀려들고 야수는 저항하고 노인은 분발한다는 도식을 토대로 〈나라야마부시코〉의 현대판을 만들어보고 싶다고 생각하는 까닭이다.

『Guest Information─Japan Now 1993』

자욱한 비합리

도널드 킨Donald Keene. 미국인 일본 역사학자이자 작가 씨와 대화 중에 "만약 일본이 제2차 세계대전에서 승자가 되었다면"이라는 화제가 나왔다. "군이 뻐기며 여러 외국을 위압해 두려움의 대상이 될 뿐 일본 문화가 지금처럼 세계에 퍼지는 일은 없었겠죠. 일반인들에게도 이런 훌륭한 문화가 있었는가 하고 인식시켜준 최초의 계기는 구로사와의 영화 〈라쇼몬〉이었습니다"라고 킨 씨는 말했다.

여기에 인도의 거장 사티야지트 레이가 남긴 말이 있다.

〈라쇼몬〉의 그랑프리는 감동적이었다. (…) 어쨌든 영화계에서 서구의 지배에 대한 어떤 도전이 세계의 이 지역(동양)에서 생겨나는 시기였다. (…) 여기에 기술적으로는 명인의 솜씨, 테마는 어른에게 걸맞고, 이국정서가 넘치는데도 소외감을 주지 않을 만큼 보편성을 가진 작품이었던 것이다. 그 후 공개된 구로사와의 과거 작품이나 그 밖의 일본인 감독의 작품은 〈라쇼몬〉이 암시한 것을 뒷받침하고 있다. 즉, 서양에 발단을 둔 예술형식이 분명히 존재하기는 하나, 그것이 새로운 토양에 이식되어 뿌리를 내리고 있다는 것이다. 기재는 같았다. 하지만 가장 뛰어난 특색 있는 작품으로서 그 방법과 자세는 틀림없이 고유한 것이었다. (…) 그는 좁은 지역의 상황보다는 단순하고 보편적인 상황을 좋아하는 듯하다. 즉, 핵 파괴의 공포나 고관의 오직汚職, 관료

제의 비인간적 영향, 선과 악의 단순명쾌한 싸움, 〈라쇼몬〉의 도덕 우화 등이다. 하지만 가장 중요한 것은 움직임, 즉 육체적 픽션에 대한 그의 강한 선호가 서양의 많은 숭배를 쟁취해왔다고 나는 생각한다.

나는 〈라쇼몬〉보다 8년 늦게 영화를 찍기 시작했다. 당시는 전후의 도도한 미국화 풍조가 있던 무렵이다. 영화나 연극도 깨끗하고 바르고 인간적이고 과학적이고 치밀하고 세계에서 으뜸가는 미국의 우수함을 나타내 보이고 자유와 민주주의를 드높이 칭송하고 있었다. 언론의 자유, 토지 해방, 여성참정권이 그 증거로서 현실에 있었으니까, 그것들이 굉장한 설득력을 갖고 우리들 청년을 육박해 압도했다. 그 대극에 있던 것은 늘 일본의 구태의연한 폐쇄성과 비합리성이었다.

일본을 뒤덮은 미국화라고 할까, 유럽·미국이 가진, 예술성과 합리성이라고 해야 할 무엇인가의 그늘에서 나는 남몰래 나의 고유한 것을 찾았다. 일본의 구태의연한 폐쇄성과 비합리성 속에서였다. 역사서를 읽고, 고전을 숙독했다. 그러다 일본의 신에 다다르지 않을 수 없었다.

비합리였다. 아무리 해도 논리적으로 명쾌히 결론지을 수 없고 그렇다고 해서 믿는 것도 불가능한, 연기처럼 자욱한 녀석이었다. 결국 역사학이 설명해낼 수 없는 '서민 문화'를 이야기하는 민속학에 기대기로 선택했지만 그것이 좋았는지 어땠는지는 아직 알지 못한다. 하지만 이제는, 개인적으로 내게는, 자욱한 비합리를 헤치고 들어가는 것밖에 흥미가 없는 것이다.

서양에 발단을 둔 영화라는 예술형식은 일본에 100년 안 되는 세월 전에 이식되어 패전을 계기로 50년대와 60년대에 융성을 맞았으나 곧 텔레비전과 비디오라는 강적 앞에 흥행이 시들었다.

하지만 조금 시야를 넓혀 아시아 전반을 둘러보면 중국, 한국, 홍콩, 타이완을 비롯해 말레이시아, 인도네시아, 필리핀, 북한, 인도, 스리랑카 등 영화가 아직 융성의 끝을 달리고 있고 그 예술성도 몹시 높은 나라가 많다. 이 나라들의 영화를 잘 지켜보고 그걸 모범으로 삼는 게 우리의 책무라고 생각한다.

물론 흉내 내는 것이 아니다. 영화의 원점, '무엇을 그릴 것인가'를 다시 한 번 나 자신을 돌이켜 재검토해볼 필요가 있는 것이다.

영화가 시든 것이 아니라 영화의 흥행이 시든 거니까.

『Guest Information—Japan Now 1994』

윗분들의 청소 사업

    17, 18세부터 68세인 오늘까지 나는 50년에 걸쳐 신주쿠에서 많이 놀았는데, 조금 공부도 했지만, 나에게 신주쿠는 변함없이 에너지 넘치고 외잡한 거리다―라고 생각하고 싶으나 최근에는 모습이 조금 변했다.

    압도적으로 젊은 사람이 많아서 그들에 뒤섞여 걷고 있으면 나는 실로 이방인일 뿐이라고 느낀다. 전단지나 광고 티슈를 나눠 주는 사람들도 나를 이방인으로 봐서 아무것도 건네지 않고 건너뛰는 게 통례가 되었다. 그 사람들도 효과 미미한 궁상맞은 노인은 상대하지 않는 것이 당연하고, 내 심정이야 어쨌든 그건 대체로 올바른 것인데, 그들 입장에서는 그들을 감독하는 입장인 사람도 있는 모양이다. 감독의 눈으로 봐도 올바를 뿐만 아니라 진지하다고 평가할 수 있겠다고 깨닫기까지는 몇 초가 걸린다.

    가부키초에서 공중전화에 서 있으면 대여섯 대의 전화기가 어느샌가 중국어, 한국어, 영어를 하는 여성들로 가득해지는데, 무심코 뒤돌아보면 내 뒤에도 필리피나로 보이는 미니스커트의 여성이 줄을 서서 기다리고 있다. 가부키초는 이제 외국이 된 듯해서 온갖 나라의 여자들과 마피아가 북적대 대단한 범죄 도시 냄새가 자욱하다는 얘기가 있으나 취해서 걸어봐도 그다지 무서운 분위기는 아니다. 호객꾼으로 보이는 트릿한 남자가 다가오지만 위험을 느낀 일은 없다.

옛날, 방콕에서 조사를 하고 숙소 귀가가 늦었는데 인적이 없는 호텔 부근까지 돌아오자 돌연 중년의 미인이 다가왔다. 놀자고 얘기하는 것 같다. 조금 망설이고 주머니에 있는 전 재산을 확인하고 있으니 여자가 손을 뻗어 주머니에서 전부 빼 간다. 황급히 여자를 벽에 밀어붙이고 돈을 되찾으면서 문득 보니 여자 뒤쪽에서 차를 세우고 서너 명의 남자가 빠른 걸음으로 쫓아온다. 일순 몸을 돌려 달아난 일이 있다. 호텔에서는 공포를 되씹기는커녕 괜찮아 보이는 중년이었는데 아까운 짓을 했다고 생각했을 뿐이다. 마닐라의 바에서 터무니없이 고액의 지불을 요구당한 일이 있는데 그때도 음탕한 행동을 했던 기억이 난다. 호색가 남자들은 한두 번 이런 경우를 당해보았을 것이다. 딱히 가부키초를 두고 말하는 건 아니다.

가부키초가 무섭다는 것은 번화가라면 얼마든지 있는 현상이지 놀랄 정도의 일은 아니다. 낮 시간의 비즈니스 거리라도 무서운 일은 얼마든지 일어난다. 배임이다 부정이다 담합이다 꼽자면 한이 없고, 그것 모두 사람의 생사와 관계되는 일이다.

정통한 소식통이 말하듯, 폭력단 신법이 만들어지고 나서 번화가의 치안은 한층 나빠졌는지 모른다. 의리·인정의 굴레도 알지 못하는 외국인 마피아는 상대가 일반인이든 야쿠자든 상관없이 폭력을 휘두른다고 한다. 신법 때문에 조직 사무소에 형사가 얼굴을 내밀지 못하게 되자 아무런 정보도 취합하지 못해 몹시 곤란하다고 한다.

윗분들과 폭력단의 공모는 물론 좋지 않지만 '이념'으로 단속하는 것은 그리 좋은 수가 아니라고 생각한다.

에도시대의 윗분들 수법을 생각하면 산동네라고 불리던 비공인 유곽을 단속하던 일이 떠오른다. 1년에 한 번인가 두 번 대수롭지 않은 일로 일제 단속을 행해 벌금 등을 취하고 반년 정도로 해제 조치를 한다. 사창가는 존재 자체가 죄여서 '이념'으로서 허용하지 않는 것이 아니라 보다 현실적으로 단속했다. 거기에 있는 여자들은 가부키초의 여자들처럼 돈벌이를 위해 어쩔 수 없이 매춘을 했다. 매춘방지법도 그랬다. 가게를 없애 여자를 해방하고 악을 일소했다고 생각했겠지만, 여자들은 갈 곳을 잃고 그 근방에 흩어져 장사를 계속했다. 서쪽 출입구 지하도에 누워 있는 늙은 노숙자들도 몇 번을 쫓겨나도 어느새 원래의 골판지로 기어든다. 그걸로 좋은 게 아닌가 하고 나는 생각한다.

패전 직후 우에노의 지하철에 있던 부랑아, 거리의 창녀, 조선인 들을 추방하여 전후 아름다운 부자 닛폰이 성립했다고 생각들 하지만, 도청의 청결한 빌딩을 올려다볼 때마다 '뭐야, 이 50년 동안 윗분들의 청소 사업의 귀결이 이거였나' 하고 생각하지 않을 수 없는 것이다.

『Guest Information—Japan Now 1995』

A 군의 배구

요코하마 국립대학 교육학부의 부속양호학교에 오다큐 배구 팀이 배구를 가르치러 간다고 듣고 보러 갔다.

전부터 팀이 패색이 짙었을 때 어떻게 버텨내고 어떻게 만회하는가, 그런 마지막 순간에 정신력을 어떻게 만들어가는가 하는 데 나는 흥미가 있었다. 그래서 지난번 오다큐 팀의 감독 이치류 노보루—柳昇 씨를 만났을 때 그 점을 묻고 "자원봉사자 같은 걸 해보면 어떨까요" 하고 물었더니 "이미 있습니다. 이게 자원봉사로 관련을 맺고 있는 학교의 아이들이 준 겁니다" 하고 보여준 것이 부채꼴 모양의 판이었다. 거기에는 "상냥한 마음, 튼튼한 몸, 분발하는 힘"이라고 쓰여 있었다.

이곳의 학생들은 허약하다. 정신에 어딘가 결함이 있는지 무엇에 대해서도 집착심이 부족하고 집중력이 없다. 프로라고 해도 좋을 실력의 180센티미터나 되는 누나들이 이 아이들을 어떻게 다루는지 나는 몹시 흥미가 당겼다.

A 군이라고 유달리 허약해 보이는 중 3 소년이 있었다. 한눈에도 중도의 장애다. 왜인지 헤드기어를 쓰고 있다. 선수들은 리시브를 가르치고 있었다. 물론 굉장히 조절해 가까이에서 약한 공을 살며시 던진다. A 군은 자기 차례가 오기 직전까지 엉뚱한 방향을 보고 있다. 선생님이 딱 붙어서 공을 받게 한다. 그런 약한 공도 그는 제대로 받아

내지 못한다. 또르르 하고 흘린다. 누나들은 스스럼없이 큰 소리로 웃는다. A 군은 반응하지 않는다. 다음 볼이 온다. 이번에는 우연처럼 가슴에 볼을 받아 끌어안는다. 그의 선생님이 공을 받게 도운 것이다. 우연이라고는 해도 A 군은 아주 조금 기뻐서 그 볼을 안은 채 상대 누나에게 다가가 건넨다. 건네고는 그대로 누나를 지나쳐 뒤쪽까지 가버린다. 누나는 황급히 A 군의 팔을 끌어 원래 자리로 되돌린다. 몇 번이고 이것을 되풀이한다. A 군에게 긴장은 있지만 그의 무표정 속에서는 아무것도 보이지 않아서 나는 모래를 씹는 듯한 기분이었다.

나는 죽은 형이(형은 중학교 교사였다) 정신에 장애가 있는 이런 아이에게 발야구를 가르친 얘기를 하던 모습을 떠올렸다.

그 아이는 어떤 스포츠에도 흥미를 보이지 않았고, 볼을 차기 직전까지 꾸물꾸물 전진했지만 결코 차지 않았다. 하지만 11월 들어 그는 볼을 조금 건드렸다. 물론 발을 썼다. 찼다기보다는 조금 건드렸다. 그러고 3학기에는 드디어 찼다. 3미터 정도 찬 것이다.

형은 흥분해서 이 일을 얘기했다. 꾸준히 한 데다 주위에서 마음 깊이 응원해 이 성과를 낳았다고 말하고 축배를 들었다. 그때 형의 기분 좋은 웃는 얼굴을 잊을 수 없다.

한 시간 정도 지나고 배구 누나들을 만나 감상을 물었다. 3년 전부터 매년 오고 있지만 처음엔 다들 무반응으로 아무런 흥미도 나타내지 않고 손도 내밀지 않던 아이들이 지금은 다들 손을 내밀고, 뛰어오르고, 기운차다고 생각한다. 1년에 한 번이어도 우리 개개인을 기억하고 있어서 '○○ 씨는 오늘 없었던 것 같은데 무슨 일인가요' 하고 물어온다. 여기의 아이들이 시합의 응원에 와준 적이 있다. 그런 때는 절대 질 수 없으니까 나도 모르게 분발해버린다. 저 애들의 순수한 눈동자를 보면 나도 모르게…….

1년에 단 한 번뿐이지만 보통 여자들처럼 유흥도 없고 연애도 없는 그녀들의 청춘의 한쪽 끝에 결함을 가진 아이들과의 교류가 있는 걸 보고 역시 멋진 체험이 틀림없다고 생각했다.

A 군은 오늘 같은 행사는 처음이라고 한다. 선생님에게 물으니 갑자기 머리부터 쓰러져버리기 때문에 헤드기어를 씌우는 거라고 한다.

밖에 나가니 아이들이 어슬렁거리고 있었다. A 군은 역시 무표정이었지만 의외로 팔을 뻗고 몸을 꼬고 조금은 빨리 걷는 등 아까와는 전혀 다르게 자유로운 동작을 하고 있는 게 아닌가. 진귀한 손님인 누나들을 맞이해, 하지 않으면 미안하다는 긴장이 역시 그에게도 있었던 것이다. 실패하면 누나가 큰 소리로 웃는 것도 자연스럽고, 괜히 묘하게 마음을 쓰지 않는 것이 A 군의 마음을 조금은 흔든 게 분명하다.

꾸준함과 주위의 성원이 있다면 틀림없이 그도 언젠가 리시브를 할 수 있을 거라고 생각했다.

『**Guest Information—Japan Now 1996**』

서혜부와 안구

오랫동안 당뇨병으로 고생하고 있었는데 바로 요 전달 〈우나기〉라는 장편을 완성한 것을 계기로 입원해 여기저기 상해 있는 곳을 수리받기로 했다.

우선 다리다. 우리 집 근처에는 언덕이 몹시 많은데, 술을 마시고 이 언덕을 올라 우리 집에 기어 들어가는 것은 원래가 상당히 힘든 작업이었다. 그게 지금은 술을 한 방울도 마시지 않는데 오른쪽 다리의 장딴지가 아파서 나도 모르게 꾸물꾸물하다가 미니스커트 아가씨와 중학생한테까지 추월당하는 꼴로……. 딱히 추월당해도 괜찮지 않은가 생각하지만 이건 오랜 습관으로, 특히 미니스커트 등은 아무래도 따라잡아 앞지르고 싶은 것이다. 뭘를 하고 싶다는 건 아니다. 어쨌든 얼굴을 보는 게 오랜 습관인 것이다.

낯선 중년 남자가 느릿느릿 병실에 들어와서 "체발하러 왔습니다. 바지 벗어주세요" 한다. 체발이란 중이 될 때 쓰는 말이라고 생각했는데 하반신의 경우에도 쓰는 건가. 신통치 않은 면도칼로 완전히 쪼그라든 음경 주변이 밀리는 것은 뭔가 기분이 나쁘다. 부상당하면 큰일이다. 못쓰게 되어버린다. 아직도 쓰려고 생각하는 거냐……. 팸플릿에 "여성의 경우 간호사가 면도합니다"라고 되어 있었는데, 여성의 경우 서혜부란 어디에 있는 걸까.

왼쪽 서혜부에 살짝 마취약을 주사해 이내 거의 하반신이 지각을 잃는다. 왼쪽 서혜부에 미지근한 조영제造影劑가 침투해 오는 게 느껴진다. 우선 왼쪽 다리가 조영제로 차오르고, 왼쪽은 문제없으니까 오른쪽 가자고 의사끼리 나누는 말소리……. 내가 처음부터 오른쪽이라고 말하지 않았느냐. 왼쪽 서혜부에서 복강을 통해 오른쪽 다리 방향으로. 이 부근까지는 아무런 아픔이 없다. 목을 틀어 모니터를 보니 조영제가 오른쪽 다리에 슬슬 들어오는 게 보인다. 몇 번인가 중간에서 걸린다. 거기에 벌룬을 넣고 기압을 주어 부풀린다. 2기압, 4기압, 5기압…… 6기압이 되자 통증이 심하다. 오른쪽 다리에는 십 수 군데에 문제가 있는데, 벌룬 시스템으로 문제를 돌파한 결과 지팡이를 짚지 않고 그냥 걸을 수 있게 되었다. 하복부를 조영제가 통과할 때, 뭔가 그리운 느낌이 들었다.

전후 얼마 되지 않은 신주쿠의 영화관, 〈주정뱅이 천사〉라는 구로사와의 영화, 입추의 여지도 없는 어둠 속에서 거친 남자의 손이 하복부를 덮쳐 왔다.

주연인 미후네 도시로의 연기는 거칠고 투박해서 신극의 신인 배우로도 족할 정도지만, 한동안 보고 있으니 그 투박함이 좋아 훌륭한 신인으로 보이기 시작한다. 폐병 앓이에 사투리투성이인 신인의 매력에 나는 완전히 홀려버렸다. 매일 밤 다니는 신주쿠 동쪽 출입구의 거대 암시장을 활보하는 형씨처럼 보여서 나도 그의 연기에 완전히 동화돼, 하복부를 꿈틀거리는 중년의 거친 손을 힘껏 밀어젖혔다. 중년은 크게 부끄러워하며 인파 속으로 사라졌다.

투박한 미후네 군을 거기까지 키워 멀끔한 신인으로서 이름을 얻게 한 구로사와 아키라는 필시 굉장한 사람이다. 나는 내년 졸업하면 도호에 가서 구로사와 아키라의 조감독이 되겠다고 꽤나 흥분한 상태로 마음을 정했다. 중년 남자 따위 문제 삼을 만한 계제가 아니었던 것이다.

다리 조영 다음 날, 안과에서 사람이 와서 백내장 수술을 한다고 한다. 예정은 2, 3일 후다. 30분 정도로 끝나요……. 내 왼쪽 눈이 블러 blur 처리가 들어간 것 같아서 어떤 돋보기안경도 맞지 않는 것이다.

담당인 K 의사는 젊고, 시원시원한 목소리로 간호사들에게 지시한다. 그 목소리는 젊은 시절의 마유즈미 도시로黛敏郎와 꼭 닮았다.

안과 수술실에 들어간다. 이쪽은 시원시원한 간호사가 많아서 눈이 쏠린다. 일흔의 노망난 노인이 무슨 소릴 하고 있는가……. 아래 눈꺼풀을 잡아당겨 거기에 마취 주사를 놓는다. 그다음은 무슨 일을 당해도 아무것도 못 느낀다. 약 한 시간 지나자 해방된다. 다음 날 안대를 풀고 밖을 보라고 한다. 오래된 필름을 새롭게 인화한 것 같은 색으로 모든 것이 투명도가 높고 푸른 기를 띠고 있다. 오른쪽 눈은 변함없이 낡은 필름을 보는 것 같아서 모든 것이 탁하고 누렇게 변해 보인다. 좌우를 맞추지 않으면 큰일이라 조금 당황했는데 오른쪽 눈 수술은 3주일 후라고 한다. 시카고에서 학회가 있어서 그걸 마치고 귀경하면 양쪽 눈이 가지런해질 거라는 것이다.

그러고 보니 K 의사는 조금 위압적인 분위기가 있는 미남으로 시카고가 잘 어울린다.

어쨌든 나는 이 새로운 눈으로 세계를 다시 보고 〈간장 선생〉이라는 새로운 시나리오를 내년 여름까지 집필 완료하지 않으면 안 된다. 아들놈이 기다리고 있어서다. 작년에 아들놈과 공동 각본을 완성했다. 첫 번째 원고다.

2대를 잇는 영화감독의 예는 거의 알지 못한다. 이렇게 돈 안 되는 가업을 잇는 녀석은 멍청한 놈이기 때문일 것이다. 아들 녀석은 2대째 감독을 하겠다고 우기지만 생활은 역시 어려운 모양이다. 대체로 배우의 경우 어떻게든 2대는 이어지는 모양인데, 돈이 들어오기 때문일 것이다. 경제적으로 뒷받침이 없는 탓인지 영화감독이 2대 계속되면 그것은 기적으로, 노숙자의 운명이 기다리고 있다.

『**Guest Information—Japan Now 1997**』

올 로케이션 영화의 비애

쇼와 20년^{1945년} 6~8월을 시나리오로 그렸다. 6월은 분명하지 않으니까 그런대로 괜찮지만 7월은 매미, 8월 말은 귀뚜라미가 울기 시작한다. 촬영 사정으로 9월에 7월을 찍을 때는 귀뚜라미를 입 다물게 하지 않으면 안 돼서 정신이 꽤나 산만해진다.

가을에 접어들면 매미가 없어지니까, 예컨대 문을 열어둔 방에 매미가 날아들어 요란스럽게 우는 신에서는, 여름 촬영 때 "매미를 잡아라" "시끄러우니까 쫓아라" 하면서 떠들던 녹음기사도 손쓸 도리가 없다.

올 로케이션 영화의 비애다. 올 로케이션에는 그 나름 좋은 점도 있지만.

세토우치의 작은 마을 우시마도牛窓에 4개월 살아보고 독특한 인정을 느껴 감동했다. 밤낮으로 근처의 이웃과 서로 인사를 나누는 것은 물론이고, "고생 많으시죠"라며 토마토, 감자, 콩, 호박, 수박 등의 문안 선물이 산더미처럼 쌓여 먹기 힘들었던 일이 자주 있다.

개업의였던 아버지에게 바치는 진혼으로서 〈간장 선생〉을 만들겠다고 선언하고 시작한 일이므로, 오카야마현 오쿠군 우시마도초의 옛 청사였던 낡은 서양식 건물을 주인공의 의원인 '아카기 의원'으로 삼고 팔방에 로케이션 장소를 찾아 촬영했다.

선언이 나빴는지 각 신에 힘이 과도하게 들어갔고, 또한 과도하게 들어간 것치고는 평탄하고 높낮이가 없어서, 편집에 들어가 세 시간 이상의 영화를 두 시간 조금 넘는 길이로 잘라서 줄이는 건 초超중노동이었는데, 편집을 끌어안고 해를 넘기지 않으려고 불을 내뿜었다.

그다음 30분 분량만 더 자르면 되겠다는 언저리까지는 아직 괜찮았지만 '15분 더' '10분 더' 하는 언저리에서는 편집 창의 뷰어를 노려보느라 뇌출혈이 일어날 것 같은 기분이 되었다.

우시마도는 좋은 곳이지만 숙박소는 적어서 대여섯 군데로 나눠 60명 이상의 스태프를 어찌어찌 묵게 했다. 이곳을 중심으로 세토우치의 작은 섬 각처에 로케이션 장소를 찾아 혼지마, 이누지마, 쇼도시마, 거기다 히로시마 시내, 구라시키, 사이다이지西大寺 등에서 촬영했다.

4개월에 걸친 장기 로케이션은 스태프들도 별로 체험한 일 없는 모양으로 다소 짜증스러운 듯 보였는데, 유일하게 낚시가 시름을 푸는 길로 낚시의 성과를 조금씩 넓혀 가자미나 농어 등도 낚아 올리게 되었다.

60명의 스태프는 누구를 봐도 영화 애호가로서 살짝 축제를 좋아하는 경향이 있는 사람 좋은 청년과 아가씨 들로, 일본 영화도 아직 이 사람들이 있는 한 무사안전하다는 생각이 들었다.

『Guest Information—Japan Now 1998』

신주쿠 벚꽃 환상

7, 8년 전에 각본을 썼지만 자금이 마련되지 않아 좌절된 기획이 있다. 〈신주쿠 벚꽃 환상新宿桜幻想〉이다.

전쟁 중의 신주쿠 2번지 유곽 거리. 그곳의 기방에서 태어나 자란 조숙한 소년이, 가게의 이름이 '만지야卍字屋'라는 데서 히틀러 유겐트를 동경해 독일 영화를 보고 바그너에도 심취한다. 독일도 패하고, 신주쿠 유곽도 폭격을 맞아 소실된다.

이와 같은 무대로 소년을 그려서 재미있을지 어떨지 하는 의문이 있다. '연출의 변'으로 기록한 것에는 이렇게 되어 있다.

제2차 세계대전은 실로 패전의 연속으로서

전선은 물론 후방의 국민도 부추김을 당하고,

속고, 고난결핍을 견뎌

패하고 있는데도 승리하고 있는 것처럼 생각하도록 조종당해,

그러니까 바보 취급 당하면서 가까스로 살다가

벌레처럼 죽어갔다.

비참히 죽어간 무수한 사람들 중에서

이 영화는 겉면의 역사로서

별로 이야기되는 일이 없는

도쿄의 못된 곳 신주쿠 유곽과

빈민가의 여자와 아이 들을 그리고 싶다.

역사의 뒤편으로 버려진 화류계의 여자들과

거기서 태어난 조숙한 소년들의

제각각의 필사적인 삶의 방식을 주시하고 싶다.

그 사람들은 역사의 뒤편으로 버려진 만큼 본성이 비틀림을 당하고, 차별받고, 본래 가진 순수함과 정직함을 솔직하게 표현할 수 없었다.

전후 일본이 '패배'를 선언한 후 나는 도쿄 번화가에 즐비한 암시장에서 5년쯤 살았지만, 이 순수와 정직이 암시장 속에서 비로소 키워진 것은 아니고, 이 민족이 본래 가진 활달함은 전쟁의 낌새가 풍긴 30년 동안만이 아니라 100년 이상 옛날부터 계속 갖고 있었던 게 틀림없다고 생각한다.

나는 막부 말기부터 패전까지의 100년을 응시하며 이 이야기를 만들었다.

아무리 조숙한 소년이어도 소학생이 베테랑 창부를 사랑하는 이야기는 상당히 어렵고, 나 자신의 소년 시절 얼마 안 되는 체험을 엮어 넣어도 이야기를 그리 잘 굴릴 수 있을지 어떨지, 하물며 지난 시절의 기방부터 게이바까지 똑똑히 주시할 수 있을지 어떨지, 모험이라고밖에 지금은 말할 수 없다.

『Guest Information—Japan Now 1999』

여성의 세기

나는 욕정을 그대로 써보고 싶었다.

점잖 빼지 않고, 고답한 연하지 않고.

속념이란 나의 적이며 최대의 우군이다.

어떻게 저항하든 나는 언제나 속념의 수인囚人인 것이다.

—헨미 요邊見 庸庸(원작자)

나는 요 몇 년 일본의 여성에 대해 그려왔다. 여러 가지 일본의 상황에 대해, 여성의 자립에 대해 그려왔다고 생각한다. 어디서부터 보더라도 여성의 자립은 곤란하지만, 그 곤란에 아랑곳하지 않고 여성이 본래 가지고 있는 저력과 끈기라는 특질을 발휘해, 낡은 관습과 시어머니들의 압력을 뿌리치고, 세간의 체면과 주변의 태세에 의외로 나약한 남성들의 힘없는 구부정함을 뒷전에서 지탱하며, 때로는 야단치고 똑바로 다시 서게 하는 일을 해온 여성 본래의 모습을 그려왔다고 생각한다.

세기말이다. 21세기는 '과학기술의 세기'라고 말하는 사람이 있다. 그것은 그 말대로이나 21세기는 '여성의 세기'라고 생각해도 좋지 않을까. 나의 20세기 후반의 작품을 봐도, 자화자찬이 되지만, 예를 들어 〈나라야마부시코〉 〈돼지와 군함〉 〈뚜쟁이〉 〈우나기〉 〈큐폴라가 있는 마을〉〈경륜대사 행장기〉〈사무라이의 아이〉 등은 그 작품들 속에서 뒤처져 있다고만 여겨지던 여자가 '어디 한번 해보자' 하는 식으로 돌변하는, 여성의 그 강인함을 그리고 있다.

나의 대표작으로 여겨지는 〈나라야마부시코〉의 오린 할머니도, 일흔 살까지밖에 살아 있는 것이 허락되지 않는 마을의 규율을 거스르지 않고 고분고분하게 따르는데, 그러면서도 무시무시한 인간의 면모를 그리고 있다.

〈돼지와 군함〉의 요시무라 지쓰코도, 미군 병사에게 능욕당해도 굴복하지 않고 나의 길을 당당히 가슴 펴고 견디며 살아간다.

〈붉은 살의〉의 하루카와 마스미도, 강도에게 되풀이해서 욕보임을 당하면서도 그때그때 섹스를 즐기면서 자신의 권리를 주장하고 주부의 자리를 끝까지 단호하게 지키며 살아간다.

또 〈뚜쟁이〉의 바이쇼 미쓰코도, 일본의 남자를 버리고 당당하게 살아간다. 이 에너지는 도대체 무엇일까? 게다가 〈우나기〉의 시미즈 미사淸水美砂처럼 어디 사는 누군지 알 수 없는 남자들의 정기를 빨아들여 불확실한 남자아이를 배고도 태연한 태도로 있을 수 있는 이유는 무엇일까. 나는 여성의 성 근원에 도사린 것을 똑똑히 밝혀내고 싶다. 이번에는 헨미 요의 원작을 얻어 그 심연의 한쪽 끝만이라도 제대로 밝혀내고 싶다.

차기작의 주인공은 사에코라는 여성이다. 그녀는 들치기 상습범이다. 1년에 몇 번인가 그녀는 몸에 물이 고인다. 그러면 어쩔 수 없이 '부끄러운 행위'를 한다. 도둑질이다. 들치기 후에는 발밑에 물웅덩이가 남는데…… 이 물을 집 앞에 있는 하천에 흘려보낸다. 그러면 그 물에 물고기가 모여든다. 염수와 담수가 뒤섞인 기수汽水다. 그 물은 타박상이나 베인 상처에 효험이 있고 물고기가 살기 좋은 듯하고 영양분도 풍부한 듯한데, 원기가 되살아나는 것은 왜인가. 한동안 시간이 흐르면 체격도 더 커져 있다.

　살아 있는 인간의 진액이 타박상이나 베인 상처에 효험이 있다는 게 무엇일까. 21세기가 과학기술의 세기임과 동시에 '판타스틱한 세기'라는 걸 여성을 통해 밝혀내고 싶다.

『**Guest Information—Japan Now 2000**』

저건 더 이상 방도가 없다

읽기 전에

이 부에 실린 인터뷰는 2001년 5월 사흘간 열두 시간에 걸쳐 진행되었다.

여성의 성 근원에
도사린 것

〈붉은 다리 아래 따뜻한 물〉

이마무라 쇼헤이는 나이 든 호색한이다. 그와 동시에 유별난 외국인이다. 스무 편의 작품 이력과 두 번의 황금종려상 수상에 거만해져서 이 일본의 거장은 불량소년으로서, 사람 좋은 아저씨로서 그리고 또 초일급의 만성 발기증 환자로서 행동하고 있다. 그는 1958년 데뷔 이래 (육욕적인) 인생의 의미를 탐구해왔는데, 74세가 되어서도 이 영화의 등장인물 중 한 사람처럼 '인생에서 가장 중요한 것은 남근이 서는 것이다'라고 주장하고 있다. _〈리베라시옹·Libération〉 2001년 5월 21일 호

기타무라 가즈오가 맡았던 스미다가와 강변 천막의 철학자라는 수상적은 역은 당초에 쓰유구치 시게루로 하려고 생각했지. 그런데 목소리가 별로 좋지 않아. 화면 밖에서 목소리만 나오는 곳이 있는데 기타무라의 조금 울림이 있는 그 목소리가 아니면 아무래도 별로야. 그 다음 안으로 온 것이 꼭 자기가 하고 싶다고 얘기했던 오가타 겐緒形拳. 하지만 역시 목소리가 안 좋아. 무게감이 느껴지는 목소리일 필요가 있었던 거지.

원작자인 헨미 요 씨가 요코하마의 사무소에 있을 즈음 그런 여자와 관계를 가졌다고 해. 여자가 물을 뿜어요. 정말일까 하고 생각했지. 너무 과하지 않느냐고. 하지만 영상으로서는 나쁘지 않을 것 같은 기

분이 들어. '더 성대하게 내뿜는 편이 재미있지 않나' 하고도 생각했어. 마지막 부근, 테트라포드에서 물을 뿜는 신은 크레용으로 그린 것 같은 무지개로 하고 싶었어.

나는 물을 좋아하는데, 따뜻한 느낌이 드니까요. 물이 풍경 안에 들어와 있으면 구원받은 기분이 들거든요. ―〈키네마준포キネマ旬報〉 1997년 6월 상순 호

이타이이타이병에 얽힌 흑백 회상 신은 촬영을 반나절 만에 끝내지 않으면 안 됐어. 마지막에 찍은 신이에요. 여자아이가 유유히 헤엄쳐나가는 거야. 아무래도 어머니가 그런 신이 있는 걸 각오하고 수영장에 데려가서 연습을 시킨 것 같아. 훌륭한 배영으로 헤엄치는 거예요. 거지반이 물속에 잠긴다고 얘기해뒀지만 억지로 잠기게 할 수도 없어서 난처했지.

이 작품은 닛카쓰가 출품하고 싶다고 해서 칸에도 가져갔지. 상이라도 타면 예상 밖에 성공하지 않을까 해서 말이야. 똑똑지 못해. 지금 일본의 영화 회사는 시나리오를 읽어도 아무 발상도 떠올리지 못하는 사람뿐이야. 하나같이 그래요.

어떻게 바뀔지
모릅니다

원작과 시나리오

　이번에도 최초의 시나리오에서 꽤 많이 달라졌지. 딱히 어떤 방향에서 바꿔가자는 생각이 있는 건 아니지만 말이죠. 재미없는 곳은 과감하게 잘라내 대체로 촬영의 처음과 마지막은 완전히 달라지지. 원작자가 있는 경우 크랭크인하기 전에 "어떻게 바뀔지 모릅니다" 하고 으름장을 놔둬. 나 자신도 몰라. 실제로 배우를 이렇게 저렇게 움직이는 사이에 완전히 달라져버리는 일도 있지. 그런 점을 전해둡니다. "마음대로 하세요"라고 대개는 말하죠.

　다만 〈검은 비〉에서는 그런 걸 별로 얘기하지 않았어요. 다나카 요시코가 연기했던 히로인은 방사능 때문에 결혼이 뜻대로 되지 않는 여자. 총체적으로 그런 힘든 상황에 있는 여성의 가혹한 이야기입니다만 그 본줄거리를 움직일 생각은 없었지. 이부세 씨도 시사에 와주셨는데 감상다운 것은 말하지 않았어. 다만 다나카랑 이치하라 에쓰코를 데리고 이부세 씨댁에 갔었어요. 위스키를 조금 대접받고는 취해가지고. 양쪽 다 기분이 좋았지. "나는 아침에 일어나면 오늘은 무슨 술을 먹을까 하는 것밖에 생각 안 해" 같은 얘기를 했어. 그런 얘기가 나오는 상황은 대단히 좋아. 몇 명인가 편집자로부터 이부세 씨 집에서는 걸핏하면 홍차가 나온다는 얘기를 미리 들었지. 홍차가 나오면 그걸로 끝이다, 엔딩의 예고다, 라는 얘기를 들어서 말이죠, 걱정하고 있었어. 그랬더니 홍차가 나오지 않고 위스키가 나오길래 '아, 잘됐다' 하고 생각했어요. 그 좋았던 인상이 계속 이어지고 있어. 이부세 씨는 내가 젊은 시절부터 계속 탐독하고 있거든요. 무척 심취했지.

소년 시절부터 이부세 팬이었다. 이부세 마스지는 동경하는 작가였다. 대학 시절, 존경하는 친구가 이부세 마스지 따위는 인정하지 않는다고 지껄이고 심지어 '이부세 타라지이름에 있는 한자 마스鱒(송어)를 타라鱈(대구)로 잘못 읽은 것'라고 말했다. 정말이다. 갈겨버릴까 생각했지만 만원 버스 안이어서 때리지 않았다. 하지만 절교했다. (…) 이 영화(《검은 비》)의 관객을 향한 메시지는 큰 소리여서는 안 된다. 작은 소리여야만 한다고 줄곧 생각하면서 연출했다. 언제나 뒤통수에 이부세 씨의 보살님 같은 얼굴이 들러붙어 있는 것 같은 기분이 들었다. 몇 번인가 이부세 씨와 술을 마셨는데 늘 소리를 높이지 않았다. 낮은 목소리였다. _1989년 〈검은 비〉 공개 당시의 팸플릿

사카구치 안고도 꽤 읽었어요. 〈간장 선생〉 때는 사모님과 얘기했지. 유족은 본인보다도 원작을 바꾸길 싫어하기 마련입니다만 개의치 않고 계속 얘기했어요. 어쨌든 바뀔지도 모른다고, 원작대로 갈지 어떨지 보증은 할 수 없다고. 납득해줬어요.

단역이어도
존재감이 분명해서 말이지

배우 부족

〈붉은 다리 아래 따뜻한 물〉에서도 조연 때문에 고생했지. 후보에 오른 사람이 스케줄이 맞지 않아서 쓸 수 없었어. 다들 텔레비전에 뺏겨버려서. 세 사람의 노인과 후와 만사쿠不破万作의 배역. 후와의 배역은 실은 히다리 돈페이左と人平에게 맡기고 싶었지. 제일 좋은 역이에요. 후와는 결국 제대로 소화하지 못했어. 나카무라 가쓰오中村嘉葎雄도 그렇고. 옛날의 도노야마 다이지, 미키 노리헤이, 오자와 쇼이치, 이렇게 〈검은 비〉에 나온 세 사람 정도가 모이지 않으면 말이야, 그런 배우가, 진짜 단역 같은 역할에서도 존재감이 분명해서 말이지, 멋대로인 얘기도 제각각 하고 그러는 사람이 나오지 않으면 재미가 없네요. 애드리브도 그렇고. 별로 허용하진 않지만 말이야. 조금은 있어요.

처음부터 애드리브를 해서는 곤란합니다. 우선 배역에 제대로 스며든 대사가 있고, 그 위에서 애드리브를 하지 않으면 안 됩니다. _『이마무라 쇼헤이의 제작현장今村昌平の製作現場』, 1987

배우가 성장해 있질 않아. 배우 말고 예를 들어 음악계 등에서 기용하는 데에는 한 가지 이유가 있어. 가수는 연기도 잘하는 사람이

많거든. 〈니시긴자 역 앞에서〉의 프랑크 나가이フランク永井는 예외였습니다만.

얼굴 얘기로 돌아간다면, 국적이 다르다든지 혼혈이라든지 아버지가 주정뱅이라든지 어머니가 남자와 달아났다든지 불량한 행위를 거듭했다든지, 그저 타고난 환경에서 순조롭게 자라난 것이 아닌 어떤 요소가 없으면 얼굴이 되지 않고, 배우가 될 수 없다. 알맹이가 없으면 어떤 연출가도 다면적인, 풍요로운 인간을 그릴 수 없다. 한 사람의 연출가 입장에서만 얘기한다면 "일본이여 더 혼탁해져라, 엉망진창이 돼라, 가난해져라, 굶주려 전원 불량해져라" 하고 얘기하고 싶어진다. 가수나 만담이나 록밴드의 세계에는 아직 얼마간 얼굴이 있다. 지금 가장 경쟁이 심하고 가짜·진짜가 뒤섞여서 한 줌의 멤버를 제외하고는 제대로 생계를 유지하지 못하는 데다 애당초 불량 출신이기 때문이 아닐까. 호평을 얻겠다는 일심으로 전혀 수치심이 없어도 괜찮다. _「『얼굴 찾기』 고심담『顔探し』苦心談」

  텔레비전은 자주 보고 있어서 말이죠, 〈붉은 다리〉의 가다루카나루 다카ガダルカナル·タカ 같은 경우는 텔레비전에서 보고 기용했지. 여자아이를 뜨거운 욕조에 넣는 프로그램을 보고 '이 남자 재미있군' 하고 생각했어. 이만큼 사기 냄새가 풍기는 남자는 좀처럼 없지. 다카의 신은, 그것도 상당히 잘라버린 거지만 말이야, 사실은 배에서 매달려서 엄청난 고문을 받는 신, 모두에게 몽둥이로 두들겨 맞는 신이 있어. 그런 일 당할 거라고는 생각하지 않았겠지만. 하지만 편집에서 잘랐지.
  나쓰야기 이사오夏八木勲가 괜찮았죠. 이전에 〈남극 이야기南極物語〉인가 뭔가에서 보고는 조잡하게 적당적당한 방식으로 쓰고 있지 않나 하고 나는 생각했어.

캐스팅에 어려움을 겪기 시작한 것은 〈인류학 입문〉 이후. 〈신들의 깊은 욕망〉에서 고마쓰 호세이小松方正나 쓰고 말이지. 하긴 이쪽도 연구 부족이에요. 좀 더 텔레비전을 뚫어지게 응시해서, 부서질 정도로 끝까지 응시해서 "이 녀석이다" 하고 말할 수 있으면 제일 좋은데.

써본 적은 없지만 써보고 싶었던 배우는 가쓰 신타로. 가쓰 신은 〈가게무샤〉에서 구로사와 씨와 다퉈서 갈라섰지. 깜짝 놀랐단 말이지. 구로사와 씨와 정면으로 대립했다 해도 그 정도로 막중한 사람을 놓아버리는 것은 이상하지 않은가 싶어요. 나는 구로사와 편이니까요. 구로사와 씨에게는 아까운 일이었다고 생각해.

> 배우 중에는 테스트를 거듭할수록 제맛이 나오는 사람과 짠 하고 느닷없이 역에 빠져들어 그다음에는 그다지 늘지 않는 사람이 있는데, 전자의 배우는 텔레비전에는 쓸 수 없어요. 점점 제맛이 나오면 "아끼느라 감춰두지 마" 하는 호통을 듣게 되지. 그런 사람들에게는 사이클이 맞지 않는 시대인 거겠죠. _〈키네마준포〉 1979년 5월 상순 호

다쓰미 류타로辰巳柳太郎 씨도 옛날부터 좋아해서, 나중에 〈우리 읍내わが町〉를 오사카의 연극 무대에서 했을 때 어떻게든 쓰고 싶어서 다쓰미 씨를 주연으로 했지. 영화 〈우리 읍내〉의 다쓰미 씨로부터는 꽤 시간이 흘러버려서 연령적으로는 배역보다 조금 위. 영화 때와는 달라져 있었어요. 연극에서는 대사를 외우지 못하더라고. 다쓰미 씨가 아니면 생각할 수 없었지만, 매일 대사가 바뀌었지.

다쓰미 씨에 관해서는 전부 좋아해. 아사쿠사에서 구니사다 주지国定忠治 역을 하고 있을 때 분장실로 다쓰미 씨를 찾아갔어. 기쁘게 맞아줬고, 힘껏 연기를 하고 있었지. 너무 힘을 쓰는 게 아닌가 하고

생각했죠. 돌아가시고 나서 나는 바로 머리맡으로 갔어요. 다음에 누가 오려나 생각하고 있었더니 시마다 쇼고島田正吾 씨가 왔습니다.

가와시마 유조는
압도적으로 훌륭한 감독

조감독 시대

배우는 어디선가 정신적인 황폐를 느끼든가 경험하든가 하는 게 상당히 크지. 특출한 데가 없어서는 안 돼요. 나 자신도 더 특출해지고 싶었지만 그러지 못했지. 가와시마 유조를 동경하고 있었으니까요. 남달리 특출한 사람 밑에서 일하고 있으면 그리되지 못하는 것인지도 모르겠네.

무슨 생각으로 배우의 역할을 정하느냐 하는 질문에 가와시마 감독이 의외성밖에 없다고 말한 것을 기억하고 있어. 가와시마 유조에 대해서는 닛카쓰로 갈 때까지 잘 몰랐어요. 가와시마 유조가 니시카와 가쓰미 씨라는 물정에 밝은 사람과 나카히라 고中平康 씨와 얘기를 하는데 이번에 조감독으로 이마무라를 붙인다고 하는 얘기를 듣고 그건 싫다고 말했다는 겁니다. 도호나 신토호新東宝라든지 다이에이에서 온 사람이 좋다, 쇼치쿠계는 계열을 갖고 있으니까 싫다고 언명을 한 모양이에요. 하지만 다른 사람이 없었으니까 거의 우연처럼 내가 붙게 됐지.

나카히라 씨는 쇼치쿠에서 내 1기 선배거든요. 아카하치카이赤八会.쇼와 23년인 1948년 쇼치쿠 오후나에 입사한 동기 조감독 여덟 명의 모임. 잡무 등으로 혹사당하는 조감독의 신세를 큰 창피나 개망신을 뜻하는 '아카하지赤恥'라는 말에 자조적으로 빗대어 이름 붙였다고 한다. 1500명의 지원자 중에서 합격한 여덟 명은 나카히라 고, 스즈키 세이준鈴木清順, 사이토 부이치

斉藤武市, 이노우에 가즈오井上和男, 이마이 유고로今井雄五郎, 이코마 지사토生駒千里, 아리모토 다다시有本正, 마쓰야마 젠조松山善三. 몇 천 명이 지원한 시험을 뚫고 올라와서 들어온 사람이 아카하치카이 같은 모임을 만들었어. 그러니까 나도 쇼치쿠에 들어오는 건 큰일이었겠다고 하는 소리를 많이 들었어. 그렇지도 않았는데, 라고 대답했지. 우리 때에는 제대로 된 시험이 아니라서 격전을 펼치는 일도 없이 들어왔어. 레드 퍼지red purge, 적색분자 추방를 당한 사람들 다음으로, 일손이 부족하니까 들어온 거죠.

나는 구로사와 아키라 밑으로 들어가고 싶었으니까 도호라는 회사에 가겠다고 떠들고 다녔는데요, 도호에서는 모집이 없었어. 그래서 쇼치쿠에 입사해서 시부야 미노루渋谷実 씨나 오즈 씨나 노무라 요시타로 씨한테 들어갔지. 당시 대가라고는 해도 오즈 씨도 아직 40대 후반이었죠.

쇼와 26년이라고 하면 내가 대학을 나와서 쇼치쿠 오후나 촬영소의 조감독이 된 해다. 오즈 야스지로 감독과 시부야 미노루 감독, 오바 히데오大庭秀雄 감독, 하라 겐키치 감독, 가와시마 유조 감독, 노무라 요시타로 감독들 밑에 들어가서 체력으로 밀어붙여 열심히 일했다. (…) 가끔 지력을 써서 부분적인 각본 수정 등을 지시받아 떠맡게 되면(노무라 씨는 자주 그렇게 했다) 겨우 3분짜리 신이라도 철야로 썼다. 도쿄 역에서 고친 신을 아침에 감독에게 보여주면 우선 절반으로 잘리고, 오후나까지의 40분 사이에 세부까지 수정당하면 또 그 절반이 된다. 시나리오 같은 건 늘 최단 거리를 달리지 않으면 안 된다는 걸 알게 되었다. _「안고와 나와 청춘安吾と私と青春」

나는 오즈 씨한테서는 영향을 받지 않았어. 콘티뉴이티 세우는 방식만 해도 오즈 씨를 보고 있으면 철저하게 그림 콘티뉴이티를 그려서 찍고 있지. 우리는 각본에 줄을 긋고서 여기는 클로즈업이다, 여기의 시선 전환은 누구누구의 버스트다 기입을 하며 공부를 했습니다. 하지만 너무 그것에 익숙해지다 보니 이런 건 전부 시시하다고 무심결에 생각하게 돼버렸지.

> 오즈 감독에게는 영향을 받은 일이 없다고 하기보다는 받는 게 싫다는 기분이었습니다. 구성하는 연기가 너무 틀에 박힌 점도 나는 싫었어요. 또 당시 나는 기껏해야 슬레이트를 치는 정도라 오즈 씨와 일 문제로 깊이 이야기한 적도 없습니다. 다만 내가 닛카쓰에 들어가고 나서도 다테시나에 틀어박혀 있는 오즈 씨를 만나러 가서 술 상대를 한 일 등이 있는데 어쩐지 종합적인 인간력이란 걸 갖고 있는 사람 같다는 기분은 들었어요. ─「이마무라 쇼헤이전今村昌平伝」, 『세계의 영화 작가8世界の映画作家8』, 키네마준포샤, 1971

내 영화를 보면 알 수 있지만 어느 지점부터 몰아쳐서 두 사람이나 세 사람의 연기를 다루게 되면 각본에 얽매이지 말고 자꾸 배우에게 더 자유롭게 연기하게 해서, 그게 롱숏이어도 상관없으니까, 그런 부분에서 재미를 잡아내자는 쪽으로 생각하게 되었지. 아무래도 영화 작가들은 장면 전환을 하고, 웬만하면 클로즈업 느낌으로 접근하고 싶어 하지. 그건 그다지 재미있지 않다고 생각해.

나는 시나리오 자체가 맨 처음과 맨 뒤가 달라져버리지만, 사람에 따라서는 콘티뉴이티를 만들어서 그대로 똑같이 찍는 감독도 있지. 그런 건 싫어요. 진정한 내가 나오는 건 그런 데서가 아니라고 생각해. 더 롱숏의 구도에서 연기가 성립하지 않으면 이상하다고 생각해요.

그런 촬영 방식에서는 카메라맨과의 관계가 중요하지. 힘들었던 적도 많아. 히메다 신사쿠姫田真佐久 씨라는 명카메라맨이 있어요. 그 사람이 연극을 좋아하거든요. 뒤로 빠진 포지션에서 찍는 그림을 좋아하는 사람이라 자잘한 클로즈업은 선호하지 않아. 나도 그 영향을 받고 있어. 다만 괜찮은 드라마를 만들고자 할 때는 말이지, 미디엄숏 정도의 숏으로 조금 다가선 사이즈 안에서, 뭔가를 걸쳐서 넘어다보는 구도로 찍고 싶다, 뭔가를 훑어 찍지 않으면 안 된다 하는 건 있지. 우라야마 기리오浦山桐朗는 나중에 〈큐폴라가 있는 마을〉을 찍을 때 훑어 찍는 포지션 같은 건 쓰지 않겠다는 얘기를 자꾸 했지만요.

내가 동경하던 구로사와 씨도 콘티뉴이티를 제대로 쓰는 사람이었습니다만, 어디선가 나는 또 다르다고 생각하게 됐어. 특히 오즈 씨에 대한 대항 의식이랄까, 오즈 씨의 이 사고방식은 싫다고 나도 모르게 생각하죠.

〈초여름麦秋〉인가 뭔가 때, 어린아이들이 등교하는 신에서 짐 같은 걸 갖고서도 똑바로 줄을 맞춰 열심히 걷고 있는 거예요. 감독에게 "저기, 자네 가서 더 제대로 걸으라고 얘기해줘" 하고 지시받았지. 그래서 "너희는 열심히 걷고 있는 모양인데 매일 이렇게 걷느냐" 묻자 그렇지는 않다고 아이들이 말해. "그럼 더 대충대충 걸으면 어떠냐" 하고 말해서 제각각으로 만들어버렸지. 물론 오즈 씨는 아주 마음에 안 들어 해. "누구냐, 이런 짓 한 게" 하고 화를 내지. "접니다" 하고 말하고 싶지만 말할 수 없지.

오즈 씨는 관록 있는 중년으로(50세 정도였을까) 여름에도 영국제 셔츠를 걷어 올리지 않고 콜먼 콧수염에 늘 얼큰한 취기를 띠고 있었다. 싱글벙글하고 있는 것치고는 배우에게 마음에 들 때까지 몇 번이고 테스트를 되풀이했다. "열다섯 번째 것이 오케이로군" 같은 소리를 한다. 열다섯 번째 테스트가 어떤 식이었는지 아마 아무도, 당사자인 배우조차도 알 리 없다. 하지만 그의 머리엔 열다섯 번째가 똑똑히 새겨져 있는 모양으로, 몇 시간을 들여서야 그런 오케이가 나오는 것이다. 로케이션헌팅 때는 오즈 씨 뒤에서 미첼Mitchell 파인더를 들고 따라 걷는다. 갑자기 땅바닥에 털썩 엎드려서 손을 뒤로 뻗는다. 진흙투성이의 웅덩이가 있어도 그의 취향인 로low 포지션을 위해서는 박격포병인 양 엎드려버린다. 파인더를 건넨다. 그때 내 구두가 웅덩이의 진흙물을 튀겨서 오즈 씨의 고급스러운 흰 와이셔츠에 튄다. 그는 일체 상관 않고 뒤로 내민 손으로 파인더를 받아서 들여다본다. 이것을 질리지 않고 되풀이해 이윽고 로케이션 장소가 결정된다. 이렇게 배운 엄청난 집념은 내가 나중에 감독을 하는 데 대단히 참고가 되었다. _「안고와 나와 청춘」

오즈 씨는 천황이니까요, '지금 전차에서 내리셨습니다' 하는 정보가 촬영소에 들어오면 과장이며 부장이며 모두가 나가서 맞이해요. 휴대전화도 없는 시대에 전달이 빨라. 그만큼 천황이었어.

가와시마 유조는 〈스사키 파라다이스 적신호〉 때 압도적으로 훌륭한 감독이라는 생각을 하게 됐어. 자유자재로 팬삼각대에 카메라를 고정하고 렌즈를 수평으로 이동하는 촬영 기법을 해. 그게 제대로 그림이 되어 있어. 형편없는 작품도 있습니다만.

그에게는 명작도 걸작도 물론 있지만 시시한 프로그램 픽처도 많이 있습니다. 쇼치쿠 시대에 "왜 이런 형편없는 영화 찍는 겁니까?"라는 내 질문에 한순간 눈도 깜빡이지 않고 내 얼굴을 보며 "생활을 위해서입니다"라고 대답한 일이 있습니다. 젊었던 나는 그런 가와시마 씨를 경멸했었죠. _「시모기타 반도에 세워진 선배 감독 가와시마 유조의 비석」

〈막말태양전〉 시나리오 참여는 가와시마 감독한테서 지명을 받았

지. 라쿠고落語 중에서 〈혼자 남은 사헤이지居残り佐平次〉라는 이야기가 토대로 그 얘기를 해볼까 하는 막연한 기획이었지. 가와시마 씨도 사정은 몰랐어. 얘기를 꺼낸 것은 닛카쓰의 기획이었던 것 같아. 아무튼 당시 닛카쓰에서 시대극을 찍는 것은 큰일이었죠.

시나리오의 기본은 가와시마 감독이 만들었지. 그 전에 누군가 먼저 쓰고 있었어. 하지만 그다지 깔끔한 것이 아니었어요. 이건 절대 고치지 않으면 안 된다고 할 정도였어. 가와시마 감독은 이걸 찍으면 도호로 이적하기로 결정되어 있었던 것 같아요. 나는 아무것도 몰랐지만 말이지.

조감독이 되고 몇 년인가 지난 시점에, 내가 라쿠고 같은 것에 밝다는 것을 대충 알고 있는 거예요. 라쿠고나 요시와라의 독특한 대화가 있잖아. 그런 것을 그는 몰랐어. 아마도 "뭔가를 야조彌蔵처럼 한다"에도 시대의 건달, 노름꾼 들이 주로 하던 행동으로 품 안에 주먹 쥔 손을 쑤셔 넣어 기모노 가슴께까지 밀어 올리고 어깨를 추켜세운 자세. 이것을 사람 이름처럼 표현한 말라는 말뜻을 몰라서 "야조라는 게 뭐야"라는 극히 원시적인 의문을 내게 던져오지. 이런 거예요, 라고 대답해. 그런 데가 다른 거예요, 아오모리 사람과 도쿄에서 자란 사람은.

어떻다는 게 아니야. 어릴 때부터 연극이나 요세에 아버지를 따라서 갔었으니까. 오쓰카에는 스즈키라고 하는, 우에노 다음으로 유명한 요세가 있어서 거기에 다녔지. 아버지가 진찰을 끝내면 하야시囃노能나 가부키歌舞伎 등에서 박자를 맞추며 흥을 돋우기 위해 반주하는 음악 좀 들으러 갈까 하고 데리고 갔지. 소학생이었어도 제대로 웃을 데에서 웃었어. "쇼헤이도 대단하네. 제대로 포인트를 빗나가지 않고 웃고 있어." 아버지가 요세에 데려가준 것은 컸지. 하지만 의사의 뒤를 잇는 것은 싫었어.

〈막말태양전〉의 라스트신은 감독의 결심이 서지 않아 고민하고 있었다. (…) 사헤이지가 계속 도망쳐서 시나가와의 해안가 남쪽을 향해 걷는 것을, 세트에서 튀어나와 촬영소 안을 달려 나가서 현관부터 정문을 거쳐 바깥으로 뛰쳐나가는 것으로 할까 하고 생각하는 것 같았다. 늘 하는 즉흥적인 생각이라고 나는 가볍게 여겼지만, 닛카쓰를 뛰쳐나와 타사로 떠나는 것과 이 라스트를 같이 두고 생각하면 이 즉흥적인 생각의 의미를 알 수 있다. 「안고와 나와 청춘」

감정을 조장하는
음악은 필요 없다

음악에 대해서

내 작품의 음악은 나 스스로 지명했어요. 처음부터 마유즈미 도시로 씨. 이건 가와시마 감독 때부터 이어진 관계로, 무조건이지. 감이 좋았어요. 꼭 시나리오가 완성될 무렵에 전화가 걸려와요. 그래서 거의 마유즈미 씨로 결정이 되어버려. 영화에 대해서도 대단히 날카로웠죠. 각본을 제대로 읽고 있는 느낌이라.

예를 들어 〈니안짱〉'니안짱'은 주인공이 작은오빠를 부르는 말. 원작이 일본에서 대히트하면서 우리나라에도 '구름은 흘러도' 등의 제목으로 번역 출판되었다. 1959년 유현목 감독이 삼척 탄광으로 무대를 옮겨 먼저 영화화하기도 했는데, 영화 제목이 '구름은 흘러도'다에서 언니인 마쓰오 가요松尾嘉代가 가라쓰의 정육점에서 아르바이튼지 뭔지를 하고 있어. 그때 여동생이 버스로 소풍을 가면서 스쳐 지나가지. 여동생이 가련한 스타일이거든요. 그 신을 마유즈미 씨가 작곡해 오지. 모두들 왈칵 눈물을 흘린다는 신인데, 마유즈미 씨도 눈물이 흐를 만한 것을 만들어 와. 그런데 나는 그게 싫은 겁니다. 아무래도 싫은데 마유즈미 씨는 "가끔은 괜찮지 않습니까, 이마무라 씨" 하고 얘기를 해 와. 좀 봐달라고 말하고 난 안 듣지. 그렇게 감정을 조장하는 그런 음악은 필요 없다는 얘기를 했죠. 그랬더니 꽤 한참을 생각하고는 "가끔은 괜찮지 않습니까"라면서 아주 닛카쓰 측 사람처럼 강요하는 거야. '천재가 하는 소리니까 틀림없이 맞는 얘기겠지. 어떻게 할까' 하고 생각했지만 싫은 건 싫은 거니까 결국 거절했어. 그랬더니 악보를 고쳐 왔지.

어째서 나는 승낙하지 않았나 하고 지금도 이따금 생각해요. 감동 이라는 것, 영화를 보고 감동한다고 말하는 그런 게 어디서부터 오는 지 생각하지. 〈우나기〉나 〈붉은 다리〉에서 시미즈 미사의 캐스팅을 회 사가 반대한 것은 감동하고 싶을 때 감동시켜주지 않아서일까 하는 그런 생각을 해. 실은 의외로 바보 같은 일이라는 생각이 들어서 말이 지. 근데 감동을 동반하는 것에, 적어도 정서를 넉넉히 동반하는 것에 반대하면, 예를 들어 시나리오를 거의 완성해놓고 거기에 저항하면 아무래도 바보 같은 싶은 모양이야. 그걸 고양시키는 방향으로 가져가 면 어떨까 하고 나 자신도 조금은 생각하지. 하지만 그건 부끄럽네요. 부끄럽다는 걸 마유즈미 씨도 아는 모양이야.

마찬가지 일이 〈검은 비〉에서 다케미쓰 도루武滿徹 씨와도 있었어. 다나카 요시코가 말이지, 머리가 좀 이상해져서 근처 호수로 가. 잉어 를 양식하는 호수로, 잉어가 튀어 오르지. 과장해서 2미터 정도 튀어 올라. 조감독들은 죽을 맛이지. 그런 장면에서 다나카 요시코가 정신 이 나간 것처럼 돼서 억새풀을 흔들어. 그래서 다케미쓰 씨가 고생해 서 만든 가장 아름다운 음악이 거기에 들어가. 그런데 나는 그게 부끄 러워 다케미쓰 씨를 불러서 죄송합니다만 너무 정서적이라는 생각이 드니 좀 봐주시면 좋겠다고 말해. '이 남자 무슨 소리 하는 거야' 하고 생각했겠지. 일순 무슨 소린지 못 알아들었던 모양이지만. 그래서 아 주 정서적인 음악은 제외되었어요. 정서를 기대하는 사람에게는 대단 히 죄송스럽지만 말이지.

그때는 마유즈미 씨가 돌아가셔서 다케미쓰 씨에게 부탁한 거야. 하지만 당시 다케미쓰 씨도 이미 몸이 상당히 안 좋다고 들었습니다.

〈간장 선생〉의 야마시타 요스케山下洋輔 씨도 좋았지. 그 작품이니까 야마시타 씨지. 달리는 신에서 질주감이 표현되어 있어. 이쪽에서 지명했죠. 이번 〈붉은 다리〉는 애초에 정서도 뭣도 없어. 야마시타 씨로 했다면 포복절도하게 되어버렸겠지. 이케베 신이치로池辺晋一郎 씨의 음악은 그다지 인상에 남지 않지만 그것은 위화감이 없다는 뜻으로 묘한 익살감은 표현되어 있었고, 〈붉은 다리 아래 따뜻한 물〉에는 하카세 다로葉加瀬太郎라는 사람도 마음에 들어서 부탁을 해볼까 생각했어. 호궁胡弓우리나라 해금이나 중국의 호금, 이호 등의 찰현악기를 통칭하는 말과 함께 연주하는 것을 들었는데 상당히 좋았어요.

이 타이틀은
몹시 부끄러웠다

〈도둑맞은 욕정〉

회사는 당초 〈유방과 탄흔乳房と弾痕〉이라는 쓰쿠바 히사코筑波久子 주연의 갱 영화를 나더러 찍게 하려고 했어. 결국 〈도둑맞은 욕정〉이 되었지만, 이 타이틀은 내가 생각한 게 아니야. 〈유방과 탄흔〉도 좀 그렇다고 생각은 하지만, 첫 감독 작품이 〈도둑맞은 욕정〉이라 엄청 부끄러웠어요. 무슨 이유인지 선전부장을 하고 있던 이시가미石神 씨라는 사람이 제목을 붙였어요. 손님이 든다는 거 아닐까. 원작의 타이틀은 '텐트 극장テント劇場'. 그는 훨씬 더 나중에 그 타이틀은 미안하게 됐다고 얘기했어. 너무 늦었지.

> 이런 대본은 들고 다닐 수 없어서 완성된 영화의 메인타이틀에는 "텐트 극장"이라고 크게 쓰고 "도둑맞은 욕정"이라고 작게 집어넣거나 했어요. _〈키네마준포〉 1963년 10월 상순 호

당시 내 오리지널 작품도 썼어. 〈더러움 없는 창부汚れなき娼婦〉 같은 타이틀로 요시와라의 창부들을 다룬 것. 시나리오가 아니라 각 장면의 요점을 정리해서 썼었지. 그 요점 정리가 말이죠, 꽤 길어. 촬영소장이 "그런 장황한 건 싫으니까 너 읽어봐"라고 하는 거야. 그래서 읽었어요. 읽고 있는 사이에 나 스스로 재미없다는 생각이 들기 시작했

어. '아, 재미없네' 하는 생각이 들기 시작해서 "이건 관두겠습니다" 하는 식이 됐죠. 얘기 도중에 그만두고 되돌아왔어. 그런 게 몇 편인가 있어서요, 『텐트 극장』을 하게 됐지. 나도 학생 시절에 조금은 연극을 하기도 했고, 텐트 극장을 따라서 순회한 일이 있다는 얘기를 하고 있었지. "그럼 네가 해보면 어떠냐" 했던 겁니다.

회사에서 이 얘기가 거론됐을 때 원작 『텐트 극장』은 어떻게 할 수 없을 정도로 이야기가 낡아서 어떻게든 연극에 대한 주인공의 정열을 주축에 둬봤지. 예전부터 가설극장 연극에 관심을 두고 있던 편이라 그런 세계의 사람들이 갖는 활력을 확대해서 표현해보자고 생각했어요. 말하자면 자포자기 정신이지. 회사의 에모리江守 전무에게서 라스트신은 농부들이 여느 때와 다름없이 눈길도 안 주고 괭이를 휘두르는 그 사이를 순회 극단 배우들이 쥐 죽은 듯 떠나가는 게 맞다는 얘기를 들었지만, 나는 지금도 우당탕탕 대소동으로 떠나가는 그 라스트신이 좋았다고 생각해. ─『이마무라 쇼헤이의 영화 今村昌平の映画』, 1971

회사는 닛카쓰의 달러박스 같은 스타 여배우를 계속 배당해 오는 겁니다. 싫다고 싫다고 전부 거절했지. 그러던 중에 미나미다 요코南田洋子는 뭐, 할 수 없다는 생각에 받았어요. 그 여동생 역이 잘 모르는 이름의 사람이었어. 기타 미치에喜多道枝라고 하는, 가부키 계열의 아무도 쓴 적 없는 사람으로 생생한 박력이 없는 사람이에요. 그립네.

나가토 히로유키長門裕之와도 교류가 길어졌지. 이때는 내가 고른 게 아니라 회사가 골랐어. 박력이 부족해서 그 녀석을 집어넣기 싫다고 생각하고 있었어. 하지만 잘했죠. 닛카쓰로서는 나가토 히로유키와 미나미다 요코가 나온다 그러면 좋은 거예요.

첫해에는 나도 세 편 찍었지. 당시 굉장한 사람은 연간 여섯 편 찍고 있었네요.

사실은 오사카에서 찍고 싶었는데 말이지, 가지 못했죠. 여비가 모자라. 당시가 영화 산업 융성기라고 해도 예산은 별로 없지. 신인이니까 특히 적었고. 완성됐을 때 회사의 반응은 거의 없었어. 그러고 보니 블루리본의 신인상을 받았네요. 거봐라 하는 기분도 조금은 들었습니다. 그래도 말이죠, 회사로서는 상을 받는 것보다 손님이 드는 편이 좋아요. 〈니안짱〉처럼 말이야. 이건 예상 밖에 히트를 쳤으니까.

나가토의 역할은 진정한 연극을 체득하려고 하는 좀 미지근한 사람. 옛날의 연극 청년 중에는 그런 사람이 많았죠. 좌익적이고.

학생 시절에는 나도 공산당 입당을 권유받았어요. 야마무라공작대山村工作隊 1950년대 '일본 공산당 임시 중앙지도부'의 지도 아래 무장투쟁을 지향한 비공인 조직 전성기니까. 하치오지八王子 주변의 산에 올라 산에서 새롭게 민주주의를 일으키겠다는 그런 학생들이 아주 왕창 있었던 겁니다. 하지만 산의 민주주의에 패해 상당수가 돌아왔지. 그런 초라한 말로末路, 아무것도 할 수 없던 시기이기도 했으니까요.

히토쓰바시一ツ橋대학의 조직 세포인 친구가 야마무라공작대의 대원으로서 산속 마을에 들어갔다. 산의 봉건적인 생활에 민주주의를 가져간다는 마음가짐이었지만, 산속 마을에 오래전부터 존재하는 또 다른 민주주의에 꼬리를 내리고, 침울해 있던 상황에 붙잡혔다. 미신과 속신俗信, 토속의 밑바닥에 있는 것을 바보 취급할 수는 없다. _「안고와 나와 청춘」

암시장 시절에는 하니 고로를 읽고 있었어요. 다른 영화감독은 그런 건 별로 안 읽었으려나. 내 경우 얼마쯤은 영화 만들기에 영향을 끼치고 있을지도 몰라.

와세다의 세포는 꽤 성행했어요. 모여라 하면 꽤 모였어. 경찰대가 본부에 침입하자 그 무렵의 위원장이 도쿄대는 믿을 만하지 못하니까 너희가 분발하지 않으면 안 된다는 얘기를 해. 뭘 분발하라는 건지 모르겠지만. 그러곤 비웃어주래요. 경찰대를 다 같이 비웃어주라고. 모욕하라는 거겠죠. 어려워서 못 웃는단 말이야. 아무리 그 무렵이라도 '비웃어줘'는 낡은 게 아닌가 생각했어.

〈도둑맞은 욕정〉에서 오자와 쇼이치 같은 신극계의 배우들은 주로 좌장 역인 다키자와 오사무滝沢修 씨를 의식하고 있었어요. 젊은 것들이 모여서 다키자와 씨에 대해서 운운하고 있어. 들어올 때는 반드시 남보다 늦게 들어온다고들 말해. 난 그런 줄 몰랐지만 말이야. 확실히 다키자와 씨는 다른 모두들보다 이틀 정도 늦게 들어왔지. 가와치 사투리를 완전히 마스터해서 다키자와식 가와치 말을 써 올 게 틀림없다, 그렇게 말하는 거예요. 젊은 사람들이 그런 식으로 대선배를 놀리고 있는 걸 나는 재미있다고 생각해서 내버려뒀지. 스가이 긴菅井きん이라든지 다키자와 씨를 걸핏하면 놀려. 나로선 다키자와 씨는 중학생 때부터 동경하던 사람이니까 감독이 되어 다키자와 오사무를 쓰게 됐다는 소리도 듣고 싶고 제대로 잘 쓰고 있다는 얘기도 듣고 싶은데 말이야. 하지만 연기가 너무라면 너무 무게감이 있어요. 좌장이라고는 해도 순회 극단의 좌장이라 그렇게 으스댈 건 아니라고 생각했거든. 그래도 으스대는 거예요. 그래서 당신은 좀 너무 으스댄다고 주의를 준 기억이 있습니다. "하아" 하는데, 생각보다는 유순했어요.

다카하라 도시오高原駿雄의 역할은 실은 도노야마 다이지로 하고 싶었어. 스케줄 상황이 나빠서 안 됐죠. 도노야마 씨를 쓰지 못해서, 대신에 땅 파는 영화 〈끝없는 욕망〉에서 땅 파는 역할로 도노야마를 썼지.

대체로 이 무렵부터 두세 편 동안은 닛카쓰 배우부를 쓰지 않았네요. 굉장히 적어. 배우부에서 의견이 들어오기를, 이거 좋지 않다고 얘기하더군요. 좀 써주지 않으면 곤란하다는 얘기를 들은 기억이 있습니다. 그래도 청춘물 배우를 쓰라는 말은 없었지만. 〈니안짱〉에서 니타니 군니타니 히데아키二谷英明을 살짝 썼을 뿐이에요. 그는 전 규슈 민방의 아나운서였기 때문에 그 점을 눈여겨보다 써봤지. 규슈가 무대니까요.

내 뜻과 달라서
심통을 내면서 찍었습니다

〈니시긴자 역 앞에서〉

    첫 작품이 여름방학 끝날 무렵에 크랭크업해서 같은 해에 〈니시긴자 역 앞에서〉하고 〈끝없는 욕망〉을 찍었어.

    〈니시긴자 역 앞에서〉는 내 뜻과 달라서 심통을 내면서 찍었습니다. 가요곡을 느닷없이 부르기 시작하는 영화로 프랑크 나가이의 노래를 3회 집어넣는 게 회사의 조건. 프랑크 나가이를 출연시키는 것과 노래를 넣는 것 외에는 자유롭게 해도 된다는 얘기였지. 시간은 한 시간 안 되지만 그래도 약속한 시간보다 조금 늘어났어요. 어떻게 프랑크를 잘 사용할까 하는 게 숙제로 주어진 작품입니다.

한창 팔리고 있던 프랑크 나가이의 〈니시긴자 역 앞에서〉를 영화화한대서 "싫습니다. 〈끝없는 욕망〉을 찍고 싶습니다" 했더니 이걸 안 하면 못하게 하겠대. 레코드를 들어봤지만 이게 무턱대고 뻐기는 것 같아서 뭔지 모를 노래라 "음치라서 못 찍습니다" 했더니 회사는 음치여도 찍을 수 있다고 하는 거야. 마음대로 대본을 써서 좋아하는 얘기로 만들어도 괜찮냐고 했더니 다만 노래를 처음과 한가운데와 끝의 세 군데에 집어넣으라고 얘기하길래 20일쯤 만에 결정고 대본을 만들었지. 영화는 15일간 찍었고. 현대의 사회 구조 안에 밀어 넣어져 왜곡당한 인간이 전쟁 중 갔던 남쪽 섬에 관한 몽상에 잠겨 도피하는 것밖에 방도가 없다 하는 얘기로, 프랑크 나가이가 지하철 직원이며 보트 가게와 약국의 주인이 되어 디스크자키풍으로 등장합니다. 회사는 나한테 속았다고 얘기했지만, 약속대로 노래는 셋 들어 있고 준주역이 돼 있지. 다이쇼大正 제약의 협찬과 오자와 쇼이치, 니시무라 고, 야나기사와 신이치柳沢真一 등 배우의 응원으로 완성했어요. _『이마무라 쇼헤이의 영화』

역시나 음악을 맡은 마유즈미 씨도 싫어했어요. 하기 힘들겠죠. 요시다 다다시吉田正의 노래에 얹어서 이 영화를 위해 작곡하는 거니까. 아주 노골적으로 싫어했어요. 나도 망연자실해서 찍었지. 하지만 신주쿠의 술집 빚은 이걸로 갚았어. 빚은 왕창 있었지. 보수는 최저였어요. 신인 감독이나 마찬가지니까. 회사가 시키는 대로 찍어도 보수가 많아질 일은 없어.

〈유라쿠초에서 만납시다有楽町で逢いましょう〉1957년 발표돼 대히트를 기록한 프랑크 나가이의 노래로 역시 요시다 다다시가 작곡가 유행했을 때는 시시하다고 말하고 듣지 않았어. 그런 얘길 하고 있다가는 회사에서 억지로 영화 찍게 시킬 거라고 주위에서 얘기했었지. 그러다 정말로 찍게 됐어. 그런 영화입니다.

매력 없는 여자를 보면
손해 봤다고 생각한다

〈끝없는 욕망〉

〈도둑맞은 욕정〉 더빙 때 이미 〈소설신초小說新潮〉에 실린 「끝없는 욕망」을 제재로 숙덕숙덕 기분 나쁜 영화를 만들고 싶은 마음이 굉장히 있었어. 오쓰카 가노大塚和 프로듀서가 가져다준 제재지. 시나리오는 야마노우치 히사시山內久 씨와의 작업이고. 도중 위궤양으로 쓰러지기도 했지만 전에 두 편 연습도 했고 촬영도 즐겁고, 나 스스로 꽤나 마음에 드는 작품입니다. _『이마무라 쇼헤이의 영화』

감독은 원래 대식가지만 힘쓰는 일 때문에 배가 견딜 수 없이 고파서 폭식에 가까웠다. 마지막이 가까웠을 때, 밤 축제 군중 로케이션 촬영 때 스시집에 뛰어 들어가 엄청 먹고 다음 날 위가 찢어져서 쓰러져버렸다. 쓰러져도 병원에서 들것으로 실려 와 연출한다. 호령을 못하니까 나한테 시켜놓고 안달복달을 한다. 신경을 긁어봐야 또 위에 좋지 않으므로 이쪽도 마력을 내보이는데, 여하튼 모스키토급이라 생각하는 것까지 스케일이 작아서 무엇에 대해서든 위력이 떨어진다. 도리가 없으니 그저 끈질기게 매달리는 식으로 대항한다. 제작부에서는 "도깨비 이마헤이, 살무사 우라야마"라며 싫어했다. _영화감독 우라야마 기리오

〈끝없는 욕망〉 대본 읽기 연습을 할 때 와타나베 미사코渡辺美佐子가

들어와서 손을 들고 말이야, 제 역은 아무래도 좀 다른 거 같다고 하는 거야. "감독님 기분으로는 진짜로는 누가 좋나요? 누군가 괜찮은 사람이 있는 거 아닌가요?"라고 해. 어쩔 수 없어서 "안 되지, 진짜라면 너로는. 야마다 이스즈가 여기 온다면 말이야, 야마다 이스즈가 좋다고 말했을걸" 하는 식으로 얘기했어요. 그 얘길 하기도 좀 창피했지만 말이지. 그녀는 경악한 모양입니다. 그래서 나중까지 그 얘기를 하는 거예요. 언제까지고 언제까지고. 다른 여배우의 이름을 올리면 그야 유쾌하지 않기는 하겠죠. 매력원문에서는 이로케色気라는 단어를 쓰고 있다. 이 단어는 좁은 의미로는 색태色態, 성적 매력을 의미하지만 여성, 더 나아가 사람에만 한정된 것이 아니라 폭넓은 의미의 멋, 매력의 뜻을 내표하는 맥락으로 많이 사용된다. 우리나라에서 쓰는 '섹시하다'와도 통하는 부분이 있다 같은 게 부족해서 그래요. 전혀 없다고 해도 좋아. 그러니까 나는 불쾌했어요. 일거수일투족이 말이지, 매력 없는 여자를 보면 아무래도 손해 봤다고 생각한다 이거죠.

(…) 동시에 〈끝없는 욕망〉에 나오는 쓰루미가와鶴見川, 〈인류학 입문〉에 나오는 오사카의 호리와리掘割 등 쥐의 시체가 떠다니는 개천의 오염 문제도 생각난다. 어느 쪽이든 고도성장 한가운데서, 크고 작은 공장에서 온갖 독소가 하천을 향해 마음껏 배출되던 시기가 있었다. 쓰루미가와에서는 라스트의 폭풍우를 만들려면 대량의 물이 필요했는데 소화전의 물로는 아무리 해도 충분치 않아서 강에 호스 끝을 꽂고 바로 빨아올려 비를 뿌렸다. 여주인공은 와타나베 미사코였는데 딱하게도 그 오수를 제대로 뒤집어쓰고 본 촬영 중에 속이 안 좋아져서 촬영을 일시 중단한 일이 있다. _〈생활의 수첩暮らしの手帖〉 1990년 8월 호

이건 후지와라 신지의 원작입니다. 『붉은 살의』도 그렇습니다만, 읽

기는 했어도 그다지 좋아하지 않아. 신주쿠에서 내가 마시러 가는 가게 옆집에서 그가 마시고 있었지. 나는 거의 신주쿠에서 생활하고 있었으니까 자주 눈에 띄는 거예요. 저게 유행 작가 후지와라 신지다, 라고.

초기에는 그때까지 아무도 하지 않은 걸 하자는 식으로 다소 의식 안 한 것도 아니었어요. 대단찮긴 하지만, 와이드스크린의 경우 상하가 모자라서 화면을 무리해서 절반으로 나눠 절반은 구덩이 위, 절반은 구덩이 안을 비추는 등을 했어요.

상영 시간은 점점 길어졌어. 〈끝없는 욕망〉은 102분. 회사로서는 바람직하지 않겠지만요. 〈일본 곤충기〉처럼 두 시간 넘는 영화는 배급하는 측이 기뻐하지 않지만 이건 뭐, 어쩔 수가 없는 거라서요. 〈붉은 살의〉는 150분입니다. 일본 영화로서는 특이하게 긴 편에 들어가지. 조금 더 길게 하고 싶었어. 언제나 그래요. 조금 더 조금 더.

오디션도 했습니다만 〈끝없는 욕망〉까지는 공동 대기실에서 대기 중인 사람들 중에서 조금 특색 있는 사람을 골라서 조감독이라든지 누가 데려옵니다. 그 안에서 재미있다 싶은 사람을 고른 것인데, 공동 대기실 안에서는 오디션 같은 걸 했습니다만 배역이 있고 이름이 나온다 하는 사람 중에서는 안 했었지 싶네.

나한테 문부대신상 같은 걸 쥐도 괜찮은가

〈니안짱〉

〈니안짱〉이 벌써 다음 해라서 꽤나 서둘러서 찍었어요. 이건 내 작품 중에서는 이질적인 느낌이 들지도 모르겠네요. 하지만 문부성 추천이니 하는 건 나중에 따라오는 것이지 〈니안짱〉을 찍으면서는 마음속에 그런 것은 전혀 생각하지 않았어요.

시나리오에 쓸데없이 엄청 시간을 썼어요. 원작이 일기에 실화이기 때문에 악인을 등장시키면 곤란하다는 둥 이런저런 주문이 있어서 좀처럼 대본이 되지 않아 고생했습니다. 이케다 이치로池田一朗 씨와 짝을 이룬 시나리오입니다. 우라야마 기리오 군과 컨스트럭션을 세우기도 했습니다. 로케이션헌팅을 갔다가 현지에서 돈이 떨어져서 한번 돌아왔다가, 다시 우라야마 군에게 새로 얘기해달라고 하기도 했죠. 지금까지 욕정이네 욕망이네 해놓고 이런 청순한 이야기는 한 적이 없어서 쑥스럽고 낯간지러운 기분이었습니다.
_〈키네마준포〉 1963년 10월 상순 호

로케이션 장소는 사가佐賀하고 나가사키 사이에 있는 작은 탄광인데, (채굴 시에 나오는 돌 등을 쌓아둔) 돌무더기 같은 것도 쌓이지 않고 늘 낮은 채라고 해요. 상당히 좋았어요.

탄광 마을의 조선인 노동자를 찍는다. 원작은 베스트셀러라서 그쪽에 눈길이 빼앗겨 있으니까, 자이니치在日재일조선인 문제가 얽혀 나올 수밖에 없다는 걸 주위에서는 그다지 깨닫지 못하고 있었지. 〈니안짱〉은 애초에 회사의 기획이었어요. 이것에는 이마무라 쇼헤이가 괜찮다고 생각했던 거겠죠. 착각이었네요. 맨 처음엔 각본을 이케다 이치로가 썼어요. 흔적도 없어졌지만요.

아역을 이렇게 쓴 건 그때까지도 그 이후도 없어. 선발할 때는 큰일이었지. 수영장에 데려가 헤엄쳐보라고 해서 신나게 헤엄을 쳤어요. 제일 깊이 잠수하거나 까불거나 여력이 있는 아이를 골랐습니다.

나는 조선인 영화를 만들겠다고 생각했어. 재일조선인은 납작하게 눌려서 찌그러든 것 같은 인생관을 갖고 있어. 그걸 찍고 싶었어. 그런데 일본의 비평가가 재미없다고 해. 라스트는 돌무더기에 올라가서 끝이 나. 그렇게 끝나서 만족스럽지 않대요. 나 스스로도 좀 더 밀어붙이는 게 부족하다고 생각했어요. 나중에 그 실패를 〈큐폴라가 있는 마을〉의 시나리오에서 만회하고 싶다고 생각한 겁니다. 무리 속에 들어가면 시시한 일이어도 즐겁다든지 말이야, 마실 수 있어서 기쁘다든지 하는 바보 같은 게 왕창 있잖아요, 그 바보 같은 걸 열심히 찍은 겁니다. 그런 면을 보는 게 아니라 재일조선인의 이야기다 하는 눈으로 보면 별로 재미가 없거나 바람직하지 않아 보이겠죠. 조금 더 심각한 건 심각하게 받아들일 필요가 있다고 생각했어. 그래서 한동안 가와사키에 갔어요.

촬영 끝나고 한참 지나고서 촬영소장한테서 전화가 왔어. 문부대신상을 받았다고. 엇, 하고 놀랐지. 나한테 문부대신상 같은 걸 줘도 괜찮은가 싶은 기분이었다고. 영화도 히트했어. 당시로도 드물 만큼 히트했지.

더 모자라고 더 의지가 없는
녀석을 그리고 싶었다

〈돼지와 군함〉

〈돼지와 군함〉까지는 1년 이상 시간이 비었어. 시부야의 난페이다이南平台에서 어느 유행가 작사가가 여자에게 운영을 맡긴 여관에 계속 묵으면서 대본을 썼지. 거기가 기시 노부스케岸信介우익 관료로 태평양전쟁의 A급 전범이며 아베 신조의 외조부. 총리대신을 비롯해 주요 관직을 역임하며 '쇼와의 요괴'로 불렸다 저택 앞이라 비좁은 길에 학생이 몰려들었지. 신문기자 등이 맨날 전화를 빌리러 오곤 했어. 그런 속에도 친구가 있어서 "너 이런 데서 뭐 하고 있느냐" 하는 소리를 들어. 각본 쓰고 있어서 고생하고 있다고 말하지. 나도 안보에 대한 관심은 무척 있었습니다만 국회 주변에 가버리면 도저히 시나리오 같은 건 쓸 수 없게 되어버려.

그때 쓰고 있던 게 〈돼지와 군함〉. 여러 편을 병행해서 끝내거나 하는 일은 없고, 언제나 한 편밖에 쓰지 않았지. 그동안은 영화를 안 찍고 있는 거니까, 어떻게 생활하고 있었더라. 여관비는 회사에서 나오지만 아무것도 안 하고 있었어요. 한동안은 아르바이트로 가정교사를 해서 연명하고 있었네요.

〈돼지와 군함〉 촬영은 1960년에 접어들고 나서. 시나리오를 만드는 속도는 이 무렵부터 점점 빨라집니다. 여하튼 연 단위니까요.

각본에서는 고생할 만큼 고생했어요. 고생하는 편이 좋은 거야, 지금 고생하는 건 나중에 즐거움이 될 거야, 그런 생각으로 각본을 쓰는 일이 많습니다. 각본에서 소홀히 한 곳은 현장에서 반드시 고생이 되어 돌아오니까요. 아무리 해도 이미지가 새하얀 곳이 몇 군데 있었는데, 그래서야 현장에서 어떻게 찍으면 좋을지 알 수가 없지. 각본은 써지는 대로 그냥 쭉 써나가면 각본 같은 모양이 되지만 현장에서는 하나하나 빈틈없이 딱딱 정해가지 않으면 안 되니까요. _『이마무라 쇼헤이의 제작 현장』

요코스카에는 나도 오랫동안 살고 있었으니까요. 이번에 총리가 된 고이즈미 군고이즈미 준이치로小泉純一郎 전 수상도 요코스카 출신이잖아. 그러니까 다소는 그리운 기분도 들어.

당시는 때마침 말이야, 돼지고기값이 심하게 올랐어. 그걸 목격하고는 주둔군이 버리는 잔반을 불하받아서 그걸로 돼지를 사육한다는 야쿠자가 있어. 그런 뛰어난 발상을 하는 녀석이 있으니 시나리오로 만들면 재미있을 거 같았지.

쇼와 32년1957년 매춘방지법이 성립한 해, 요코스카를 무대로 〈돼지와 군함〉이라는 영화의 시나리오를 쓰고 있을 때 당시 아직 건강했던 오즈 야스지로와 노다 고고野田高梧 선생이 입을 모아 "그대들 뭘 일부러 좋아서 버리지만 그리나?"라고 말씀하셨지. 그때 결정했다. '나는 죽을 때까지 버리지만 그린다.' 〈가라유키상〉

각본에 내 이름이 들어 있지 않은 건 편의를 따른 것이지 들어 있어도 이상하지 않아. 여기는 야마노우치 히사시 씨 한 사람 이름으로 해두자, 그렇게 됐어.

요시무라 지쓰코를 찾아낼 때까지가 큰일이었어. 내가 끄집어냈지.

아시노코芦ノ湖에 수상스키를 하는 여자아이가 있는데 아주 괜찮다는 소문이 있었어. 배우과 사람들이 우연히 놀러 갔을 때 봤는데 굉장히 좋다는 거야. 누구로 할지 무척 어려움을 겪던 터라 조금 찾아봤더니 여자 미술대학의 부속여학교인지에 있다는 걸 알게 됐지. 만나러 가는 편이 좋겠다고 해서 학교에 갔더니 담임선생이라는 게 나온단 말이지. 그 사람도 좀 괜찮은 거야. 어느 쪽으로 할까 하고 망설였지. 결국 지쓰코로 했어. 선생한테서는 지쓰코의 수업에 지장이 없도록 조정해달라는 조건을 제시받았어요. 부모를 설득하는 것도 큰일이었네요. 언니인 요시무라 마리芳村真理는 이미 데뷔를 했는데, 언니 이미지도 있고 조금 육감적이고 괜찮은 여자라고 생각했네.

정말로는 더 모자란, 더 의지가 없는 녀석을 그리고 싶었어. 노동자의 거리에 나가봐야 결국엔 여급이 되겠지. 하지만 의지가 있다면 그 소녀의 앞일은 안심할 수 있는 겁니다. _『이마무라 쇼헤이의 영화』

다른 캐스팅도 간단하지는 않았어요. 나가토 히로유키는 자기가 나올 거라고 생각하고 있었던 모양이야. 단바 데쓰로丹波哲郎가 웃겼지. 스틸은 사이토 고이치斎藤耕一. 좋은 스틸이야. 이 무렵 유지로이시하라 유지로石原裕次郎 영화가 시작돼서 사이토는 처음엔 유지로 쪽에 가 있었어. 하지만 재미없다고, 이마무라 팀이 재미있어 보이니까 시켜줘 하고 왔다는 거 같아요.

예산도 고생을 좀 한 모양이고. 닛카쓰 생활도 많이 자연스러워졌으니까요, 이마무라한테 귀찮은 소리를 자꾸 해봐야 도리어 손해라는 걸 회사 측도 조금은 알게 되었을 텐데 〈돼지와 군함〉에서는 억지로 예산을 뚝 하고 끊어버린 일이 있습니다. 갑자기 더는 없다는 거야. 탈주 신을 찍으려던 때예요. 반대편에서 여자들이 우르르 쏟아져 내려온다, 사세보에서 왔다 하는 설정이죠. 그 한가운데를 지쓰코가 빠져나가서 가와사키에 가려고 하지. 하지만 어떻게 봐도 여자들이 그다지 불량스러워 보이지 않아. 마음에 들지 않아서, 여기 하루 더 머물며 분발해서 불량스러운 부분을 보여달라 얘기를 했더니 말이야, "감독, 그건 무리예요"라면서 이틀째는 이제 없다고, 돈이 없다고 그러는 거야.

돼지도 큰일이었어요. 여럿이 많이 있는 데서 단체로 한꺼번에 빌리자고 생각했지만 그런 식이라면 예산이 부족해. 열 마리나 스무 마리 정도를 사육하는 작은 곳이 싸다는 둥의 얘기가 있어서 그런 양돈장들에서 빌려 모았어. 그래서 돼지를 트럭에서 풀어놓으면 썩 빠르지는 않아도 확실히 달려. 하지만 양돈장들로부터는 달리면 근수가 떨어지니까 장거리를 뛰게 하면 곤란하다는 소릴 들었지.

> 야쿠자를 돼지로 봅니다. 그 돼지가 진짜 돼지에게 유린당하는 것에서 의미를 찾아내고 싶었어요. 하지만 돼지는 사랑스럽고, 평화적이고, 세트를 씹어서 흩어놓기는 해도 야쿠자를 짓밟지는 않더군. _『이마무라 쇼헤이의 영화』_

이 영화는 비교적 빨리 미국에 팔렸어. 그래서 옛날에 미국에서 봤다는 사람이 있지. 상당수의 영화인이, 저명한 감독들이 봤다는 소문이 있었어. 그중에 누군가 나를 만나고 싶어 한다는 얘기가 있었지만 귀찮기도 하고 중학생의 가정교사도 하고 있었기 때문에 바빠서 싫다고 거절한 일도 있지.

> 야마노우치 히사시 씨와 같이하게 된 것이 기지의 야쿠자 얘기였다. 처음에

는 작은 이야기로 시작했지만 점점 요코스카 부근 일대로 스케일을 넓혀 큰 이야기로 만들자고 야마노우치 군이 얘기를 꺼내서 요코스카에 가서 조사를 시작했다. 대본을 쓰고 있을 무렵 신문사 사람과 만나 얘기하던 중에 "돼지와 군함"이라는 제목이 붙었다. _〈키네마준포〉 1963년 10월 상순 호

한번은 매스컴 사람이 와서 "제목은 뭡니까?"라는 거야. "돼지와 군함이야"라고 말한 기억이 있어. 그때 타이틀이 정해졌지. 진짜 대충 붙였어. 마지막까지 정해지지 않다가 그런 식으로 당돌하게 정해졌어. 그랬더니 아사쿠사의 소극장 지배인이 "감독, '돼지와 군함'은 정말로 곤란하단 말이야"라고 말해. 왜 곤란하냐고 했더니 "돼지라면 희극이 잖아요" 그러더군. 딱히 희극이라고 정해져 있는 건 아닌데 말이지. 군함이라면 굉장히 진지하고 묵직한 감이 들어. 어느 쪽일까 생각해서 손님이 발길을 멈추지만 다들 돌아가버린다는 거야. 그런가, 하며 웃었던 기억이 있어요.

한 인간을 철저히 조사해
대본을 만들어본다

〈일본 곤충기〉

나도 당연히 미국 영화의 영향을 받고는 있는데, 일단 감독이 되어 기획을 내자고 할 때 미국적인 것에 편향되기는 싫었어요. 그래서 뭘 실마리로 할까 생각하다 야나기다 구니오柳田国男를 떠올렸어. 서민문화론을 축으로 삼아 거기서 현대가 어떻게 보이는가 하는 취재 방식으로 두세 편 찍게 됩니다. 민속, 토속, 이민異民에 대해서는 상당히 초기부터 의식하고 있었어요. 야마무라공작대 같은 이야기도, 야나기다와 직접은 이어져 있지 않지만 그래도 산의 민주주의 같은 게 이미 형성돼 있다고 야나기다 구니오도 어디선가 설명하고 있었죠.

〈돼지와 군함〉이 끝나자 역시 300~400만 엔쯤 예산이 오버돼 프로듀서는 시말서를 쓰고, 나는 이후 3년 정도 작업 배당을 못 받고, 근소한 계약금을 받기는 했어도 밀려난 것이다. 어쩔 수 없이 나는 아내와 나이 어린 두 아이를 데리고 도카이도의 미시마에 옮겨 가 살았다. ⎯「불량한 늙은 촬영소장과 사건 내 영화 반생」

과연 힘들었지만 그 무렵 촬영소장의 권유로 이시자카 요지로石坂洋次郎 씨와 만난 일이 있다. 내가 그다음 만들고 싶다고 생각한 〈일본 곤충기〉 얘기를 했더니 "재미있잖아, 이봐"라며 소장 쪽을 본다. 그는 떨떠름한 얼굴을 하고 있었다. 아무튼 그 사람 덕에 나는 영화를 찍을 수 없었던 거니까. ─〈키네마준포〉 1992년 9월 상순 호

그다음 간격은 햇수로 3년. 게으름 피우고 있었네. 〈큐폴라가 있는 마을〉은 쓰고 있었지만. 이 시기 외부 감독님 걸 쓰고 있었지. 아르바이트라고 생각해서 열심히 썼어. 〈사무라이의 아이〉도 와카스기 미쓰오若杉光夫 감독한테서 의뢰가 있었던 것. 미나미다 요코가 나왔던가. 내가 쓰게 된 건 그런 배우들의 추천 덕도 있었을 거라고 생각합니다.

시나리오를 써도 그때 돈이 된 것은 〈큐폴라〉뿐이었습니다. 그것도 프로듀서 오쓰카 가노 씨에게 값이 깎여 조금밖에 못 받았어요. 당시 나는 아직 닛카쓰의 전속으로 달에 3만 엔의 수당을 받고 있었지만 아이는 늘지, 그것만으로는 정말로 최저 생활밖에 할 수 없었습니다. 하지만 오쓰카 씨가 돈페이집 돈페이야키とん平燒き를 내는 대중 술집. 돈페이야키는 오코노미야키 같은 철판 요리의 한 종류 같은 데서 마시고 먹고 대접을 해줬던 것이 무척 고마웠지. 먹는다는 건 내게 대단한 매력인 거예요. ─「이마무라 쇼헤이전」, 『세계의 영화 작가 8』

〈붉은 살의〉와 〈일본 곤충기〉의 완성된 시나리오를 가지고 프로듀서와 함께 회사에 영화화를 필사적으로 종용했어요. 그래서 할 거면 〈곤충기〉를 하라는 말을 들었죠.

닛카쓰의 기획 쪽 사람이 도메とめ 씨하고 친해요. 미나미센주南千住에 있는 여관의, 손님을 접대하거나 하는 그런 장소에 있던 여성인데, 그런 김에 나도 좀 놀아야지 하는 태평한 마음으로 아르바이트 내팽개치고 미나미센주에 이따금 놀러 간 시기가 있어요. 그래서 그 도메 씨라는 사람이 여러모로 연구해보고 싶어져서 그녀를 끌어냈습니다.

그녀가 일이 있으니 마구잡이로 끌어내서 어딘가 여관에 처박아두는 건 좀처럼 할 수 없어서 메이지 신궁의 회화관 돌계단 있는 데서 긴 시간 취재했죠.

한 인간을 철저하게 조사해 거기서부터 대본을 만들어보는 방법이 있다고 생각했지. 그래서 매춘 알선업을 하는 40대 여자를 하나 찾아내서 그녀를 철저하게 살폈어. 그런데 현실이 굉장히 재미있어서 그걸 어떻게 시나리오로 만들지 엄청 고생했지. 그게 〈일본 곤충기〉로 쇼와 36년1961년 5, 6월경 대본을 마무리하고 장마 때 회사에 제출, 그 즉시 차여버렸어. 〈파라지パラジ〉 다음에야 겨우 햇빛을 보았지. _『이마무라 쇼헤이의 영화』

도메의 삶의 방식은 그대로 일본 여자의 삶의 방식의 한 전형이다. 소박한 시골 처녀였던 그녀가 점점 거칠어지고 비인간화해가는 과정을 냉철히 직시해 현대의 일본인이 가지고 있는 기질이 어떻게 형성되었는지를 탐구해보고 싶다. _〈마이니치신문〉 1963년 11월 5일 석간

천체의 별은 커다란 별도 작은 별도 서로가 인력으로 끌어당겨서 제일 좋은 거리를 지키고 있는데, 그런 구성의 시나리오가 좋은 시나리오로 여겨지고 있습니다. 그런 틀을 깨고 사실만, 결과만 늘어서 있는 것 같은, 앞의 신과 그 다음 신이 이어지지 않고 사고파는 일도 없는 것 같은 미끈한 시나리오를 만들어보고 싶다. 그렇게 생각한 겁니다. _〈키네마준포〉 1963년 10월 상순 호

극히 초기의 〈더러움 없는 창부〉를 썼을 때부터 그런 사람을 다루고 싶다고 생각했어. 이게 〈키네준〉〈키네마준포〉에서 1위가 되고 나서 주위의 눈이 조금은 변하지 않았나 싶어요. 대체로 바보 취급을 받고 있

었거든. 가난뱅이라고 생각들 하고 있었고 말이지.

배우가 연기하는 걸 롱숏으로 찍는 것은, 개개인을 드러내 보인다든지 그리고 싶다는 이유도 있네요. 사사키 스미에佐々木すみ江라는 사람은 아직 건강하군요. 당시도 어지간히 할멈이었어. 가와즈 세이자부로河津清三郎라는 사람도 좋았어. 하루카와 마스미도 이때가 처음. 전부터 니치게키日劇도쿄 지요다구에 있던 일본극장日本劇場을 줄인 말의 무대로 접해 알고 있었습니다. 발군이었어요. 육체도 그렇고 존재감도. 연기가 어떨지 걱정했습니다만. 그녀가 어디까지 연기하는지 봐야겠다는 마음은 있었어요. 몇 사람을 만나보니 역시 하루카와가 괜찮다고 생각했어.

〈돼지와 군함〉 때는 호노 가요코炎加世子 같은 사람도, 아사쿠사에 자주 연극을 보러 다니며 언뜻 나오는 걸 보고 굉장히 괜찮은 여배우라고 생각해서 쓰고 싶었어. 오시마 나기사가 〈태양의 묘지太陽の墓場〉에서 쓴다길래 그 시나리오를 봤지. 호노 말고는 생각할 수 없는 역이라서 그길로 결단을 내리고 2개월 동안 다른 여배우를 찾기 시작한 일도 있지. 미국 영화 같은 건 별로 안 봐도 연극은 자주 봤습니다.

> 예를 들어 로케이션 촬영을 하는 경우 긴자든 시부야든 이미 알고 있는 화려한 풍경을 넣지 않으면 그 장소를 표현할 수 없다는 생각은 틀린 겁니다.
> _〈키네마준포〉 1964년 2월 상순 호

이 무렵은 전편 로케이션이었는데, 로케이션이 버릇이 돼버려서 말이야. 세트는 사용하고 싶지 않다고 생각했어요. 세트는 뭔가 거짓말 같다는 기분이 들어서요. 로케이션헌팅에도 꽤나 시간을 썼지. 애프터레코딩도 거의 없고 동시녹음입니다. 그 언저리나 그 뒤의 다큐멘터리와도 연결되는 점이 있지.

〈일본 곤충기〉를 촬영하는 동안 생각한 것은, 영화라는 건 어떻게 찍든 정해진 방법은 없는 게 틀림없다는 것. 하지만 우리처럼 영화 회사에서 성장한 이들은 어떤 방법이 몸에 배었어. 어떻게든 그렇지 않은 방법을 찾아내고 싶었지. 그래서 올 로케이션이라는 방법으로써 세트 촬영의 편리함을 버려보았어요. 애프터레코딩의 편리함도 원칙적으로 버렸고. 이 영화는 전부 실제 건물과 장소에서 촬영하고, 무선마이크를 써서 동시녹음하고 있습니다. 조금 소리가 나빠도 괜찮아. 숨결까지 잡히는 무선마이크의 효과가 재미있어요. (…) 물론 세트나 애프터레코딩보다 찍기 어려운 조건은 많지. 하지만 지금까지 너무 찍기 쉬웠다고 생각하면 어떤 식으로든 찍지 못할 리는 없어요. 고생을 할 뿐, 거기서부터 새로운 방법이 반드시 손에 잡히지. 이 방법은 스태프와 연기자에게 새로운 방법과 씨름할 의욕을 북돋웠고 좋은 결과를 이뤄냈다고 생각해요. 나 자신도 렌즈 워크를 이 정도로 생각해본 적은 없었고, 콘티뉴이티도 상투적이었던 데서 크게 전진했죠. _『이마무라 쇼헤이의 영화』

로케이션 촬영을 통해 상당히 진실하다고 느껴지는 연기를 발견해내고 싶다는 생각을 하고 있는 거죠. 대본 읽기 연습을 충분히 한 뒤에, 해 질 녘 시장 보러 나온 사람들이 넘쳐나는 기다란 길에 모녀를 던져 넣고서 그다음은 자유롭게 해달라고 얘기했지. 그래서 해보니 꽤 괜찮은 거예요.

오즈 씨의 소학생이 똑바로 걷는 것하고는 다른, 그렇게는 되지 않는 방식. 주연이 보이지 않기도 하는 거죠. 그래도 오케이를 할 수 있지. 하지만 그런 것을 단정적으로 판단하려면 굉장히 용기가 필요해. 지금 걸로 오케이라고 좀처럼 말할 수 없어요. 오즈 씨 같은 사람은 절대로 말하지 않을걸.

못난 여자가
자기주장을 하기 시작한다

〈붉은 살의〉

〈붉은 살의〉의 제목을 보고 회사가 액션물이라고 생각했는지 기획 회의도 통과하고 쇼와 35년1960년 2월 무렵에는 대본도 완성되었습니다만 결정고 대본 읽기 연습에서 안 된다고 차였습니다. (…) 지금 읽으면 이 시나리오는 너무 필요 이상으로 잘 정리되어 있고 (…) 웰메이드의 거짓이 느껴져요. 무대에서 〈파라지〉를 연출한 경험으로 통감했습니다만, 분위기로 흘러가는 영화는 어차피 테마를 호소하는 방식이 논리적으로 축적되지 않아. 〈일본 곤충기〉를 찍을 때에도 노력한 것은 이 몸에 밴 영화적 처리법을 끊어내는 것이었어요. 〈돼지와 군함〉과 〈일본 곤충기〉를 경험한 눈으로 다시 한 번, 과도하게 잘 만들어진 이 대본을 갈기갈기 부숴버리는 중입니다. ―〈키네마준포〉 1964년 2월 상순 호

〈일본 곤충기〉의 하루카와를 잘 살린 작품이기도 합니다. 이다음 몇 년인가 지난 뒤에 하루카와 마스미를 쓰고 싶다고 생각한 일이 있었지. 하지만 그 사람은 너무나 〈붉은 살의〉의 그 사람이더군요.

설산雪山 신에서는 "하루카와 씨, 무리해서 걷지 않아도 돼. 짚신 같은 걸 신어도 상관없어" 하고 얘기했는데 "아니요, 저는 이대로 괜찮습니다" 하며 맨발로 걸었어.

도서관 직원인 남편의 외도 상대가 역 앞에서 차에 치여 공중에 뜨

는 장면 같은 것도 군중 속 촬영이라 큰일이었지. 인형을 매달고 쿵 하고 치었단 말이야. 그랬더니 그녀가 갖고 있던 카메라가 괜찮은 자리에 떨어졌어요. 신나서 오케이를 했습니다만.

나 스스로는 〈붉은 살의〉가 제일 좋아요. 라스트에 점점 다가가서, 하루카와 마스미라는 못생기고 커다란 여자가 뭔가 자기주장을 하기 시작하는 부분이 마음에 듭니다. 싫어하는 작품은 별로 없지만 〈니안짱〉은 별로 좋아하지 않아요. _〈신초45新潮45〉 별책 1998년 2월 호

〈붉은 살의〉라는 영화가 내 대표작쯤 되는데, 전중전후戰中戰後 미국에게 강간당한 일본을 그리려는 심한 모험이었다. 어느 어리석은 주부와 그 집에 번번이 들이닥치는 심장병 걸린 강도를 주인공으로 삼아 그린 작품이다. 강간을 당할수록 강해지는 여성의 진실을 알고 싶었다. 육체의 표층은 범해져도 깊은 속의 핵은 결코 깨지지 않는 자신을 발견하는 이야기다. 관리직에 폭군인 남편과 자신, 그리고 그녀를 하나의 어엿한 인간으로 인정하지 않는 시어머니와 자신의 입장을 질금질금 역전시켜버리는 여자. 센다이를 이 드라마의 무대로 설정했기 때문에 미야기, 이와테, 아오모리를 중심으로 여러 가지로 조사하며 돌아다녔다. "이 지방에 몇 번이고 강간당해도 꺾이지 않고 계속 굳건한 여자가 있습니까? 그런 사건은?" 하고 신문사 등에 묻고 다녔지만 "그런 사건은 없네요"라는 대답이었다. 당연하다. _「안고와 나와 청춘」

이건 후지와라 신지가 쓴 메이다이마에明大前도쿄 세타야구에 있는 게이오 전철의 역 이름. '메이지대학 앞'이라는 뜻 배경의 이야기입니다만, 도호쿠에는 그저 내가 좋아하는 곳에 갔을 뿐이지. 야나기다 구니오의 서민 문화적 시각에 홀딱 반해 있었으니까 말이야, 시골에 대한 강한 동경이 있었

어. 에도 라쿠고에서 시골이라고 하면 도호쿠야. 틀림없이 도호쿠라고 생각하고 있었지. 그러니까 초기에는 도호쿠 지방을 무대로 한 영화가 압도적으로 많았던 겁니다. 그래서 북쪽의 농민들과 친분이 있었는데, 이 사람들은 언제 놀까 하고 관찰해보면요, 도호쿠 농민은 놀질 않아요. 아무튼 일을 해. 하지만 틀림없이 놀 거라 생각해서 이렇게 저렇게 질문 같은 걸 해보지. 이게 오키나와 쪽 사람이라면 꽤 놀거든. 산신三線오키나와의 전통 현악기 연주를 하거나 하면서.

저건 더 이상
방도가 없다

이마무라 프로덕션

이마무라 프로덕션의 설립 동기는 영화 회사, 배급 회사에 아주 진절머리가 난 것, 그게 다입니다.

〈붉은 살의〉 때 조감독 중에 Y 군이라는 사람이 있었는데 그 사람이 조합의 이사였습니다. 필름을 운반해 온다든지 그런 일을 했죠. 조합에서 약간의 리더 격으로, 조합과의 사이를 이렇게 저렇게 연결하며 상당히 고생해주었다는 기억이 있어요.

하지만 조합 운동이 융성했던 시기니까요, 점심 휴식은 기차를 내려서 하겠다는 둥, 갈아타더라도 점심 휴식을 제대로 갖겠다는 둥 그런 융통성 없는 태도로 조합 운동을 하고 있던 모양이야. 바보 같으니까 적당히 하는 게 어떻겠느냐고 말했지만, 그냥 어영부영 친한 사이로 잘 버텨주었죠. 하지만 〈일본 곤충기〉나 〈붉은 살의〉 때부터는 나도 이제 그런 거 아무래도 괜찮아 하는 식이 돼서 독선적으로 일처리를 해버렸단 말이지. 그래도 조합과는 어딘지 모르게 이어져 있었어.

회사는 예산이라든지 스케줄을 설명하는데 얘기를 들어주지 않는 거예요. 그래서 스스로 하는 수밖에 없었죠. 〈붉은 살의〉 무렵에도 회사가 캐스팅에 관여하는 일 따위가 물론 있었는데, "하루카와라며? 에이, 뭐야"라면서 다들 깜짝 놀랐지. 그 무렵은 5사 협정다섯 개의
대형 영화사(쇼치쿠, 도호, 다이에이, 신토호, 도에이) 간에 1953년 맺어진 협정. 전속 감독과 배우의

스카우트를 금지하고 종전의 관행이던 빌려주기를 폐지하는 내용이다. 1958년 닛카쓰가 동참해 6사 협정이 되었다가 1961년 신토호의 도산으로 다시 5사 협정이 되지만 텔레비전의 대두 등으로 영화 산업이 사양길에 접어들자 전속 시스템은 붕괴했고, 1971년 주도자 격이던 다이에이의 도산을 기점으로 협정은 자연 소멸했다.이 깨져 있었으니 각 회사로부터 이름 있는 여배우들을 쓸 수 있었거든. 그래서 하루카와라는 얘길 듣고 다들 기겁을 했지만, 대본 읽긴가 뭔가를 하던 중에 "과연" 하고 납득하지 않을 수 없었던 모양입니다.

하지만 스스로 프로덕션을 세우는 건 실제로 해보니 상당히 큰일이었지. 그래도 회사하고 알력은 없었어. 어쩔 수 없다고 할까, 단념했죠. '저건 더 이상 방도가 없다' 하고 절반은 버려져 있었으니까.

많이 조사하느라 너무 나가서 탐정 회사같이 됐어요. 조수 일을 하는 사람들은 호적등본을 떼다놓고 "시나리오네요"라더군요. 호적등본을 보니 굉장히 재미있어요. 어떤 사람의 과거를 조사하려고 호적을 보고, 그 사람이 정착한 발자취를 제1고에서 제2고로 끝도 없이 계속 작업했습니다. 이걸 "호적 놀이"라고 부르고 있죠. 기층 사회를 계속해서 조사해요. 〈일본 곤충기〉 때는 매춘부와 매춘 알선업자의 관계를 취재해서 썼더니 대학 노트 세 권이 됐어요. 듣고 기록하는 취재가 무척 재미있는 거죠. 그런데 이걸 캐스팅해서 영화로 만들려고 하면 전혀 다른 기분이 돼버려요. 이 취재한 것이 영화화되면 얼마나 재미있을까 생각은 합니다만. 줄거리를 쓰지 않아도 제대로 기층 사회를 맞닥뜨리니까요. _ 「이마무라 쇼헤이전」, 『세계의 영화 작가 8』

연출은 하지 않기로
약속하고

〈인류학 입문〉

〈인류학 입문〉은 미시마에 돌아가는 기차 안에서 원작을 펼쳤어. 통속문학
풍의 내레이션도 겉돌지 않고 재미있어서 단숨에 읽고는 '아, 이 녀석은 내
세계다' 하고 생각했지. 2, 3일 후 오자와 쇼이치가 닛카쓰로부터 기획을 내
라는 얘길 들었는데 뭔가 없냐고 하길래 꼭 이걸 가져가라고 대답했어요. 섹
스를 상품화해서 마구 팔아넘기고 다니는 녀석이 의사擬似 근친상간을 통해
발기부전이 낫느냐 마느냐 하는 이야기라 가져가면 어떻게든 될 거라고 무
책임하게 떠들던 중에 내가 하지 않으면 안 되는 처지가 되어 굉장히 고생했
죠. 에로 영화 작자들과도 꽤 많이 만났는데, 그 촬영 현장에도 참가했지만,
벌이도 시원찮으면서 땀 흘리며 열심히 하는 걸 보고 '뭐야, 나하고 똑같잖
아' 하고 생각했지. _『이마무라 쇼헤이의 영화』

그들은 사회 경쟁으로 지칠 대로 지친 남자들을 구한다는, 서구적인 원죄의
식으로는 납득 못할 논리성을 가지고 있다. 그 시원시원한 모습에 흥미를 느
꼈다. 왜 그들은 에로업자를 할까, 그것을 사회적인 확산 속에서 파악하고
싶다. _〈마이니치신문〉 1965년 12월 6일 석간

당시 닛카쓰의 영화에서는 오자와 쇼이치라든지 니시무라 고가 무
척 활약하고 있었지. 다양한 사람 중에서도 오자와는 캐릭터가 상당

히 재미있다고 해서 맨날 중역들 모임에서도 화제가 되었던 모양이야. 그래서 슬슬 오자와에게도 한 편 시키면 어떨까 하고 얘기가 된 모양입니다. 닛카쓰가 오자와를 주연 자리에 두고 영화를 찍어보자 판단하다니 닛카쓰도 상당히 달라졌어.

나는 우연히 〈문학계文學界〉인가 뭔가에 실려 있던 원작을 읽었어. 굉장히 재미있더라고요. 그래서 이제부터 조사에 들어가 오자와를 중심 삼아 해보자 하는 기분이 됐어요. 하지만 "각본만이야"라고 해서, 각본은 쓰지만 연출은 하지 않기로 약속하고 점차 진행해갔지. 하지만 내가 연출하지 않으면 안 된다고 수뇌부가 얘기한 모양입니다. 그러니까 도리가 없으니 해달라고 쇼이치에게 부탁을 받은 거예요. 친구가 그렇게 어렵고 힘든 상황에 있으니 '그렇다면 해볼까' 하게 됐지.

(…) 당시 아직 영륜지금의 영화윤리기구. 당시 명칭은 영화윤리관리위원회도 빡빡했기 때문에 다들 입 다물고 아무 말도 하지 않습니다. 전편全編의 에로를 어떻게 처리할 것인가 하는 질문을 받으면 나는 아무렇지 않은 듯이 그런 건 문제가 안 된다, 인간이 살아가는 것의 필사적임과 덧없음을 그리는 거니까 에로 같은 것에 지엽적으로 구애받지 말라, 신경 쓰는 당신들의 마음이 도리어 천한 것이다 하고 지껄였습니다. 그러다 네가 이걸 찍을 수 있느냐는 질문을 받으면 물론 찍을 수 있지만 나는 지금 다른 기획으로 바쁘다고 버텼지만 내가 지껄여놓은 게 있으니 억지로 찍게 되었죠. 동료인 오자와마저 회사 측에서서 압박을 하니 손발 다 들었어요. 게다가 스스로 인물을 만들어가다 보면 도중에 남의 손에 넘기고 싶지 않은 기분도 들잖아요. (…) 이래저래 하고싶은 일심으로 앞만 보고 달린 게 아닌, 나 자신의 결단성 없음이 이 영화에 투영되어 있는 것 같아요. 스부얀의 마음의 뿌리를 탐구해보거나, 추상적인 그림을 만들어보거나, 거꾸로 망원을 많이 써서 화면을 흐트러뜨리고 올 로

케이션으로 생활의 리얼리티를 그려보거나 했습니다. 그건 그것대로 좋다고
해도, 총체적으로 더 분방해도 좋았을 텐데 하고 나중에 느꼈습니다. 오자와
도 내심 주연상을 노리느라 너무 굳어 있었다고 생각합니다. 거리낌 없이 연
기하는 사카모토 스미코坂本スミ子 쪽이 도리어 좋은 점수를 딴 모양입니다.

_이와나미홀岩波ホール, 『영화로 보는 일본문학사映画で見る日本文学史』, 1979

이불에 누워 있는 걸 위에서 수조 건너로 찍거나 옆에서 수조 건너
로 찍거나 했지. 수조라는 것이 어려서부터 좋아요. 거기에 붕어를 넣
잖아요, 그러면 말이죠, 어느 쪽부터 담으면 좋을지 알 수가 없어. 붕
어도 담고 싶고 붕어 건너에 누워 있는 배우도 찍고 싶고.

블루필름성인영화 제작자들과 만나 알게 된 것은, 그들은 동료들 사이에서 누
구의 작품인지 바로 안다는 거예요. 나이 든 연출자와 젊은 작가의 의견 대
립도 꽤 있죠. '후키카에외화 대사 더빙 또는 대역 연기'라든지 '피칸구름 없이 아주 맑
은 날씨'라든지 활동사진업자 용어를 잘 알고 있길래 어디서 습득해 오는 거
냐고 물었더니 "거리의 영화관에서 공부해 온다" 하더라고요. 그런데 때마
침 거리에서 개봉하고 있던 나의 〈붉은 살의〉에 대해서는 한마디도 입에 올
리지 않는 거예요. 그들은 전혀 문제로 삼아주지도 않는 건가 하고 주눅이
들기도 했네요. _『이마무라 쇼헤이의 영화』

그 오자와 쇼이치가 기타무라 가즈오의 이야기를 하면 아주 재미
있어. 우리 중에서 제일 먼저 죽는 게 누구일지는 몰라도 마지막에 남
는 건 기타무라 가즈오라고 생각하고 있거든요. 만담풍의 말투로 "기
타무라 선생님, 옛날에 오자와 쇼이치라는 배우가 있었다고 합니다만
어떤 사람입니까?" 하고 묻곤 하는 거예요. 그게 엄청 웃겨요.

처음부터 세트를
철거할 생각은 아니었다

〈인간증발〉

다큐멘터리라는 수법은 그렇다 치고, 당시 인간증발이 상당히 유행이었어. 그래서 영화가 좀 저조한 상태니까 텔레비전에서 인간증발을 다뤄보자고 해서 경찰청에 가서 조사했지. 그 수가 대단히 많다길래 조금 더 조사해보려고 생각했어. 어떤 사람이 증발하고 찾는 사람은 어떤 사람인가, 증발에 대해 조금 공부하지 않으면 안 된다고 생각했어. 하고 있는 중에 〈스물네 명의 실종자二十四名の失踪者〉라는 텔레비전 프로그램으로 할까 생각했지. 그런데 막상 시작하니 보통 일이 아니더라고. 그럼 한 편의 영화로 만들면 어떨까 했지.

후카가와 근처에 가면 말이죠, 무심결에 기억이 나요, 이게. 지금도 네즈미, 그러니까 하야카와 요시에早川佳江라는 사람과는 왕래가 있습니다. 남들처럼 결혼해서, 생활을 위해 털실로 뜨개질을 하는데 베테랑입니다. 하지만 영화가 끝나고 나서는 단숨에 쓸쓸해졌겠죠.

주인공을, 진짜 주인공은 부재합니다만, 쫓는 이 인간은 좀 매력이 있는 편이 좋겠다고 생각했지. 하지만 사귀어보니 매력이고 뭐고 없어. 찍고 있는 중에 점점 변했지. 한편 이 사람은 찾고 있는 남성, 즉 오시마의 일이 이제 어찌 됐든 상관없게 되어버려요. 쓰유구치 시게루가 있으면 된다는 느낌이었지.

실은 그 마지막의 철거 뒤에 아직 얘기가 더 있어요. 규슈에서 온 청년이 있는데 말이지, 자기가 오시마 다다시라는 사람을 알고 있다고 얘기를 꺼냈어. 규슈에 가서 술 마시고 있을 때 옆자리에 있었다는 거예요. 하지만 하나하나 쫓아다녀서는 언제가 돼도 끝나지 않아. 결국 가짜 정보였지만요.

당신들이 얘기하고 있는 것은, 진실에는 진실하다는 실감이 틀림없이 동반된다는 얘기라고 생각합니다. 나도 진실이 뭔지 알 수 없지만, 이것도 하나의 진실이라고는 생각해요. 예를 들어 여기에 이런 세트가 있습니다. 천장이나 지붕은 없어도 어쩐지 제대로 된 방 안에 있는 기분으로 지금까지 이야기를 해왔잖아요. 당신들에게도 아마 방이라는 실감이 있었겠죠. 그런데 이것은 촬영소 스테이지 안의 세트일 뿐입니다. 실감 따위는 그다지 믿을 수가 없네요. 이건 픽션입니다. 오시마 군이 증발했다는 사실에서 이 같은 드라마가 전개되었지만, 이것도 자연스럽게 전개된 건 아니다 그거죠. 전개하려고 해서 전개된 거지. _⟨인간증발⟩ 라스트신

처음부터 세트 철거를 생각했던 건 아니에요. 그 밖에 어떻게도 할 수 없었기 때문이지. 그 규슈 청년과도 만난 것처럼, 그걸로는 끝나지 않아.

나는 이것을 픽션이라고 단정하고 싶어서 못 견딜 정도였습니다. 이마무라 쇼헤이 내부의 픽션이라고. 픽션이 아니라면 인간의 내부에 침투할 수 없다고 생각해요. 나는 다큐멘터리라는 수법을 잘 모르지만, 다큐멘터리에서는 인간의 진수에 들어가는 게 불가능합니다. 여러 노력을 투입해서 오시마가 나타나주면 하나의 다큐멘터리로서는 결착을 맺게 되겠지만, 나는 첫머리 3분의 1쯤 되는 데서 이미 오시마를 찾아내는 건 불가능하다는 걸 알게 됐

고 (…) 어떻게 끝을 낼까에 대해서 처음에는 별생각 없이 막막한 상태였습니다. 그런데 중반이 되자 이제 이건 어차피 거짓말이다, 지금까지 그걸 쫓았지만 거짓말인 것이다, 거짓말이라면 세트이지 않으면 안 된다, 세트를 날려서 현실의 시간과 촬영소를 드러내고 허구의 모습을 밝힐 수밖에 없다고 생각했습니다. _「이마무라 쇼헤이전」, 『세계의 영화 작가 8』

옛날 영화 잡지를 다시 보면 지금의 영화 비평 수준이 상당히 낮아졌다는 것을 실감해요. 같은 〈키네마준포〉여도 상당히 달라. 영화를 보는 사람이 거기까지 필요하지 않게 된 거지. 그런 것에 대한 욕구가 사라진 거겠죠.

〈인간증발〉 때는 프라이버시 문제를 여러 분이 왕성하게 운운했는데, 별로 대단한 얘기는 아니야. 엄청난 소릴 들을까 봐서 나도 이렇게 저렇게 준비하고 상당한 이론 무장을 했다고. 그런데도 '이마무라 쇼헤이는 전혀 대응하지 않고 일소해버린다' 하는 식으로 생각들을 하더군요. 내 쪽에서 보자면 이쪽이 생각하는 수준에 전혀 도달해 있지 않았던 건데요. 본디는 거기서 논의가 갈리는 게 바람직할 텐데 말입니다. 옛날에도 거기까진 가지 않았지. 지금이라면 더 수준 낮은 곳에서 이야기가 끝나버리겠죠.

그녀는 자신의 모습을 갑자기 영화에서 봤기 때문에 흥분했을 거라고 생각합니다. 자기가 영화로 찍히고 있다는 걸 양해를 하고 알고 있어도 배우가 아니니까 말이에요. 프라이버시고 뭐고 없어요. 그녀에게도 말했습니다. 몰래 찍는 부분이 대량 있는데, 그게 없으면 너는 숭숭 속 빈 인간이 되어버린다고. (…) 여자의 시각을 하나 공부할 수 있었는데, 사실 몰래 찍히는 편이 좋아요. 또 그건 어디까지나 우리들 본인이 좋고 나쁘고를 결정하는 것이지 주위에서 좋고 나쁘고를 결정할 수 있는 게 아닙니다. 이 경우 소위 상식이 통용되지 않는, 어디까지나 주관의 문제입니다. 통념으로는 말할 수 없는 것입니다. 그렇지만 나는 방아깨비처럼 납작 엎드려 그녀에게 사과했습니다. ─〈영화예술映画芸術〉 1967년 9월 호

인간의 내면을 파고들려면 프라이버시를 침해하지 않고는 불가능합니다. 하지만 비루한 일, 즉 법률적으로 이렇다 저렇다 하지 않아도 인간과 인간의 문제니까, 침해하는 아슬아슬한 부분에서 서로 이야기를 나눠 양해를 얻으려고는 했습니다. (…) 나에게 배우란 언제나 맨몸이어야 한다는 느낌이 있습니다. 나는 배우의 프라이버시를 언제나 침해하고 있습니다. 쓰유구치를 드러낸다는 것은 거기에 있는 것을 드러내는 것이니까. 하야카와 씨에 대해서도 중반 무렵부터 그렇게 생각하기 시작했어요. 하지만 그녀 안에 있는 것 말고는 기술하지 않았어요. 그 이외의 것까지 다 쓰지는 못해요. 하야카와 씨 내면의 양상에 눈을 돌리려면 침해는 당연한 일이고, 그녀가 배우니까 나도 늘 침해하듯이 침해했을 뿐입니다. ─「이마무라 쇼헤이전」, 『세계의 영화 작가 8』

여자는 누구든지 배우 될 수 있다, 스태프들과도 매일 이야기를 나눴습니다. 거기서는 네즈미가 얼마만큼 여배우가 되어 있는가 하는 얘기를 나눴어요. 마침 〈붉은 살의〉 각본이 완성돼서 그에 대한 생각을 좀 하고 있던 시기이기도 했지. 슬레이트를 쳐주고 있던 우라야마 기리오 군 같은 이들은 이건 〈붉은 살의〉가 아니냐 하는 식의 얘기를 꺼냈어요. 그런 얘기를 들으면 또 그런 기분이 드는 것 같아.

다큐멘터리와 본편의 경계가 애매해져요. 남자 쪽은 완전히 흐늘흐늘이죠. 쓰유구치 군 같은 경우는 아주 엉망으로 쭈그러진 상태였어요. 얘기고 뭐고 안 되는 거야, 전혀.

이제 와 생각하면 네즈미가 점점 여배우가 되어갔다는 것, 그것이 커다란 열쇠였습니다. 네즈미는 일을 시작하고 3분의 1쯤에서 이미 여배우가 되었습니다. 그때 내가 소재를 너무 조잡하게 골랐다는 기분이 들었어요. (…) 나는 보통의 드라마에서도 일반인을 씁니다만 그보다 더 나빴습니다. 처음 만나고서 '이걸로 괜찮겠지' 하고 정했던 거니까. 선택 방식이 잘못되었던 게 아닐까 생각했네요. 네즈미가 이제 싫어졌어. 좋아지지 않아요. 어떻게 해서든 여배우가 아닌, 처음 만났을 때의 그녀로 만들고 싶다는 생각에. 그와 동시에 쓰유구치도 침체되어 있었죠. 그는 내가 오시마가 돼라 돼라 하고 얘기해서인지 자기는 오시마가 아닌가 하고 생각해버린 겁니다. 한편에서는 네즈미가 배우가 되고, 한편에서는 쓰유구치가 배우가 아니게 되어버려서…….

＿「이마무라 쇼헤이전」, 『세계의 영화 작가 8』

배우들 모두한테서
무시당했죠

〈신들의 깊은 욕망〉

나 자신을 포함해 일본인이 갖는 범신론적 풍토를 있는 그대로 주시하고 싶습니다. 거기서 뭔가 나올 것 같은 기분이 들어요. 그런 의미에서 수년 전부터 이 영화만은 어떻게든 만들고 싶었던 겁니다. 이제까지의 내 영화의 총결산이라고 말할 수 있을지도 모르겠습니다. ─〈키네마준포〉 1969년 9월 하순 호

도호쿠 농민에게 질렸다기보다는 말이죠, 그들이 놀지 않는 게 이상해서 어쩔 수 없었다, 어쩜 인간이 이렇게나 열심히 일하는가 싶었어요. 그래서 일면 남쪽으로 눈을 돌리게 되었지. 물론 토속신앙 등이 있는데, 그 속에서 마을의 모습을 좇아보자고 했죠. 그래서 오키나와에 간 겁니다.

시나리오의 최초 단계에서는 태양을 비추고 별을 비추고 수수가 생육하고 바람이 불어오고 가재가 나옵니다. 야자집게가 나와서 그걸 잡아먹어요. 손이 비칩니다. 이건 현지의 노파여야 한다는 것이 이상理想으로서 있었습니다. 조수가 차고 빠지는 일과 인간 생활의 관련성은 무척 중대해서 여전히 태음력이 통용되는, 그런 풍토와 인간의 묘사만으로 일견 자기주장이 없는 것들을 비춰가는 것, 그게 이상이었죠. 즉, 자연물로서의 인간을 포착하는 겁니다. ─「이마무라 쇼헤이전」, 『세계의 영화 작가 8』

신화를 하나의 우화라고 보는 경향이 있습니다만, 이것은 신화지 우화가 아닙니다. (…) 그렇다면 이 신화라는 게 뭔가 하면, 내 멋대로의 해석이지만, 그 신화를 갖고 있는 민족의 하나의 지향성을 나타내고 있다고, 또 그런 것만이 신화로서 세련되게 다듬어져 후세에 남는다고 생각해요. 즉, 민족 전체의 잠재의식 같은 게 있어서, 우리는 도대체 무엇을 지향하고 있는가, 민족의 일원으로서 정말로 무엇을 지향하고 있는가 하고 물을 때, 신화를 통해 알고 있는 것 외에는 좀처럼 척도가 없다고 생각합니다. 그 의미에서 국가라든지, 국가와 민족은 조금 다르지만, 야마토大和 민족의 경우 그게 굉장히 밀착해 있습니다. 그런 의미에서 국가라든지 천황제라든지 민족의 지향성 따위를 엮어서 신화를 다뤘다고 생각합니다. _『이마무라 쇼헤이의 영화』

NHK 프로그램에서 김을 양식하는 사람을 다루었는데, 생산량이 뚝 떨어져서 전혀 안되는 거예요. 한국이나 어디로 나가서 한번 더 김 재배를 해볼까 하는 굳은 결의로 건너가는데 꼭 잘되는 건 아니야. 비슷한 프로그램에서 그저 아라시 간주로嵐寛寿郎가 배 젓는 모습을 보고 이건 아라시 간주로를 쓰는 편이 좋겠다 싶은 기분이 들어 여기에 등용했습니다. 그 전에 하야카와 셋슈早川雪洲라는 선택지도 있었지. 토속신앙 등에 대해 몇 번 얘기를 해봐도 말이죠, 이야기가 합치하지 않는 부분이 있었어. 이미 조금 정신이 흐려지기 시작했던 건지도 모르지만. 그래서 아라시 씨에게 부탁했습니다.

〈신들〉은 원래 〈파라지〉야. '배하라腹'에 '피지血'라고 써서 말이야, 파라지. 일본의 고어에는 대체로 '하'라는 소리가 없고 전부 '파'.

〈파라지〉라는 연극을 통해 생각한 것은, 도쿄의 중소기업 종업원인 청년들은 누구며 그들에게 고향이란 무엇인가, 그들에게는 고향이 얼마만큼 필요

하고 또 필요 없는가 하는 것입니다. 상당히 시골스러운 면을 가지고 청년들이 도쿄로 나오니까요. 그리고 도회인으로 생활하면서 도회지에는 실체가 없는지도 모른다는 느낌을 나름대로들 갖고 있어요. 아마도 상당한 퍼센티지 갖고 있을 거예요. 센리가오카千里ヶ丘 뉴타운이라는 오사카의 커다란 단지에서 최근 조상신을 세우지 않으면 안 됐어요. 뭐, 세우지 않으면 안 됐던 건지 아니면 주위의 장사치들이 세우게 한 건지는 알 수 없지만, 아무튼 축제 때 쓰는 가마를 빌려와서 짊어졌다는 사실은 있는 거잖아요. 즉, 이 도회적인 폐쇄 독방, 폐쇄 단지 같은 것 안에서 말이죠, 견딜 수 없는 빈곤감이나 단절감이나 고립감 같은 게 생겨나 어떻게든 서로 고향의 형태로 연대하고 싶었다, 나는 뭐 그렇게 봅니다. '고향'을 버리고서야 겨우 단지 단위의 문화생활이 성립했는데 어째서 또 고향의 형식이 갖고 싶어지는가, 조상신이 필요한가. 공동체의 신은 심히 편의적이라, 공동체의 이익에는 봉사하지만 개개인의 정신의 구제에는 일체 관심을 보이지 않죠. 단지의 신들이 독방의 에고이즘에 도대체 어떤 관련을 가지는지 극히 의문인데, 아마도 '도회지에는 실체가 없어' 하는 막연한 불안이 가마를 빌려와 짊어지게 한다고 생각합니다. (…) 〈신들의 깊은 욕망〉은 〈파라지〉에 나오는 도쿄의 중소기업 장면을 전부 빼고 시골을 주목하는 대신에 기타무라 가즈오가 연기하는 도쿄의 기사를 등장시키는 걸 기본 형태로 만든 시나리오입니다. 즉, 도쿄 부분이 일본 경제의 이중구조의 패턴을 드러내 보이는 데 그친다면 그 부분은 부질없지 않은가 하는 느낌을 가졌던 겁니다. 「이마무라 쇼헤이전」, 『세계의 영화 작가8』

〈신들〉도 이마무라 프로덕션에서 만들게 됐습니다. 게다가 오키나와에서, 길이는 세 시간 가까이. 큰일이었어요. 배우도 말이지, 미쿠니 렌타로三國連太郎를 비롯해서 전원 무시하는 태도였어요. 이런 거 하고 있을 수 있겠느냐는 거지. 뱀도 있고 말이야. 도회지에서 오면 그런 것도 싫겠죠. 저 같은 경우 뱀을 좋아합니다만.

그런 때에 "너희는" 하고 발언한 게 도노야마 다이지예요. "너희는 이마무라 쇼헤이가 좋은가 싫은가" 하고 노골적인 얘기를 꺼냈지. 싫다고 말하기 어렵잖아요. 단지 지금의 상황이 우리를 허하지 않는다고 말하고 싶었겠죠. 가토 요시加藤嘉라는 사람은 말이지, 분가쿠자文学座극단 이름에서 연극을 한다는 얘기가 있어서 이런 오키나와 구석에서 해를 넘기고 있을 때가 아니다, 어서 돌아가서 연습을 시작하지 않으면 안 된다고 하고. 이건 정론이잖아요. 내년까지 늘어지면 큰일이죠. 그 시간문제로 말이지, 다들 옥신각신 이런저런 얘기를 꺼낸 거예요. 그러니까 도노야마 다이지가 일갈하기를, 너희는 이 남자가 좋으냐 싫으냐 그저 그뿐이다, 좋다면 내년에 다시 한 번 와서 해보지 않겠느냐 해서, 그래서 다시 찍었어요. 전해에 돈도 다 써버려서 아무것도 없었지만 말이죠.

나는 소학교 때 미나미다이토지마南大東島라는 곳에 가고 싶었어요. 거기서는 사탕수수를 재배하고 있는데 그걸 운반할 트럭이 없으니까, 광산에서 쓸까 싶은, 작은 기차가 끄는 화차가 있어서 그게 밭 사이를 계속 돌며 달려요. 그 기차를 나는 무척 동경했지. 아무튼 소학교 지식이라서 말이지, 나도 걱정이었지만 분명 있다고 보고, 거기서 화차를 탄 가메타로亀太郎를 찍고 싶었어. 그랬더니 아니나 다를까 있어요. 독일제 기관차였던가. 소학교 지식이라고 바보 취급해서는 안 돼.

〈신들〉의 섬도 로케이션헌팅으로 찾았어. 이시가키지마石垣島에 짚이는 게 있었던 건 아니야. 기껏해야 난 소학교 지식밖에 없으니까요.

막내고 마지막 꼬맹이였으니까 자주 할머니에게 업혀서, 옛날엔 오지王子전차, 지금은 도덴都電 와세다선이라고 하나요, 그 오지 전차가 있던 무렵에 이걸 타고 기시모진鬼子母神이라는 곳에 가서 말이죠, 거기서 비둘기에게 모이를 주고 돌아오는…… 이걸 매일 되풀이했던 인상이 있네요. 그리고 기시모진 전설이라는 게 있어요. 엄마들끼리 아이를 잡아당겨서 손이 뜯겨 나갔다 하는 이야기 말이죠. 이런 섬뜩하고 잔혹한 이야기 같은 것에 내 출발점이 있는 듯한 기분이 드네요. 지옥도 같은 느낌 말입니다. 그건 무척 감각적인 것이고 극히 불교적인 냄새가 나요. 그게 나중에 어느 정도 책을 읽거나 해서 그런 선명도 혹은 불교적인 냄새를 날려버리면 피비린내 같은 것이 조금 엷어지죠. 그러니까 머리로 조금 추측해낸 것과 배 속에 숨어들어 있는 것이 공존하고 있지 않나 생각합니다. 어느 쪽인가 하면 그 배 속에 있는, 선명도 높은 피로 뒤범벅이 된 잔혹한 것을 화면에 내보이고 싶은 모양입니다만. _『이마무라 쇼헤이의 영화』

요전에 오키나와에 갔을 때 이시가키지마에서 〈신들〉에서 사용한 굴을 찾았지만 이미 눈에 띄지 않았지. 가까이까지는 겨우 다다랐지만 밀림같이 되어 있어서 그 너머로는 갈 수가 없어.

네키치가 굴을 파는 필연성은 별로 없어요. 자신도 손해 보는 듯한 일을 왜 하는 걸까. 무논을 원래대로 되돌려 쌀을 일생 먹고 정박아인 딸을 기른다 하는 대사는 있지만 왜 그런 일로 파느냐 하고 물을 수도 있어요. 하지만 나는 한편으로 파는 쪽이 당연하다는 기분이 듭니다. 나의 분신이에요, 네키치는. _『이마무라 쇼헤이의 영화』

〈신들의 깊은 욕망〉이라는 작품은 지금 생각해도, 나 스스로는 아직도 생각한 바 전부를 충분히 이야기했다고 보지는 않는 영화입니다. (…) 제 작품으로서는 흔치 않게 두 번 보았지만 아무래도 썩 성공작이라고는 여겨지지 않아요. (…) 관객을 일상적인 생활감과 민족적 잠재의식인 신화 사이로, 시간적·공간적으로 딱 그 경계의 자리로 끌어들여 이게 과연 존재했던 이야기인지 존재하지 않았던 이야기인지 잘 모를 곳으로 밀어 떨어뜨리겠다는 이쪽의 의도가 과연 어디까지 전달됐을까 생각해봅니다. —〈키네마준포〉 1969년 9월 하순 호

요코스카와는
인연이 깊다

〈호스티스가 말하는 일본 전후사〉

실은 이마무라 프로덕션에서 전부터 생각해온, 전후戰後 교육 문제를 다룬 작품이 있었습니다. 전후 교사들의 사고방식의 변천을 어느 중학교 동급생들을 통해서 그려보자던 기획입니다. 그걸 듣고 니치에이신샤日映新社닛폰에이가신샤日本映画新社의 호리바 노부요堀場伸世 씨가 "그 기획을 우리 기록영화와 결부시켜서 한 편의 영화로 만들 수 없을까" 하고 제안해 온 게 애초의 시작이었습니다. (…) 다음은 주부 매춘이라는 문제를 이번에는 배우를 써서 무성영화로 찍어보자고 생각 중입니다. 그것도 역시 테마는 일본 가정의 문제가 되는군요. _〈키네마준포〉 1970년 7월 하순 호

〈신들의 깊은 욕망〉 이후 10년 이상 드라마를 찍지 않았던 것은 전부 돈 때문이지. 다큐멘터리 쪽이 예산은 만들기 쉽다고 할까, 돈이 들지 않아.

〈호스티스가 말하는 일본 전후사〉의 아카자 씨는 요코스카에 있을 때 알게 됐어. 이다음에 딸들과 함께 미국의 군항에 간다고 얘기하고 있었죠.

요코스카의 외국인 바 마담들을 모이게 했을 때 실마리를 만들어뒀어요. '누더기'라는 바의 마담 이야기를 가져온 겁니다. 그녀를 가져와 일본 가정의

붕괴를…… 그것은 천황제의 붕괴와도 이어질 게 분명하지만…… 틀림없이 그릴 수 있을 거라고 생각했어요. 일본의 가정은 붕괴했다지만 천황제는 반석처럼 공고해서 움직이지 않고 있죠. 일본인의 가정도 과연 정말로 붕괴했다고 말할 수 있을지 없을지. _〈키네마준포〉 1970년 7월 하순 호

그 25년은 우리에게 무엇이었을까. 우리의 전후사는 한 서민 여자가 전시부터 지금까지 어떻게 변모해 살아남았는가를 그리는 식으로 전개된다. (…) 조모는 황태자의 결혼에 감격하고, 모친은 암시장을 그리워하고, 각자 각양 각색 스스로 체험해온 전후사를 풀어놓기 시작한다. (…) 한 서민 가족의 전후사를 좇으면서 이 가족이 품고 있는 여러 문제, 특히 가족의 핵인 친자 관계, 부부 관계가 종래의 도덕성을 잃고 해체되고 있음을 깨닫는다. _〈호스티스가 말하는 일본 전후사〉 제작 의도

니치에이신샤 쪽에서는 뉴스영화를 재편집한다는 거예요. 때마침 시간이 돼서 그걸 전부 봤죠. 굉장한 분량이었어요. 체크해서 좋은 곳을 집어내 바에서 보여주는 난폭한 짓을 했지.

우리의 전후사는 한 서민 여자가 전시부터 지금까지 어떤 식으로 변모해 살아남았는가를 그리는 식으로 전개된다. 중년 여자를 축으로 조모, 장녀, 차녀라는 각 세대 사람들이 전후 사회의 변화와 서로 어떻게 관계를 맺었는지 혹은 그냥 지나쳐 왔는지, 우리들 스태프는 그들의 일상생활 안에 뉴스영화를 가져와 영사하고 그 반응을 끌어내는 작업을 행한다. _〈호스티스가 말하는 일본 전후사〉 제작 의도

요코스카와는 인연이 깊지. 〈돼지와 군함〉에서도 그렇고. NHK에서

도 만든 적이 있습니다. 한참을 안 갔네. 상당히 달라졌어요. 시궁창 판자 골목 자체가 달라져버렸으니까요.

다큐멘터리를 찍기 시작하면 반드시 '버려진 사람들'이 보입니다. 그건 미해방 부락근대 이후 특별한 차별 의식을 바탕으로 교제, 취직, 혼인 등에서 여전히 심한 차별을 당하고 있는 지역공동체를 의미한다. 1871년의 포고령으로 법제상의 차별은 철폐됐으나 사회적 차별, 인권침해는 여전히 남아 있어서 부락 해방운동이 이어지고 있다. 피차별 부락 또는 줄여서 '부락'이라고도 한다이거나 한데요, 처음부터 의도해서 간 게 아니어도 반드시 그런 구멍에 빠져듭니다.

일본은 최근 100년 사이에 비정상적인 발전을 계속했는데 그 가운데 놓치고 온 것이 많습니다. 의식하고도 놓쳤거나 일부러 한 부분도 많죠. 미귀환병이 그렇고 브라질 이민이 그렇고 조선인이 그렇고 오키나와 사람들이 그렇고, 거론하면 끝이 없어. 전부 버리듯이 손에서 내팽개치는 식으로 편의주의에 희생된 사람이 많아. 그 사람들을 주워 올려서 그 사람들에게 발언을 요청하는 작업을 최근 2, 3년 나는 해왔습니다. 그래서 한동안은 이 '버림받은 국민棄民' 시리즈의 선상에 올라타 작업을 해가려고 생각 중입니다. (…) 다만 나는 비교적 실증가라서 조사하는 게 큰일입니다. 그러니까 시나리오의 원형 같은 컨스트럭션을 하나 만들려면 여러 사람을 만나느라 반년이 걸리기도 하죠. 자신의 이미지를 실증해서 확실하다는 감촉이 없으면 아무래도 기분이 좋지 않은 거예요. 그런 방법을 너무 써왔기 때문에 좀 힘들어져서⋯⋯. 그런 조사를 반년이든 10개월이든 할 거면 값싼 16밀리 필름으로 기록하고 찍어서 그걸로 만들어야 하는 게 아닌가⋯⋯. _〈영화예술〉 1967년 9월 호

배우도 아직
기대할 만하다

〈복수는 나의 것〉

젠도 기쿠요菁道菊代 씨의 탁 트인 듯 당당한 태도에 기대어 거침없이 질문해
서 '진실한 단편입니다' 하고 제시한 내 필름은 정말로 그녀의 깊은 마음속
진실을 찌르는 데 성공했을까. 카메라와 녹음기를 가지고 그녀의 실제 인생
의 일부에 뛰어드는 짓이 진실을 그리는 확실한 방법일까. 그리고 무엇보다
나 자신이 그녀와 아픔을 함께할 수 있었을까. 함께 상처 받고 몸부림치는
게 가능했을까. 나는 결국 그녀의 곁을 스치는 호기심 많은 여행자에 지나지
않았던 게 아닐까. 다큐멘터리 제작에는 늘 이러한 회한이 떨칠 수 없이 따
라다닌다. 필름은 완결되지만 피사체의 실제 인생은 끝나는 일이 없다. 다큐
멘터리는 언제나 '끝나'는 게 아니라 '멈추'는 것이다. 나는 조바심이 나서 한
번 더 드라마로 되돌아가고 싶다. _〈가라유키상〉

다큐멘터리를 찍고 있으면 구체적인 것을 대상으로 두고 있어 쫓기는 일이
없죠. 어느 정도 자신의 페이스로 해갈 수 있어요. 카메라가 그 장소에 들어
가면 그의 인생이라든지 그녀의 인생의 소용돌이 그 일부를 찍어 옵니다. 실
제 인생의 단편을 찍어 와서 "다큐멘터리올시다"라고 하죠. 그런데 그것이
진짜 단편일까, 내가 가서 그렇게 나온 건 아닐까 하는 기본적인 부분을 늘
자성합니다. 그 점에서 역시 드라마는 재미있네요. "준비— 시작" 하고 큰
소리를 내고 "오케이" 하고 끝내죠. 찍는다는 것에는 빼앗는다, 낚아챈다 하

는 실감이 있습니다. 다큐멘터리에는 그게 없어요. "지금 거 오케이?" 하든지 뒤에서 어수선하게 얘기하든지, 오케이인지 아닌지 한 번 더 해보지 않으면 알 수 없는 일이 산더미처럼 있습니다. 그러니까 뭔가 개운한 기분이 안 들어요. 드라마는 상쾌해요. 머뭇머뭇하면서도, "오케이"가 나왔을 때의 상쾌함이라면 그 이상 없지요. _〈키네마준포〉 1979년 5월 상순 호

『복수는 나의 것』도 원래 문장으로 쓰인 다큐멘터리죠. '이거 재미 있네' 하고 생각한 것은 원작자 사키 류조佐木隆三와 만나서 얘기했을 때입니다. 원작 때 감독 몇 사람이 먼저 물망에 올랐던 모양이에요. 나는 나중이었어요.

주인공은, 말하자면 인간의 내부라는 게 보이지 않는다. 비어 있는 인간이 아닌가 생각했다. 그를 둘러싼 온갖 사람의 증언을 얻어 범죄의 모든 것을 그림으로써 현대 인간의 공동성空洞性이 그려진다면. _〈아사히신문〉 1978년 11월 27일

사키 씨는 말이지, 다른 감독이 찍는 걸로 알고 오케이하고서 스태프들 회식에 섞여 마시고 먹고 말이야, 큰소리를 친 모양이야. 그는 영화에도 살짝 출연하고 있습니다. 연기가 서투르지만 그건 어쩔 수 없어. 시사가 끝나고 파티 후에 다들 흩어져서 걸어가는데 그가 "좀 마십시다" 하며 신주쿠로 끌고 갔어요. 파티가 긴자였는데 이런 곳은 싫다고 그가 말했지. 그야 나도 좋아하지 않는다고 얘기해서, 그래서 신주쿠에 가기로 했어. 신주쿠 서쪽 출입구 가까운 데에 바 거리가 있어요. 거기에 몰려갔지. 그랬더니 "이마무라 씨, 죄송하지만 안경 좀 맡아주세요" 하더라고. 꽤 취한 것 같아서 맡아줬어요. 그러자 이제부터 습격을 하러 간대요. '그건 좀 곤란한데' 하고 생각했죠. 그런데 몇 명

의 적이 있다는 거예요. '몇 명의 적은 더더욱 싫은데' 하고 생각했지만 도리가 없어서 뛰어 들어갔어요. 그랬더니 없는 거예요, 적이. 그 적이라는 게 도에이의 어느 영화감독이랑 내가 이 영화를 찍는 데 반대한 사람이었지. 결국 안경을 돌려주고 그대로 해 뜰 때까지 마셨지.

영화에서 가토 요시가 연기하는 노변호사가 살해된 방의 신은, 실제로 사건이 있었던 아파트에서 찍었어요. 변호사의 방에 들어서자 바로 눈앞에 굵은 나무가 있어서 이거 좋다 싶었지. 좀 기분 나빴지만.

주연 오가타 겐은 이때가 처음입니다. 주위의 여배우들도 존재감이 있었지. 기요카와 니지코清川虹子 같은 사람은 너무 있었고. 이후에도 시나리오가 완성되면 반드시라고 해도 좋을 만큼 기요카와 씨한테서 전화가 왔어요. "내 역할이 있을까요?"라는 거죠.

오가타는 최근에는 내 영화에 안 나왔네. 내 후배의 영화에는 나왔죠. 국화 키우는 얘기로.〈복수는 나의 것〉의 각본,〈나라야마부시코〉의 조감독으로 참여한 이케하타 슌사쿠池端俊策의 감독 데뷔작〈아쓰모노あつもの〉(1999)를 말한다. '아쓰모노'는 국화의 한 품종. 오가타의 연기가 완전히 변해서 말이지, 머리도 하얘져서. 보아하니 류 지슈笠智衆오즈 야스지로 영화에 주연으로 많이 출연한 배우를 닮으려는 생각인 거 같은데, 당치도 않네.

미쿠니 렌타로와 바이쇼 미쓰코의 목욕 신은 아동 풀장을 썼지. 조감독에게 목욕물을 한가득 채우라고 얘기했어요. 물을 탱크차로 실어 와서 그걸로 겨우 채웠어. 탱크차 괜찮냐고 했더니 "절대 괜찮습니다. 몇 십 번이나 씻어서 깨끗이 했어요"라더군요.

이케부쿠로에서 영화관에 갔다 오는 길에 동쪽 출입구 쪽에 절이 몇 채인가 있는데 거기 무덤에서 섹스를 하는 신이 있었어. 그런데 그렇게 열심히 안 해도 된다고 할 정도로 둘이 열심인 거야. 몇 년 만인가 드라마를 했지만, 배우라는 건 상당히 재미있구나 하고 새삼 생각했어요. "준비— 시작" 같은 소리로 호령을 걸고 나서 처음으로 연기 지도를 하는데, 그런 상태에서 사람이 이런 건 못하겠지 싶은 걸 시켜 봐도 할 수 있는 겁니다. 대단하다 생각했어요. 이제 됐다고 하는데도 아직 하고 있어. 그런 일이 있어서 아주 놀라 자빠졌어요. 배우도 아직 기대할 만하다고.

오가타 겐은 뭐든 모조리 끄집어냈다는 일종의 상쾌함이 있었던 게 아닐까요. 코피를 흘릴 만큼 흥분했다고 오가타는 말하죠. 배우가 그런 상태가 되면 연출 쪽도 조금은 변합니다.

리허설 때 전혀 주문하지 않았던 걸 예를 들어 테스트 3회째라든지 본촬영 직전에 주문하는 일이 자주 있었습니다. 불필요한 거지만……. 그럴듯하게 표현하자면, 언제나 신선한 상태이고 싶다는 겁니다. 연기 상황이 조금만 달라져도 배우는 예정했던 연기를 못하게 됩니다. _『이마무라 쇼헤이의 제작 현장』

오가와 마유미小川真由美와 기타무라 가즈오도 "그런 건 싫다, 그런 것까지 시키는 거냐"라고는 말해도 "제대로 해"라고 하면 하거든. "거기까지 안 해도 되는데"라고 할 때까지 한다고.

오랜만에 영화를 찍으며 생각했습니다만, 나이가 들어 성질이 급해진 거 아닐까 하는 기분이 듭니다. 촬영 사이클이 훨씬 짧아졌어요. 이전까지는 10회쯤 테스트해서 기운이 고조되었을 때 본촬영에 들어갔는데 지금은 5회가 넘으면 스태프도 나도 흥이 깨지는 거에요. 기합은 물론 들어 있죠. 그 길이가 줄어들었다고 할까. _〈키네마준포〉 1979년 5월 상순 호

부자가 대결하는 부분은 정말이지, 뭔가 눈에 띄는 걸 하지 않으면

안 된다고 배우는 생각한단 말이야. 미쿠니가 얼굴에 침을 뱉고 싶다고 말하는 거야. "그거 괜찮겠는데. 그렇게 해줘" 하고 말해요. 그가 나서서 하고 싶다니까 그러라고 했지. 그랬더니 멋지게 침을 뱉어. 오가타는 안경 쓰고 있었던가. 안경에 침이 달라붙는 거야. 배우라는 건 그러니까 엄청 짐승이라고 생각해. 상당히 짐승스럽죠. 그런 사람들이지만 그건 중반 이후예요. 중반 이후가 되면 자기가 연기하기 시작하지. '여기서 뭔가 하지 않으면' 하는 의식은 성가셔서 방해가 되는 일도 있지만.

> 배우가 자기 의견을 가졌을 때가 가장 즐겁습니다. 배역에 대해 의견을 가지고 덤벼들 때죠. "감독, 그건 아닙니다" 하고 대놓고 말하는 건 아니지만 자기가 방법을 생각해 옵니다. 그러면 '오, 됐다' 싶을 때가 있는데, 그럴 때가 감독으로서 보람을 느끼는 순간입니다. 대부분은 불필요하지만요. 그래도 마음으로는 '잘하고 있구나' 하고 생각합니다. 거기서 쓰지 못해도 어딘가 다른 사람의 대목에서 쓸 수 있을지 모르거든요. 불필요해도 아이디어를 내주면 내가 이득이죠. (…) 정말 좋은 연기는 좀처럼 나오지 않아요. 나오는 건 중반 이후, 그것도 주연급한테서 나옵니다. _『이마무라 쇼헤이의 제작 현장』

그런 부분은 야쿠쇼 고지役所広司에게도 있습니다. 맨날 그러지. 요전에 〈탕아 헤이타どら平太〉2000년 공개된 이치카와 곤市川崑 감독의 영화를 봤거든. 그랬더니 말이지, 탕아 헤이타도 상당히 난폭한 사람이더군요. 무법한 일을 저지를 것 같다 싶은. 그래도 말이지, 아무튼 확실히 샐러리맨인 거예요. 할 수 없어서 직접 야쿠쇼에게 말한 일이 있어. "왠지 샐러리맨스럽네"라고. 저기 내가 막 뭘 버리거나 하잖아요, 담배를 버리거나 그러면 확실히 발로 비벼 끄고 주워서 재떨이에 넣는 정도의 일은 한

다고. 안 해도 되는 일을 해. 때때로 질려버리지만. 여관 현관에서 그걸 하면 말이야, "그런 거 안 해도 돼"라고는 말하기 어렵지. 그 여관은 그편이 고마운 거니까. 이 하나의 예에서도 무법자는 되지 못하는 데가 있네요. 그러니까 〈복수는 나의 것〉의 오가타와 비교하면 자릿수가 다를 만큼 안 좋아요, 탕아 헤이타는.

배우가 지긋지긋해져서 다큐멘터리를 했습니다만, 해보니 유추하는 재미는 있어도 외면밖에 찍지 못해. 아무리 짜고 꾸며도 외면밖에는. 그래서 드라마로 돌아가고 싶어졌고, 재시작한다면 드라마로 가자고 생각했어요. 그러나 무척 고생했습니다. 스스로도 어떻게 찍어야 할지 모르게 되어버려서 고생에 또 고생. 라스트 같은 데는 몇 차례나 다시 찍었습니다. _『이마무라 쇼헤이의 제작 현장』

나는 이 두 사람(아버지와 머느리)에게 철퇴를 내리기로 했습니다. 주인공은 사형당한 상태니까 주인공 대 두 사람이라는 형태로 그것을 그리는 건 불가능하다. 던져도 던져도 떨어지지 않는, 죽여도 죽지 않는 뼈를 그려서 두 사람에게 원한을 던지는 것으로 하자. _「산에서 뼈를 던지다─라스트신 재촬영의 고생」

이번에 오랜만에 영화를 찍고서 '우와, 잘 찍히네' 새삼 놀랐습니다. (…) 구석구석까지 다 찍히는 거예요. 정말로 신경 써서 보고 있지 않으면 위험해서 어쩔 수 없어. 세트에서 중요한 장식 기둥에 대못 자국이 몇 십 개나 나 있어요. 신경이 쓰이더라고. 더빙 때 몇 번이고 보고 있으니 영 불쾌해서 '아뿔싸' 하고 생각해지요. 또 연극 무대라면 아무것도 아닌 신과 신의 전환이 영화에서는 이상해 보일 때가 있어요. 이번에는 모험적으로 굳이 그걸 해봤습니다. _〈키네마준포〉 1979년 5월 상순 호

다시 찍고 싶은 작품 중
하나이기는 하다

〈좋지 않은가〉

〈복수는 나의 것〉으로 쇼치쿠가 꽤 벌었지. 그래서 〈좋지 않은가〉때는 돈을 댔어요. 〈좋지 않은가〉도 그렇지만 이후의 작품으로 생각하고 있는 〈단게 사젠丹下左膳〉도 막부 시대 말로 시대를 설정하고 싶습니다. 감각적으로 끌고 갈 수 있다고 할까, 거기서 할 수 있겠다는 느낌이 강해요. 패전 체험과 무언가 관계있겠죠.

원래 나는 표류담을 좋아해서, 존 만지로ジョン万次郎에도 말에서 메이지 시대에 걸쳐 미국을 오가며 활동한 나카야마 만지로. 이부세 마스지의 소설『존 만지로 표류기』이후 이 이름이 널리 알려졌다를 비롯해 외국에 갔다 온 인간의 눈으로 봉건시대 일본을 보면 도대체 어떨까 하는 흥미도 있었어요. (…) 물론 시대극을 한번 해보고는 싶었는데 특히 막부 시대 말로 설정한 것은, 시나리오를 쓰기 시작한 쇼와 49년1974년은 광란 물가라고 얘기되던 시기였어요. 그래서 한때 '닛폰 광란절にっぽん狂乱節'이라는 타이틀을 붙였었습니다. 그런데 지금은 반대잖아요. 진정되어 얼마간 무기력하다고 할까요. 오히려 세상을 고치는 게 아니라 세상이 나아지기를 어디선가 대망하면서도 아무것도 말하지 않는 시기처럼 보이거든요. 그러니까 좀 더 어수선해졌으면 좋겠다 하는 그런 욕구가 없지 않네요. _〈키네마준포〉1981년 3월 상순 호

시나리오답게 잘 만들어진 재미있는 각본이었지. 거의 시나리오를 고치지 않고 촬영했어요. 하지만 다시 찍고 싶은 작품 중 하나이긴 해요. 더 외잡스러워야 할 부분이 그렇지 않아서요. 아무래도 껍질을 뒤집어쓰고 있는데 그게 벗겨지지 않는 것 같은 짜증스러움이 있네요. 모모이 가오리桃井かおり가 아니라 다이치 기와코太地喜和子로 하는 편이 좋았겠다고 생각합니다.

촬영 전에 료고쿠바시両国橋스미다가와 하류의 다리를 세우지 않으면 안 되기 때문에 엄청 고생했습니다. 한다 안 한다로 싸웠어요. 그만큼 완벽하게 만들어질 거라고는 생각하지 않았지. 그곳을 보존한다고 해서 그렇겠거니 하고 있었는데 구청장이 바뀌어서 결국 부쉈지.

당시 아내는 매일 600명분의 도시락과 스태프 80명의 밥을 만들었어요. 엑스트라는 일당을 지불하지 않고 도시락과 티셔츠인지 뭔지를 준다는 걸로 모집했어요. 그 도시락이 먹고 싶어서 매일 오는 사람이 있었지. 아무튼 계속 도시락 만들고 있었어.

조감독이었을 때부터
올 로케이션으로 찍고 싶었다

〈나라야마부시코〉

기노시타 게이스케木下惠介 씨의 전작1958년 나온 동명의 영화이 있어요. 그
걸 나는 조감독 때 봤어. 조감독 동료끼리 함께 술 마시고 그랬으니까
요. 기노시타 팀 사람들도 있었는데, 까마귀를 세트에 풀어놓는다 어
쩐다 해서 정말로 괴롭다는 얘길 듣고 있었어요. 까마귀를 모으는 게
큰일이라고. 그래서 왜 그 산촌을 그리는데 세트에서 할까 하고 생각
했죠. 산에 올라가는 것만 해도 그래. 노인 버리기 자체를 보고 싶은
데 그 부분을 보여주지 않아. 세트 안에 가늘고 한심할 정도의 나무
단段을 만들고 그걸 다카하시 데이지高橋貞二가 올라간다는 거였어요.

다나카 기누요田中絹代는 무척 좋다고 생각했어요. 훌륭하다고 생각
해서, 조감독 할 땐데도 이걸 언젠가 내가 하게 되면 올 로케이션으로
찍고 싶다고 벌써부터 생각하고 있었어. 그러다 그 기회가 겨우 찾아
온 겁니다. 그런데 린 할머니가 없는 거야. 그 무렵 다나카 기누요 씨
가 나이 들어 좋은 느낌이 되어 있었으니까 기누요 씨를 꼭 쓰고 싶다
고 생각해서 말이지, 기노시타 씨한테 "하게 해 주십시오" 하고 인사하
러 갔더니 자유롭게 하라는 겁니다. 하지만 배우에 관해서는 상담하
지 않았어. 다나카 기누요가 있으니까 문제 될 건 없다고 생각했지요.
그렇지만 아예 안 됐어요. 그다음엔 말이지, 배우 찾기가 시작됐어요.
우선 기요카와 니지코가 이름을 올렸지. 오가타가 허리를 다쳐서 기

요카와가 오린을 맡으면 큰일이라고 생각했어. 오가타가 끝장나버려. 그래서 결심하고 사카모토 스미코로 오린 할머니를 하게 했어요.

연령 면에서는 스기무라 하루코杉村春子도 있었지만 "내가 나이가 들어서 좀 더 팔다리가 움직이지 않게 되면 해보고 싶네"라고 얘기하더라고. "아니, 지금으로 충분합니다"라고 말했지만 말이야.

그다음에 이자와井沢 부근이라면 고슈甲州 사투리나 시나노信濃 사투리를 쓰기 쉬우니까 그 부근 사람을 쓰자고 생각해서 이자와의 탕치장湯治場약초를 넣어 몸을 치료하는 온천장 또는 목욕탕에 갔어요. 후보자가 두 사람 나왔습니다만 별로 쓸 만하다는 기분이 안 들어요. 결국 안 돼서 우에다 부근의, 게이샤를 많이 거느리고 있는 곳에 물었죠. 조합 사람에게 40대 사람은 없느냐고 물었더니 일흔두셋 되는 사람을 후보에 올렸어요. 무척 튼튼하고 아무튼 그 지역에서는 넘버원이었던 모양이야. 옛날엔 꽤나 예뻤다는 거예요. 오린 할머니가 그런 사람이지. 그래서 몇 번이나 부탁했지만 여배우 같은 건 되고 싶지 않다고 매정하게 거절했어요. 그 무렵 이미 영화의 세계는 쭉 하향한 시기였고, 여배우라 해도 엑스트라라고 생각했겠죠. 그런 데 불려 가봐야 변변한 일 없다, 돈도 별로 안 된다 생각했던 모양이지. 보아하니 감독이라는 건 궁상맞은 놈이고. 그래도 그 할머니로 찍어보고 싶었네요.

기로棄老 전설(나라야마부시코)을 기반으로 한 이 이야기는 일견 잔혹하기도 합니다. 하지만 현대를 뒤돌아볼 때, 관리사회의 한 톱니바퀴 조각으로 화하는 인간의 모습은 잔혹하지 않다고 잘라 말할 수 있을까. 복지사회의 은혜는 인간을 진정으로 행복하게 하고 생을 충실하게 만들고 있을까. 양로원의 존재 방식은 인생의 종막을 장식하기에 걸맞을까. 세계적인 환경오염과 인구 증가는…… 한 명 태어날 때 한 명 죽지 않으면 안 되는 이 마을과 어떻게

다를까. 오린의 죽음과 삶을 좇으며 나는 인생의 의미가 궁극적으로 알고 싶었다. _〈키네마준포〉 1983년 5월 상순 호

어쨌든 일단 기요카와 니지코가 후보에 올랐지만 급전직하 아무튼 가벼운 사람으로 해달라고 해서 가벼운 쪽으로 해버렸죠. 사카모토도 사생활 문제로 힘들었어요. 50대 전반의 나이로 말이야.

이걸 칸에 출품하게 된 경위는 몰라. 거기다 아무튼 〈전장의 크리스마스戰場のメリークリスマス〉오시마 나기사 감독 작품가 너무 시끄러워서 말이야, 나는 가지 않았어요. 오가타와 사카모토가 칸에 갔죠. 시답잖은 일이 기억나는데, 대마 건으로 신문기자들이 왔는데 말이지, 그 부근 산속에는 대마가 자생하고 있어서 산 천지에 대마투성이였다고 거짓말했어요. 다들 기뻐했지만 말입니다.수상 직후 사카모토 스미코가 지인에게 대마를 건넸다는 얘기가 흘러나와 귀국 인터뷰부터 모든 매스컴이 영화 자체보다는 그 부분에 초점을 맞추어 떠들썩한 소동이 벌어졌던 것을 언급하고 있다. 사카모토 스미코는 1936년생으로 당시에는 50대 전반이 아니라 47세. 아들 역으로 출연한 오가타 겐은 겨우 한 살 아래인 1937년생이다. 또 사카모토와 함께 칸에 가서 수상식에 참가한 사람은 실제로는 오가타가 아니라 프로듀서 구사카베 고로였다. 그렇지 않아도 영화제 전부터 일본 국내에서 수상에 대한 기대감이 무척 높았던 〈전장의 크리스마스〉 팀이 대규모로 영화제에 참가하는 등 홍보에 힘을 쓰면서 모든 관심이 그쪽에 집중되어 있던 상황으로, 〈나라야마부시코〉 팀은 수상을 전혀 기대하고 있지 않았다.

우라야마 기리오의 죽음으로
돌연 방향 전환

〈뚜쟁이〉

우라야마 기리오와는 선후배지만 어쩐지 그 녀석과 마시는 게 좋아서 말이죠. 그게, 쉰넷인가로 죽어버렸어. 나도 육십이 막 되려고 했고 남은 힘으로 얼마나 일을 할 수 있을까 생각했는데 말이지. 그의 죽음으로 돌연 방향을 전환해서, 에너지가 굉장히 넘치지 않으면 할 수 없는 이헤이지전伝을 해볼까 생각한 겁니다.

이 〈뚜쟁이〉도 상당히 전부터 모티브로서는 있었지. 이것저것 여러 문헌을 뒤져 한 무더기 쌓아놓고 공부했습니다. 공부가 너무 과했는지도 몰라. 공부해서, 그래서 어떡할 거냐 하고 물으면 곤란해지지만. 무라오카 이헤이지村岡伊平治라는 사람은 꽤 알려진 사람이긴 합니다.

내가 소년 시절 받은 교육은, 일본은 섬나라라 가난하니까 세계로 웅비하지 않으면 안 된다 하는 것으로 당시는 설득력이 있었다. 그런 교육을 받은 자의 시점에서 우선 메이지 내셔널리즘의 폭주를 비판적으로 고찰하고 싶었다. 그것이 필연적으로 현대 일본의 문제로 이어지지 않을까. 경제 대국 일본은 지금 마찬가지로 폭주하고 있는 게 아닐까. 이헤이지는 기업 전사의 선구자가 아닌가. 이헤이지를 비웃으면서 사람들이 그런 면을 생각해준다면 감사하겠다. _〈아사히신문〉 1987년 9월 4일 석간

어쨌든 정사正史로 불리는 것의 이면을 조금 희극처럼 주파한 이 남자 자체에 끌린 겁니다. 그래서 전반은 자서전에 충실하게, 후반은 내 마음대로 상상해 이것저것 만들어냈습니다. (…) 나는 메이지 일본의 대의와 전후戰後 우리에게 부과된 대의라는 것이, 양쪽 다 느닷없고 비정상적인 스피드라는 그 이상성異常性에서 매우 통한다고 느낍니다. (…) 대의라는 말은 편리하죠. 대의에 산다 어쩐다 하면서 말하자면 사욕을 채우고 있지 않은가 하는 느낌이 상당히 있습니다. 천황 폐하의 초상을 껴안고 절하거나 하면 공덕을 얻기도 하죠. 그리고 결국 그 끝에 여성인 시호しほ부터 화면 밖으로 사라집니다. 당연히 화면 밖으로 나가지 않으면 안 됩니다. 실은 밖으로 나간 시호가 덜컥 돌아온다는 각본을 처음에 써보기도 했지만 그건 역시 안 됐습니다. 그건 나의 대의에 어긋나는 게 아닌지…… _〈아사히저널〉 1987년 8월 14/21일 호

컬러는 아무리 해도
색이 경박해진다

〈검은 비〉

외국을 다닐 때, 무엇을 찍고 싶은가 하는 질문을 받고 〈검은 비〉 얘기를 했더니 원폭 관련 작품을 왜 네가 하느냐라든지 쓸데없는 거 아니냐 하는 의견이 많았습니다. 피해자 얼굴 하지 말라는 얘길 듣고 그런 것을 극복해야 한다고 생각해, 주인공을 중국인으로 해서 원폭을 다루면 어떨까라든지 폭격한 미국인의 딸이 히로시마를 방문하는 설정은 어떨까 하면서 우왕좌왕했지만 작품으로서는 결실을 맺지 못하고, 그 결과 이부세 원작으로 하게 됐어요. 지금이라도 괜찮지 않은가, 세계에서 유일한 피폭국의 감독이 원폭에 대해 이야기한들 무슨 이상할 게 있나 하고 마음을 고쳐먹었습니다. _〈키네마준포〉 1990년 2월 하순 호

이 작품은 생생한 히로시마가 그려져 있는 건 틀림없는데, 일상적인 독특한 문체로 담담하게 묘사되어 있고 게다가 깊은 의미를 갖고 있어서 강하게 끌렸습니다. 그 문체를 영상화할 수 없을까. 그러다 3년 전, 아무래도 하고 싶어졌어요. 감독 우라야마 기리오 군의 어이없는 죽음을 겪고 내 나이를 생각하니 무서워서 마음이 조급해졌죠. (…) 물론 세기의 참화를 당한 히로시마의 메시지를 세계에 전하는 일은 필요하다고 생각합니다. 하지만 정치적·사회적인 게 아니라 인간적인 작품으로 만들고 싶어요. 보통 사람들이 어떻게 받아들이는지 차분히 보고 싶습니다. 나로서는 이걸 마지막 작품으로 할

작정으로 임하고 싶습니다. ─〈주고쿠中国신문〉1988년 3월 12일

〈검은 비〉도 상당히 전부터 생각하고 있었습니다. 이걸 모노크롬으로 한 것은, 컬러는 아무리 해도 색이 경박해져서요. 특히 녹색이 경박해요. 이제 카메라 찍는 히메다 신사쿠도 없고 말이죠. 도치자와 마사오栃沢正夫도 죽어버렸고. 그래서는 색 자체를 말이지, 컬러필름 자체를 비판하거나 고찰할 사람도 없으니까요.

내 나름의 방식으로 얼마든지 할 수 있었다고 생각하지만 그러지 않았습니다. 나의 세계로 끌려들어갈 것 같을 때면 이부세 씨의 클로즈업이 떠올라 할 수 없었어요. 그만큼 어려움도 있었지만 결과적으로 좋지 않았나 생각합니다. (…) 부락 공동체라는 문제를 조금은 다루고 있지만 언뜻이라 할 정도고, 인간의 욕심이라든지 에고라든지 이제까지 즐겨 다뤘던 것은 이 작품에서는 전부 봉인했습니다. ─〈키네마준포〉 1990년 2월 하순 호

오카야마의 기업 오너인 하야시바라 씨가 자금을 잘 내주었어요. 고마웠지. "이제 여기까지다" 하던 때니까요. 그런 때라 앞뒤 30분 안 되는 정도밖에 얘기하지 않았어요. 그런데도 "냅시다" 하는 거야. 이거 꿈인가 생각했지.

이런저런 후보가 있었는데 다나카 요시코가 제일 평범했단 말이지. 보통인 거야. 이건 중요한 건데, 그 위에 감은 좋지, 만만치 않은 일면도 갖고 있어. '본격적인 연기는 이제부터다' 하고 생각은 했지만, 보통을 연기하는 건 어려운 일이야.

현대의 순례 부분, 컬러 부분도 실제로 찍었어. 따로 이어 붙이려고 말이야. 하지만 일찌감치 그만뒀어요.

히로인이 순례하다가 객사할 때까지를 컬러로 촬영하기 직전까지 갔지만, 컬러와 흑백의 접점이 나무에 대나무를 접붙인 느낌이 되어서 아무래도 잘 안 되는 거예요. 히로인이 발에서 피를 흘리며 비렁뱅이처럼 걸어서 순례하는 부분은 내 취향의 세계이기도 하고, 라스트에 종소리가 들려오니 구제의 느낌도 납니다. 조금은 센티멘털리즘도 있어서 영화로서는 깔끔하고 참으로 괜찮은 결말이 되지만, 피폭자에게는 견딜 수 없는 결말이 되죠. 그래서 전부 잘라냈습니다. 현대를 넣어 지금 생각해도 이상하지 않다는 걸 알리고 싶은, 내 안에 있는 어떤 계몽주의로부터 나온 신입니다만, 그런 것도 싫어져서 말이죠. _〈키네마준포〉 1990년 2월 하순 호

칸에는 상을 받는 단계까지 있어본 적이 없다

〈우나기〉

타이틀은 원래 '어둠에 번뜩이다闇にひらめく'였지만 돌연 '우나기'로 했어요. 쇼치쿠의 오쿠야마 가즈요시奧山和由영화 프로듀서와 얘기하면서 기자회견장으로 가는 복도를 걸을 때 "우나기"라고 얘기했지. 그랬더니 "제목 어떻게 안 될까?"라고 말하는 거예요, 그가. "안 돼, 이건 '우나기'로 결정이야"라고 말했지. 보고 나면 '이거 우나기잖아' 싶게 말이야. 조금 불만인 것 같아 보였지만.

시미즈 미사는 내 영화에서는 이질적일지도 몰라요. 〈우나기〉에서도 쇼치쿠는 회사를 총동원해서 반대했죠. 어째서 시미즈 미사냐고 말이지. 아침저녁 전화 걸어서 그것만은 그만둬달라고 얘기했어. 인기가 없다는 게 이유. 그 사람을 주연으로서 중심을 걸게 해서는 단연코 안 된다는 거예요. 이 여배우를 써라 하면서 후보도 여럿 내 왔죠. 그런 걸 쓸 바에 나는 영화 따위 안 찍는다고 버텼지. 그래도 굉장히 끈질기데. 미사만은 싫대요. 그래서 한심스러워져서 그만두자고 생각했습니다.

〈간장 선생〉에도 창부 역으로 잠깐 나왔지만, 연기가 좋아져 있었어요. 그때는 아마 남자가 생겼을 거예요. 애초에 시미즈 미사가 좋다고 생각한 것은 소거법으로 이 사람밖에 없다고 해섭니다. 〈붉은 살의〉의 하루카와 마스미같이 특별한 사람은 좀처럼 없지. 다들 노인이 됐고.

시미즈 미사는 꽤 만만찮은 데가 있는 여자로 '쉽게는 찌그러지지 않겠어' 하는 데가 있었죠. 착해 보이는 얼굴을 하고서 거짓말을 하는데 진짜로는 만만찮은 여자예요. 텔레비전에서 NHK의 〈백년의 남자百年の男〉오가타 겐, 시미즈 미사 주연의 드라마. 이 작품도 이케하타 슌사쿠가 각본을 썼다라는 것을 봤어요. 그게 아주 좋았어. 뭐랄 거는 없는데 말이지, '밝아서 좋네'랄까 무책임한 명랑함이 그려져 있었죠.   〈키네마준포〉 1997년 6월 상순 호

도시락을 끈에 매달아 다리 위에서 야쿠쇼에게 건네는 연출은 시미즈가 스스로 생각한 거예요. 도시락을 건네고 싶다, 끈으로 매달아서 내려보내겠다고 해요. 그래서 그 신이 태어났지. 칸에 가서 저쪽의 젊은 감독에게 〈우나기〉의 비좁은 이발소 난투 신이 굉장하다는 얘길 들었죠. 좁은 곳에 거울이 있어서 금세 카메라가 찍혀버리니까 다들 기어 들어가서 찍은 거야. 고생스러운 촬영이긴 했습니다. 하지만 상을 탈 거라고는 생각하지 않았기 때문에 칸에서는 금방 돌아왔어요.

칸은, 가는 일은 있어도 상을 받는 데까지 있어본 적은 없어. 다만 〈간장 선생〉 때는 마지막까지 있었어요. 경쟁 부문이 아니니까 "와앗" 하는 순간은 없을 거라고 예상하고 말이야. 찬연히 상에 빛난다든지 하는 것도 기쁜 일입니다만, 아주 창피해서 견딜 수가 없어. 그런 일 없을 거라고 안심하고 있었습니다.

한데 안타깝게도 4000명의 대관중은 프랑스어밖에 모르는 녀석들이거든요. 슈퍼임포즈superimpose. 두 이미지를 중첩하는 영상 기법으로 자막을 화면에 넣는 걸 뜻하기도 함한 자막인데, 이쪽에서는 '그 얘기인가' 하고 조금은 의심의 눈을 하고서 보고 있었어요. 하지만 내 제2외국어 지식으로는 말이지, 도저히 간파할 수가 없어. 아무튼 그거인 듯한 말이 줄줄 나오는데, 틀림없이 그 자막에 의존해 감상하면서 많이들 웃어주더라

고. 실로 개방적인 웃음으로, 웃을 수 있는 포인트에서 전부 빠짐없이 웃어줬죠. 아주 괜찮은 분위기였어요. 게다가 끝났더니 만장의 박수가 있는데, 앞에서 둘째 줄인가 셋째 줄 정도 되는 곳에 내가 있고 모두가 이쪽을 향하고 있어. 계속 웃고 떠들고 해주는 거예요.

나는 그만 눈물이 날 것 같아서, 혹시 눈물이 흐르고 있나 싶은 처지가 됐습니다. 일흔이 되지만 한 번도 울음이 터지겠다 싶었던 적은 없어요, 꼬마 때부터. 그야 꼬마 때는 다소는 울었는지도 모르지만 이래로 전혀 울어본 기억이 없거든요.

땅을 파는 데
신경을 기울였다

〈간장 선생〉

〈간장 선생〉은 안고의 소설로는 이류지만, 내 아버지와 겹치는 부분이 있어요. 아버지도 요령이 없고 서민 쪽에 섰던 가난한 의사였습니다. 아버지에게 바치는 진혼가라는 생각으로 만들자고 했어요. 그런데 먼저 있어야 할 게 없어. 자택을 담보로 돈을 빌리려 했지만 저당 가치가 없다는 소리를 듣고서 은행 강도라도 할까 하고 진심으로 생각했어요.

그사이 아버지 얘기 같은 건 날아가버렸지. 냉정한 일이죠. 뭐, 총체적인 의미에서 아버지 얘기가 쓰여 있으면 족하다고 생각했지. 마지막은 리얼리즘에서 조금 떨어진 공상의 세계로 만들었어. 타이틀을 가타카나로 한 것은, 젊은 녀석들이 읽지 못할 거라고 생각했으니까.

간장 선생이 우당탕 뛰어다녀. 그 앞뒤로 드라마가 가득하고. 거기서 관객들이 뭔가를 생각하고 그리워하게 한다, 그런 영화입니다. 다음 작품을 찍기 위해서도 이게 성공해주지 않으면 곤란하다고 생각했지. 아무튼 일본이라는 나라는 감독이 헉헉거리면서 돈을 모으러 뛰어다니지 않으면 안 돼. 영화가 문화로 인정받고 있지 못한 나라예요.

내 경우 편집이라는 것은, 잘 설명하지 못하겠는데, 어쨌든 이번 〈간장 선생〉에서는 간장 선생이 강을 배경으로 그 근방을 달리는 거예요. 중심이 되는 건 그 달리기라서, 달리고 있는 그림을 전체에 확 한번 흩뿌려보자고 생각하고 있습니다. 새롭게 다시 편집해가는 과정이에요. 그건 상당히 대충대충이에요. 상당히 대충, 무턱대고 달리고 있죠. 그때 어떻게 생각했다든지 이런 대사가 있었다든지 하는 걸 전부 건너뛰면서요. _〈신초45〉 1998년 2월 호 별책

첫 편집에서는 세 시간을 넘었어. 그러니까 최종적으로는 한 시간 정도 필름을 자른 거예요. 힘드네요. '앞으로 15분' '앞으로 10분' 하는 식이 될수록 출혈 과다로 쓰러질 것 같아. 처음 30분이라든지 40분, 50분 부근까지는 출혈이 그다지 없어요. 뭐, 30분 지나면 오른손이 절반쯤 떨어져 나간 것처럼 생각되지만요.

너는 괴롭다고 생각하겠지만 오히려 사랑하고 있는 걸 조금 자르는 편이 좋은 거야. _〈큐폴라가 있는 마을〉의 0호 시사에서 우라야마 감독에게

미쿠니 렌타로가 그만둔 것은 촬영 2주째였던가. 재촬영도 상당히 있었지. 1000만 엔쯤 손해를 봤어. 미쿠니는 대사를 전혀 외우지 못해서 스스로 그만뒀습니다. 처음부터 다들 반대해서 관두는 편이 좋겠다고 얘기했었지. 나는 그와 같이 죽어도 좋으니까 미쿠니로 하겠다고 말했는데, 의논해볼까 했더니 자기 쪽에서 그만두고 싶다는 얘기를 꺼냈어.

간장 선생의 집은 원래 있던 옛날 청사. 부수기 직전에, 10월에 부순다고 하길래 서둘러 그 전에 빌렸어. 그 후 부수고 다시 비슷한 것을 새로 세웠는데 바보 같다고 생각했지. 똑같은 것을 어째서 세우는 걸까 하고.

아소 구미코麻生久美子는 배짱도 괜찮은 아가씨였지. 이 사람도 헤엄

을 못 쳐. 특훈을 시켰어. 정말로 헤엄을 못 쳐서 말이야. 모자를 주운 다음 배까지 도착을 안 해. 필름은 돌리고 있는데 전혀 안 나타나서 대소동.

주연은 제일 처음에 기타무라 가즈오로 하려고 생각해서 대본을 건넸지. 그랬더니 오가타 겐이 어떻게든 하고 싶다면서 기타무라한테 가서 머리를 숙이고는 배역 받아도 되겠느냐며 우리 집에 왔길래 안 된다고 했어. 결국 기타무라가 장 수술을 하고 도저히 체력적으로 불가능하다고 해서 미쿠니가 됐지. 그래서 미쿠니가 그만둘 때까지 에모토에모토 아키라柄本明는 미쿠니와 연기했지. 세라 마사노리世良公則의 배역을 에모토가 하고 있었으니까 미쿠니와 같이 연기했던 거예요. 그게 급거 역전했지. 그러니까 세라는 도중부터야. 교체 소동이 있고 나서 서둘러 세라를 골랐어. 미쿠니와 에모토로는 동급생이라는 느낌이 아니었고, 도리어 세라와 에모토 쪽이 그 분위기에는 맞았어.

묘지 신이 있는데, '판다'는 데 신경을 기울였지. 어떻게든 제대로 파고 싶었어. 로케이션에 사용한 절의 주지가 있는데, 매장한 시체를 다시 파낸다고 하니 상당한 저항이 있었어요. 난처하다 싶은 느낌두 들었지만 '뭐, 괜찮아' 했지.

오카모토 다로岡本太郎가 「오키나와 기행沖縄紀行」에서, 가난한 숯쟁이 엄마가 죽자 아이들이 낫을 갈아 "아빠, 우리 목을 잘라줘"라고 해서 그루터기에 놓고 싹둑 자른다는 이야기를 인용하고 있는데, 나는 선명하고 강렬한 생을 느꼈어요. 우리의 일상에서도 신불神仏 혼합된 절 옆에 있는 어두컴컴한 불당에 격자가 끼워져 있고 장식 가발 등이 매달려 있죠. 그 머리카락의 비듬 하나하나에도 빈곤과 몽매함과 선명한 생이 스며들어 있어서, 그것이 살아 있는 인간에게서 나온 거라고 생각하면 생생하고 더러워서 소름이 끼쳐요.

죽은 이의 털이 자란다는 얘기도 있지. 또한 천연색 봉납 액자가 컴컴한 속에서도 찬연히 빛나는 것을 보면 '일본인은 이렇게 살아왔다' 하는 기분이 듭니다. 나는 불당의 컴컴함도 그렇고 어렸을 때부터 땅 파기를 좋아했어요. 무슨 이유인지 모르지만 그런 것에 끌려 조사를 하다 보니 아나기다 씨의 방법이 편리하다는 것도 알게 됐고, 그 말도 편리하니까 빌리자는 생각으로 작업해오고 있지. 지금 우리 집 아이가 땅을 파고 있습니다. 있을까 말까 한 공터에 가서 매일 땅을 파고 있어요. _『이마무라 쇼헤이의 영화』

야쿠쇼도 성실하지만 에모토 아키라도 성실하지. 다만 에모토는 좀 더 풍부함이 부족하네요. 〈우나기〉 때도 주연 후보로 올랐지만, 역시 곁에서 힘을 내는 사람이야.

에모토 아키라는 재미있어요. 이렇겠지 생각하고 있으면 그렇지 않다고 답을 내줄 가능성이 있지. 움직임은 대체로 지정합니다만 그는 자발적으로 잘 움직여줘. 엄청난 사람입니다. _〈키네마준포〉 1997년 6월 상순 호

에모토는 비교적 과장해서 연기하는 신이 있네요. 즉, 연기 티가 난다. 그는 굳이 내게 연기 티가 나는 부분을 해 보인 겁니다. 그러고 "어떻게 할까요?"라고 하지. 자기도 이건 너무 연기 같지 않느냐고 말하는 거예요. 그래서요, 스크립터에게 어떠냐고 물었더니 "음, 이게 아닌 쪽이 좋지 않을까"라는 거야. 뭐, 조금 고민했습니다만 이걸로 좋다, 이번은 이게 좋다 생각해서 오케이는 제일 연기 티가 나는 걸 골랐어. 도쿄의 학사회관 장면입니다. 연기 티가 안 나는 것만이 좋은 건 아니지. 굉장히 연기 티 나는 것을 일부러 취하는 일도 있는 겁니다.

장어 다음은
잉어가 어떤가

이제부터의 작품, 미완의 작품

다음 작품은 호주가 협력해주게 됐어. 그래서 호주에서 우연히 어떤 사람의 별장에 갔더니 그 사람이 여성 베스트셀러 작가였어요. 그 사람이 다음 후보인 『달의 눈물月の涙』의 원작자고. 호주의 목요도木曜島 Thursday Island라는 곳에서 메이지부터 전쟁 전까지 일본인 다이버가 남양진주조개白蝶貝를 잡고 있었는데 그런 이야기가 조금 나오지. 이것에 대해서는 시바 료타로司馬遼太郎도 〈목요도의 야회木曜島の夜会〉라는 다큐멘터리를 썼습니다만, 『달의 눈물』 자체는 일본인이 중심인 건 아니고 사용한다고 해도 일부입니다. 저자인 여자를 만났을 때도, 이 사람이 쓴 건 분명 재미없겠다고 생각했지. 현시점에서는 아직 어떤 영화가 될지 짐작이 안 돼요. 호주라는 요소는 뺄 수 없고, 그리 한가롭게 지내고 있을 수도 없지만요.

호주 로케이션헌팅은 이제부터예요. 목요도라는 게 조사를 해보니 현실에 있는 거야. 관광지로 만들려는 모양이야. 작은 섬으로 교통편은 무척 나쁘고. 가는 데 일주일 걸린다고 하네. 『달의 눈물』과 시바 료타로와 오키나와의 해적 이야기를 믹스할지도 몰라. 오키나와의 해적 이야기는 재미있어요. 바다로 떠밀어서 연습하지. 호주 측으로부터는 주연 여배우, 조연, 스폰서가 제안되어 있어요. 스폰서가 정해진 건 좋지만 여배우가 정해져 있는 건 곤란하지. 거절할 겁니다.

꽤 예전이지만 〈겁쟁이 알리〉라고 각본까지 쓴 작품도 있어. 가시마 영화鹿島映画의 기획으로 모로코 얘기인데, 각본 단계부터 상당히 재미있었다고 생각해요. 아역을 찾기도 하고 엄마 역을 찾기도 하고 로케이션헌팅도 했죠. 나도 처음에 라바트에 가서, 유도장을 하고 있고 국왕의 남동생인지를 가르치고 있던 전 프로레슬러 일본인을 만났지. 그 사람하고 로케이션헌팅을 했는데, 그는 프랑스 사람이 경영하는 호텔이 분명히 있으니까 아무래도 그쪽에 투숙하고 싶다더라고. 나는 모로코인만 묵는 곳에 투숙해 공부한답시고 한 달 가까이 묵고 있었고. 그때 시나리오를 만들어버렸지. 나에게는 드문 일이에요. 준비가 꽤 잘되고 있었던 거죠.

그래서 가시마 측과도 이야기를 정리하지 않으면 안 되니까 내가 일단 일본에 돌아오고, 조감독 후지타 덴藤田傳이 뒤이어 아랍어 통역과 라바트로 갔지. 그런데 얼마 되지 않아 쿠데타가 일어나서 우리 쪽 대응을 하는 모로코 외무부의 영화 담당자가 살해당해버렸어. 그는 베를린영화제에도 참가했는데, 귀국하자마자 여름 궁전에 많은 초대객을 모아놓고 일장연설을 하려고 일어선 순간 제일 먼저 죽임을 당했지. 그래서 중단해버렸어.

〈단게 사젠〉도 옛날부터 찍고 싶었던 것. 지금은 좀 진행시켜보는 중인데, 나카하라 슈이치中原秀一에게 시나리오를 부탁해놓았지. 시대 설정을 원작과는 바꾸어 막부 말기에서 메이지유신 무렵으로 가져온다고 생각하고 있는데, 나카하라 마음속에는 그 부근 납득할 수 없는 부분이 있고 또 그가 병중이기도 해서 시나리오가 난항하고 있습니다.

차차기작 정도로 생각하는 게 있는데, 이부세 마스지의 「고이鯉」라는 단편이 있어. 장어 다음은 잉어가 어떤가.'우나기'는 장어, '고이'는 잉어다.

아오키 난파치青木南八라고 이부세 작품에 자주 나오는 친구에게 주인공이 잉어를 받는다는 이야기지. 이부세 마스지의 청년 시절은 아오키 난파치하고 지극히 친밀해서 말이야. 이부세 마스지가 원고를 쓰고 있으면 하숙에 쫓아 올라온 난파치가 "이제 다 됐나" 같은 소리를 하는 거야. 너무 성가시게 말이야. 제대로 안 쓰고 있거나 하면 화를 내고. 그래서 원고지를 여러 장 말아서 여기저기 버리는 겁니다. 그러면 몇 페이지인가를 읽어보고 "오, 하고 있군" 같은 소리를 해. 그런 친한 친구예요. 옛날 친구란 그런 거라고 나는 생각합니다. 안 쓰고 있으면 걱정한다고.

「고이」에서는 난파치가 알루미늄 냄비에 팔팔한 흰 잉어를 넣어서 들고 와. 소설에서는 주인공이 이부세 본인인데요, 고맙다, 소중히 키우겠다 말하며 넘겨받아. 하숙의 작은 정원에 연못이 있는데 거기에 넣어두면 어쨌든 살아 있겠지 하고 생각해서 우선 거기에 풀어놓지. 한편 난파치에게는 애타게 사랑하는 여성이 있어. 그게 와세다 근처에 멋진 저택을 갖고 있는 사람의 부인인지 애인인지예요. 그래서 주인공이 하숙을 옮길 때 사정을 얘기하고 잉어를 그 저택의 커다란 연못에 풀어주기로 하지.

난파치라는 사람은 간사이 쪽 사람이었던 걸로 기억하는데, 내 아이디어에서는 말이야, 그 사람을 가와시마 유조의 고향인 무쓰 쪽으로 가져가려고 생각하고 있어. 그런 식으로 각본을 쓰기 시작했는데요, 잘 안 되는 거야, 이게.

그런데 난파치가 병이 깊어서, 아마 폐병이겠죠, 얼마 지나지 않아 죽어. 그래서 저택의 연못에 잉어를 풀어둔 채로 둘 수가 없으니 낚아 올려서 이번에는 와세다의 수영장에 풀어놓아요. 뭐, 원래는 그것뿐인 얘깁니다만 시나리오에서는 난파치가 사랑하는 사람의 남편이 모

로코인가 아프리카인가 어디서 무역상을 하고 있고, 기타 잇키北一輝
일본의 사상가로 국가사회주의자. 1936년 일어난 쿠데타 미수 사건인 2·26 사건을 주동했던 청년 장
교의 이론적 지도자로서 체포되어 사형당했다의 후견인이었던 남자라는 식으로 설
정하지. 실제로 기타 잇키 주변에는 그런 유의 사람이 있었던 모양이
지만.

2·26 사건 후 기타는 처형됩니다. 수년 지난 어느 눈 내린 날에 기
타 잇키를 생각하며 이전에 잉어를 풀어놓은 수영장의 다이빙대에 올
라 "기타 잇키 선생님 만세" 하고 말하면서 주인공은 자살해. 할복하
는 거예요. 그 얼음이 언 물 속에 하얀 잉어는 아직 살아 있다 하는 이
야기를 만들고 싶어. 이거 안 하면 못 죽어요.

이부세 씨와도 이 얘기를 했는데요, 이제 그의 머릿속에는 텔레비
전밖에 없더라고. 영화는 텔레비전이라고 생각하고 있어. "선생님, 텔
레비전이 아니라 영화예요"라고 얘기하면 "내 소재는 너무 수수해서
텔레비전에서는 인기가 없어"라고 해. 어영부영 거절당하는 식으로 끝
났어. 은사 가와시마 유조의 세계와 그 「고이」라는 단편을 하나로 묶
어서 꼭 만들고 싶어. 유작이 되겠지. 아니, 마지막은 아니려나.

이쪽은 이시도 도시로와 팀을 짜서 만들려 해요. 그는 영화학교를
그만두고 긴키近畿대학 쪽으로 갔지만 꼭 그와 함께 작업해보고 싶네.

지금도 기회가 될 때마다 와세다 부근을 걷는다든지 로케이션헌팅
을 하고 있지만 아직 안 돼. 쇼와 초기의 설정은 상당히 어려워. 가구
라자카神樂坂도쿄 신주쿠구 와세다 부근 주택가. 게이샤가 있는 고급 요정으로 유명했다도 말
쑥해져버려서 말이야. 옛날에 기타무라 가즈오와 같이 하숙하던 집
바로 옆에 다나카 가쿠에이田中角栄일본의 전 총리 저택이 있었지. 잉어를
풀어놓은 저택인데, 쓰게만 해준다면 좋을지도 모르겠네.

이쪽도 늙어빠져
있을 수는 없는 것이다

영화학교와 젊은이들

나는 한 번 미래를 잃었다. 34년 전, 라디오가 하와이 기습을 외치던 겨울 아침의 일이었다. 너희와 같은 또래의 청년들이 죽는 것만 생각하기 시작한 것이다. 패전의 자리에 섰을 때 미래가 돌아왔다. 아무것도 없기 때문에 미래밖에 없었다고도 할 수 있다. 그 미래가 지금이다. 너무 많다 싶을 만큼 뭐든지 있다. 하지만 이런 모습의 미래는 아니었을 것이 틀림없다. 예전이라면 타인이 깔아준 레일이라도 거기를 달리기만 하면 어디론가 갈 수 있었다. 지금은 그게 어디로 이어졌는지 아무도 알 수 없다. 알고 있는 것은 종착역에서 '아아, 나는 분명히 살아왔다' 하고 실감할 수 없을 거라는 것뿐이다. 일본은 마음이 없는 거인이 되었다. 무에서 무엇인가를 손으로 만들어간다는 마음이 없다. 미래는 다시 한 번 상실된 것이다. 성가셔도 손과 마음으로 한번 더 뭔가를 만들어내지 않으면 안 된다고 생각한다. 나를 도와줄 선생님들은 기성의 레일을 완고히 거부했다. 그러니까 '인간'을 살아가고 있다. 이 선생님들에게 둘러싸여, 제군들과 함께, 한 번 더 미래를 향하려 하는 지금, 나는 무사의 몸서리와도 같은 흥분을 느낀다. ＿요코하마 방송영화전문학원 광고, 1975년 2월 20일

일본영화학교는 모래를 씹는 것 같은 노력을 불사한다. 끈기 있고 터프한 인재를 만들지 않으면 안 된다. 소, 중, 고로 십 수 년이나 완전히 관리당해 편

차치 교육에 혼이 빠진, 그저 순종적인 양 같은 젊은이를 늑대로 만드는 것은 지난한 일이지만 하지 않으면 안 된다. 이쪽도 늙어빠져 있을 수는 없는 것이다. _일본영화학교 1987년도 입학 안내문

학교를 만들었을 때는 영화가 점점 못쓰게 되어가던 무렵이었습니다. 몇 명인가 구조 조정으로 일을 그만두기도 하고. 쇼치쿠에도 꽤 인원 교체가 있어서 슬슬 기회인가 하고 생각했어요. 쇼와 49년1974년 정도일까. 학교 초기 무렵 요도가와 나가하루淀川長治30여 년간 매주 계속된 텔레비전 프로그램 〈일요영화극장〉의 영화 해설로 유명한 영화평론가이자 잡지 편집자 씨가 말이죠, "이 학교 잘도 계속되고 있군" 하고 얘기하는 거예요. "어쨌든 계속하지 않으면 안 되는 거야"라고 말한 적이 있습니다. 이마무라의 일이니까 모두에게서 돈을 모아 어디론가 달아나버리는 게 아니냐고, 혹은 그 돈으로 영화를 만드는 게 아니냐고들 생각했어. 난 그렇게까지 악당은 아니야.

꽤나 험담도 들었지. 왜 그런 돈벌이를 하느냐고.

애초에 수험에 실패하고 비뚤어져 있는 아이들을 보고 그들 중엔 절대로 빛나는 애들이 있다고 생각해서 무시험으로, 전부 내가 고른다며 시작했어. 하나하나 전부 면접하느라 엄청난 수의 사람과 만나고, 그리고 재미있는 아이들을 넣었지. 어쨌든 오면 만나서 일대일로 얘기해 골랐던 게 그 학교의 시작인 겁니다. 그러니까 10년 정도는 시험 없이 뽑았어요. 정말 매일 다니며 면접했다고. 하지만 너무 많아 어쩔 도리가 없어서 시험을 보기 시작했지.

이제까지 영화인을 키우던 방식과 다른 방식으로 해보고 싶다는 생각을 전부터 하고 있었어. 조감독이던 시절에 이미 생각하고 있었습니다. 학교 같은 곳에서 계통적으로 가르쳐주면, 이런 조감독 같은

건 10년이나 할 게 아니라고, 안 하는 편이 좋다고 열을 올려 주장했지. 그것을 실천하고 싶었던 거죠. 쇼치쿠에서 구조 조정으로 다들 고생하는 모습을 보고 '지금이라면 그들 중에서 교사를 모을 수 있겠다' 생각했어요. 나 스스로도 처음엔 계속해서 교단에 섰어요. 1학년의 첫 수업. 졸업 제작도 말이지.

농업 실습을 도입하자고 생각한 것은, 기류의 전문학교에 있을 때 농업을 배웠는데요, 해보면 결코 시시하지 않아. 농가의 주인인 아저씨·아주머니와 만나 얘기하는 것도 재미있고, 그리고 밤에 누가 누구 집에 숨어들고 어쩌고 하는 그런 것도 재미있지. 실천했던 건 아니지만요. 농업은 상당히 재미있다는 생각이 있었어. 그것은 자연과의 투쟁이지만, 자연과 어떤 식으로 같이 사귀어갈 건가 하는 게 농업을 보고 있으면 무척 명백한 거예요. 또한 맛있지.

벼를 베잖아요, 벤 뒤에는 짚섬 비료를 늘어놓았어요. 그게 정말로 안성맞춤인 곳에 놓여 있어. 정말 훌륭히 계획적으로 놓여 있죠. 그 짚섬을 가래로 무너뜨려 퇴비로 쓰는데, 정확히 그 논에 뿌릴 수 있는 양만큼 배분이 되어 있지. 그걸 보고 나는 무척 감동했습니다. 굉장한 지혜라고 생각했어.

지방 출신이어도 모내기한 적 없는 사람이 많았어요. 도망간 사람도 있고, 쫓아다니며 찾느라 돌아다니기도 하고, 담배로 이불을 태워 불이 나기도 하고, 큰일이었지. 지금은 연극과만 나갑니다.

학생의 감상문 : "(…) 우리는 철저히 혹사당했다. 수지 안 맞는 일을 해보라는 학원장의 말대로, 정말로 수지가 안 맞는다고 생각했다. 하지만 혹사시키면서 다정하게 대해준 농가 사람들의 태도에 다시금 눈물이 나는 것은 왜일까. 도회지의 생활에 이제 없는 인정 탓일까. 수지가 맞지 않는 땀과 눈물

과 아름다운 산과 농촌을 떠나 거름 구덩이 같은 도쿄에는 돌아가고 싶지 않다고 몇 번이고 생각한 것은 왜일까." _일본영화학교의 반다이산 기슭 농촌 실습기

영화학교에 들어오는 패들은 물론 영화에 전심하면서 '영화가 있으니까' 하는 생각으로 노력을 하지. 처음엔 아르바이트가 없는 아이라든지 이런저런 경우가 있어서 말이지, 방도가 없으니까 "여자 남자 나눠서 카바레에 팔아버려" 하고 말한 일도 있어.

대학이라면 부모가 인정하겠지만 전문학교에 게다가 영화의 세계라서 임청나게 반대해. 지방에서 거의 야반도주나 마찬가지로 떠나오는 거지. 학비만 내줄 테니까 그다음은 스스로 하라는 경우도 있어서 자기가 알아서 먹고살지 않으면 안 돼. 그래서 신문 배달 자리를 부탁하려고 선생님들이 죄 각지로 흩어졌던 시기도 있었고, 〈아사히신문〉이 협력해줬습니다. 달아나는 경우도 있었어요, 1년에 한 명이나 두 명은. 하지만 벌써 20년 이상이야. 잘도 여기까지 왔다고 생각합니다.

역시 학생의 기질은 계속 변하고 있네. 우선 이마무라 쇼헤이의 영화를 본 적 있느냐고 하면 "없다" 하고 당당히 말해요. "누군데요?" 같은 소리를 한다고. 옛날엔 얼마간 부끄러워하면서 얘기했었는데 지금은 그런 거 없어요. 큰 소리로 개의치 않고 말해. 영화사적인 의미에서 오래된 영화는 물론 보여주지만 〈돼지와 군함〉 같은 건 대부분의 학생이 처음 보지. 왓카나이稚內에서 온 학생은 말이야, "영화관이 없습니다"라고도 하니까요.

가끔 나는 그들을 붙들고 얘기를 해본다. 그들은 무거운 입을 열고 얘기하기 시작한다. 연출에 대해, 각본에 대해, 연기에 대해 제각각의 생각을 얘기한다. 열에 하나는 적확한데, 너무나도 적확해서 '이런 제길' 하고 생각하지만

영화학교에 들어오는 아이들에 관해 말하자면, 별로들 경박하지는 않다고 생각합니다. 아무튼 남의 흉내 내지 마라, 유행에 민감해지면 안 된다 하는 것을 가르치고 있지. 유행하지 않는 것만 하라는 것도 나쁠지 모르지만. 그들이 알고 있는 영화는 할리우드라든지 텔레비전 드라마인데 그런 게 영상 세계라고 생각하며 자라온 무리에게 〈돼지와 군함〉 같은 걸 보여주고서 재미있어 하라는 것도 무리지.

옛날엔 열심히 선전했어요. 학생과 사람들이 니혼대학 예술학부에 가서는 입시 후 문 앞에서 "시험 한번 쳐볼래?" 하고 권유한 시기도 있었지. 싫었어요. 그랬더니 최근엔 닷카쓰에도 예술과 같은 게 있어서, 그런 데서 우리 학교 시험이 끝난 다음에 권유하러 왔었어요. 싫겠더라고. 하지만 조금씩 변하고 있어. 대학에 가지 않아도 좋다는 아이들이 늘고 있어요.

지금은 영화 회사라는 게 없어서 졸업생들은 텔레비전이라든지 다큐멘터리 업자라든지 그런 곳으로 흩어집니다. 하지만 다늘 좀처럼 영화는 포기하지 않아. 현재 이 업계의 80퍼센트 정도는 영화학교 졸업생인 모양이야. 대단한 숩니다.

한국의 부산국제영화제에 갔어. 그랬더니 그래 보이는 나이쯤 된 녀석이 거의 영화학교 출신인 거예요. 통역부터 프로듀서니 뭐니 전부 졸업생. 놀랐네. 학교에는 유학생도 상당수가 와 있으니까요. 중국, 한국, 그다음에 방글라데시, 말레이시아에서도 와 있지.

이번에 가는 서울의 촬영 현장2001년 작품인 〈2009 로스트 메모리즈〉도 역시 감독이니 뭐니 전부 졸업생. 이번에 나는 배우로 출연을 부탁받았지. 어째서냐고 생각하지만요. 역사학자 역인데, 당연히 교과서 문제 같은 것도 나와. 어려워, 이게. 옛날에 텔레비전에 나갈 때도 그랬지만 연출가가 "대사가 너무 기니까 적당히 처리해주세요" 같은 소리를 쉽게 한다고. 하지만 시나리오까지 그러라고 하면 골치 아프지. 부산의 영화제 때 익숙하지 않은 한국말로 인사를 했어. 그게 꽤 괜찮다는 평판을 받았는지 어쨌는지 이런 처지가 됐네. 뭐, 영화학교 동창회에 나가는 기분으로 가볼까 생각하고 있지.

좋지 않은가, 필모그래피

극장
영화

도둑맞은 욕정 盗まれた欲情

닛카쓰 제작, 1958년 5월 20일, 흑백, 시네마스코프, 92분

이상에 불타는 청년이 새로운 연극을 모색하려고 가와치의 대중연극 극단에 문예부원으로서 투신한다. 하지만 극단 패거리는 무지하고 호색한에 게으름뱅이들뿐. 얼빠진 소동을 연이어 불러일으키는 배우들과 마을의 건달들 속에서 인텔리 청년 신키치는 오히려 어릿광대처럼 겉도는 존재가 된다. 순회공연을 하는 축제의 공간에서 실수를 거듭하고, 종국에는 단장의 큰딸과 눈이 맞는 데 이른다. 무엇 하나 만족스럽지 못한 채로 신키치는 극단을 떠나게 된다. 고매한 이상은 거의 좌절되다시피 했지만, 추잡한 현실에서 확실히 무엇인가를 얻은 신키치는 단장의 막내딸과 둘이서 새로운 출발을 꾀한다. 감독 데뷔 첫 번째 작품.

스태프

제작 오쓰카 가노大塚和
원작 곤 도코今東光(『텐트 극장テント劇場』)
각본 야마노우치 히사시山内久(크레디트에 스즈키 도시로鈴木敏郎로 올라감)
감독 이마무라 쇼헤이
촬영 다카무라 구라타로高村倉太郎
음악 마유즈미 도시로黛敏郎
미술 나카무라 기미히코中村公彦
조명 오니시 미쓰오大西美津男
녹음 하시모토 후미오橋本文雄
편집 나카무라 다다시中村正
조감독 우라야마 기리오浦山桐郎

배역

야마무라 다미노스케 다키자와 오사무滝沢修
야마무라 오센 스가이 긴普井きん
야마무라 에이자부로 야나기사와 신이치柳沢真一
야마무라 지도리 미나미다 요코南田洋子
야마무리 지구사 기타 미치에喜多道枝
구니다 신키치 나가토 히로유키長門裕之
다카다 간지 니시무라 고西村晃
가토 에이스케 다카하라 도시오高原駿雄
고바야시 도미하치로 오가사와라 쇼지로小笠原章二郎
센타 이토 류세이井東柳晴
오토메 요코야마 미요코横山美代子
사요코 나나자토 기미코七里公子
가즈코 사카이 료코坂井良子
레이코 시바 아오미芝あおみ
미도리 우루시자와 마사코漆沢政子
미사코 가즈키 미나코香月美奈子
도시로 오자와 쇼이치小沢昭一
오산 다케치 도요코武智豊子
순경 가와카미 노부오河上信夫
인부 감독 미네 산페이峰三平
기와 장인 야마노베 준山之辺潤
다치바나 나카야 노보루仲谷昇

니시긴자 역 앞에서 西銀座驛前

닛카쓰 제작, 1958년 7월 29일, 흑백, 시네마스코프, 52분

당시 인기 상승 중인 프랑크 나가이를 갑초 역으로 내세워, 니시긴자 역 앞의 약국 주인 주타로의 소심하고 서투른 외도 소동이 펼쳐진다. 닛카쓰의 요구로 타이틀과 동명의 히트곡을 노래하는 장면을 세 번 이상 넣는 조건으로 만들어진 가요 희극. 주타로가 일찍이 남방 전선에서 싸우던 시절에 남국의 섬 아가씨와 나눴던 사랑의 기억이 현실과 뒤섞여 여러 차례 혼란을 빚는다. 친구인 수의사에게서 "이 병을 고치려면 바람을 피우는 게 상책"이라는 조언을 듣고 길 건너 만년필 가게 아가씨와 함께 모터보트로 쇼난 바다로 나가는데……. 인간은 성적 측면에서 남자보다 여자 쪽이 강하다는 주제를 코미컬하게 그린다.

오야마 아카네 야마네 게이코山根惠子
오야마 다케시 시마즈 마사히코島津雅彦
아사다 아스시 니시무라 고西村晃
아사다 히사 하쓰이 고토에初井言栄
구리타 간베 효스케神戸瓢介
만타로 오자와 쇼이치小沢昭一
이가라시 유리 호리 교코堀恭子
샐리 호리 교코堀恭子
여점원 하나다 시게모리 데루에重盛輝枝
바 A 마담 사카이 미키코堺美紀子
여급 에미 세오エミ一·瀬尾

스태프

기획 모테기 료지茂木了次
원안·각본 이마무라 쇼헤이
감독 이마무라 쇼헤이
촬영 후지오카 구메노부藤岡象信
음악 마유즈미 도시로黛敏郎(크레디트에 나카가와 요이치中川洋一로 올라감)
미술 나카무라 기미히코中村公彦
조명 모리 도시오森年男
녹음 하시모토 후미오橋本文雄
편집 나카무라 다다시中村正
조감독 우라야마 기리오浦山桐郎

배역

노래·디스크자키 프랑크 나가이フランク永井
오야마 주타로 야나기사와 신이치柳沢真一
오야마 리코 야마오카 히사노山岡久乃

끝없는 욕망 果しなき欲望

닛카쓰 제작, 1958년 11월 18일, 흑백, 시네마스코프, 102분

첫머리, 어느 지방 도시에서 수상쩍은 눈초리의 남녀가 배지를 표식으로 삼아 서로 만난다. 10년 전 패전 당시 그 근처에 있던 육군병원의 군의가 부하들과 함께 모르핀을 채운 드럼통을 몰래 묻어두고 나중에 파내어 나눠 가질 계획이었던 것이다. 이후의 이마무라 작품에서도 활약하는 독특한 개성의 배우들을 대거 등장시켜, 다섯 명의 남녀가 좁은 공간에서 욕망을 한껏 드러내며 뒤얽히는 모습을 다이내믹하게 연출하고 있다. 가로로 긴 시네마스코프 화면을 지상(상점가)과 지하(움막)의 상하로 분할해서 보여주는 수법은 이 영화가 최초가 아닐까. 까마귀에게 당하는 다키 영감의 엔딩 신도 유머러스하다.

나카타 니시무라 고西村晃
오누마 도노야마 다이지殿山泰司
사와이 오자와 쇼이치小沢昭一
야마모토 가토 다케시加藤武
류코 나카하라 사나에中原早苗
오노유 긴조 스가이 이치로菅井一郎
다키 영감 다카시나 가쿠高品格
가나야마 가와카미 노부오河上信夫
스가이 야나기사와 신이치柳沢真一
형사 1 아시다 신스케芦田伸介
형사 2 아키쓰 레이지秋津礼二

스태프

기획 오쓰카 가노大塚和
원작 후지와라 신지藤原審爾
각본 야마노우치 히사시山内久(크레디트에 스즈키 도시로鈴木敏郎로 올라감), 이마무라 쇼헤이
감독 이마무라 쇼헤이
촬영 히메다 신사쿠姫田真佐久
음악 마유즈미 도시로黛敏郎
미술 나카무라 기미히코中村公彦
조명 이와키 야스오岩木保夫
녹음 누마쿠라 노리오沼倉範夫
편집 단지 무쓰오丹治睦夫
조감독 우라야마 기리오浦山桐郎

배역

사토루 나가토 히로유키長門裕之
시마 와타나베 미사코渡辺美佐子

果てしなき欲望

니안짱 にあんちゃん

닛카쓰 제작, 1959년 10월 28일, 흑백, 시네마스코프, 101분

불황의 구렁텅이에서 허덕이는 탄광 마을, 부모를 잃은 네 명의 조선인 형제자매가 빈궁함으로 뿔뿔이 헤어지면서도 좌절하는 일 없이 살아간다. 당시 베스트셀러였던 열 살 소녀 야스모토 스에코의 작문(일기)이 원작이다. 조금 미덥지 못해도 동생들을 사랑하는 기이치를 기둥으로 장녀, 그리고 두 사람의 아역인 차남과 막내딸이 실로 장하다. 가난한 형제자매를 둘러싼 거리의 사람들에는 기타바야시 다니에와 도노야마 다이지, 니시무라 고, 오자와 쇼이치 등의 능란한 배우들이 포진하고, 아이들을 차별 없이 대하는 다정한 선생님 역에는 호즈미 다카노부와 요시유키 가즈코를 배치해 인간미와 리얼리티가 넘치는 작품이 되었다. 문부대신상 수상.

스태프

기획 사카가미 시즈이坂上静翁
원작 야스모토 스에코安本末子
각본 이케다 이치로池田一朗, 이마무라 쇼헤이
감독 이마무라 쇼헤이
촬영 히메다 신사쿠姫田真佐久
음악 마유즈미 도시로黛敏郎
미술 나카무라 기미히코中村公彦
조명 이와키 야스오岩木保夫
녹음 하시모토 후미오橋本文雄
편집 단지 무쓰오丹治睦夫
조감독 우라야마 기리오浦山桐郎

배역

야스모토 기이치 나가토 히로유키長門裕之
야스모토 요시코 마쓰오 가요松尾嘉代

야스모토 다카이치 오키무라 다케시沖村武
야스모토 스에코 마에다 아키코前田暁子
사카타 노파 기타바야시 다니에北林谷栄
남편 요시오 후쿠하라 히데오福原秀雄
아내 하나코 다카야마 지구사高山千草
정우 다카기 히토시高木均
기타무라 고로 니시무라 고西村晃
아내 기쿠에 다나카 게이코田中敬子
가네야마 하루오 오자와 쇼이치小沢昭一
분 오모리 요시오大森義夫
그의 아내 마키 요시코牧よし子
헨미 겐고로 도노야마 다이지殿山泰司
아내 다쓰 쓰지 이마리辻伊万里
니시와키 하마무라 준浜村純
아내 세이 야마오카 히사노山岡久乃
미숫가루집 주인 니시카와 오타키 히데지大滝秀治
딸 다와코 가요 아케미加代あけ美
광업소장 야마노우치 아키라山内明
노무과장 사카이 아시다 신스케芦田伸介
총무부장 가와카미 노부오河上信夫
노무 간부 가하라 부몬加原武門
광부 오사후네 구사나기 고지로草薙幸二郎
보건소 계장 마에다 히노 미치오日野道夫
기리노 선생님 호즈미 다카노부穂積隆信
호리 가나코 요시유키 가즈코吉行和子
가나코의 어머니 가하라 나쓰코賀原夏子
마쓰오카 료이치 니타니 히데아키二谷英明
후쿠시마 정육점 주인 마쓰모토 센쇼松本染升
자전거점 점원 다카하라 도시오高原駿雄

돼지와 군함 豚と軍艦

닛카쓰 제작, 1961년 1월 21일, 흑백, 시네마스코프, 108분

미군 기지의 거리 요코스카가 무대로, 무허가 매춘의 벌이로 생활하는 불량배들이 기지의 잔반을 불하받아 돼지를 사육하는 사업을 시작한다. 그 일을 맡은 똘마니 긴타는 이것으로 자기도 급이 올라가고 연인인 하루코와도 함께 지낼 수 있다고 힘을 내지만 이윽고 이익을 둘러싼 분열·분쟁에 불이 붙는다. 인간의 비열함, 악랄함과 그 이면에 있는 웃음과 유머의 대비가 훌륭하다. 특히 단바 데쓰로가 연기하는 형님뻘 건달이 드물게 우스꽝스러운 역할로 웃음을 자아낸다. 환락가 한복판에서 트럭 짐칸에 탄 긴타가 기관총을 쏴대고 골목길을 돼지 대군이 내달음 치는 장면은, 이마무라류의 중희극重喜劇(경희극軽喜劇에 대비되는 의미로 이마무라가 자기 작풍을 표현하려고 만든 조어—옮긴이)의 본령을 발휘했다고 말할 수 있다.

스태프

기획 오쓰카 가노大塚和
각본 야마노우치 히사시山内久
감독 이마무라 쇼헤이
촬영 히메다 신사쿠姫田真佐久
음악 마유즈미 도시로黛敏郎
미술 나카무라 기미히코中村公彦
조명 이와키 야스오岩木保夫
녹음 하시모토 후미오橋本文雄
편집 단지 무쓰오丹治睦夫
스틸 사이토 고이치斎藤耕一
조감독 우라야마 기리오浦山桐郎

배역

긴타 나가토 히로유키長門裕之
하루코 요시무라 지쓰코吉村実子
히모리 미시마 마사오三島雅夫
데쓰지 단바 데쓰로丹波哲郎
호시노 오사카 시로大坂志郎
다이하치 가토 다케시加藤武
군지 오자와 쇼이치小沢昭一
가쓰요 미나미다 요코南田洋子
기쿠오 사토 히데오佐藤英夫
간이치 도노 에이지로東野英治郎
사키야마 야마노우치 아키라山内明
히로미 나카하라 사나에中原早苗
엄마 후미 스가이 긴菅井きん
하루코마 가하라 부몬加原武門
구로 아오키 도미오青木富夫
야지마 니시무라 고西村晃
아내 쓰네 하쓰이 고토에初井言栄
미야구치 의사 다카하라 도시오高原駿雄
조지 간베 효스케神戸飄介
마스야마 야토 다케오矢頭健男
진 도노야마 다이지殿山泰司
왕 기도코로 히데오城所英夫
앞치마 할머니 다케치 도요코武智豊子
번지 없는 땅 경관 가와카미 노부오河上信夫
짓코의 경관 다마무라 슌타로玉村駿太郎
전기공업 회사의 여공 나카가와 히후미中川一二三
환자 후쿠다 후미코福田文子
호텔 체리의 여주인 나라오카 도모코奈良岡朋子

일본 곤충기 にっぽん昆虫記

닛카쓰 제작, 1963년 11월 16일, 흑백, 시네마스코프, 123분

각본가 하세베 게이지와 이마무라 쇼헤이는 한 사람의 모델을 극명하게 취재해서 지극히 생생하고 세계에 통용될 만한 수준의 각본으로까지 다듬었다. 야마가타의 농촌에서 태어난 도메라는 여자가, 전쟁 중과 전후에 걸쳐서 격변기를 억세게 살아남는다. 제멋대로인 남자들에게 심신을 농락당하면서도 콜걸 조직의 경영자로 '출세'하지만 결국은 경찰에 붙잡힌다. 유치장을 나온 도메는 모든 것을 잃고 어느새 중년 여자가 되어 있다. 그래도 흙먼지투성이가 되면서 언덕길을 힘차게 올라가는 모습으로 영화는 끝난다. 본 작품은 세트를 일절 사용하지 않고 올 로케이션을 감행했다. 대사와 음성도 무선마이크를 사용해 동시녹음했다.

스태프

기획 오쓰카 가노大塚和, 도모다 지로友田二郎
각본 하세베 게이지長谷部慶次, 이마무라 쇼헤이
감독 이마무라 쇼헤이
촬영 히메다 신사쿠姫田真佐久
음악 마유즈미 도시로黛敏郎
미술 나카무라 기미히코中村公彦
조명 이와키 야스오岩木保夫
녹음 후루야마 쓰네오古山恒夫
편집 단지 무쓰오丹治睦夫
스틸 사이토 고이치斎藤耕一
조감독 이소미 다다히코磯見忠彦

배역

마쓰키 도메 히다리 사치코左幸子
마쓰키 린 기시 데루코岸輝子
마쓰키 엔 사사키 스미에佐々木すみ江
마쓰키 주지 기타무라 가즈오北村和夫
마쓰키 사와키치 고이케 아사오小池朝雄
마쓰키 루이 아이자와 게이코相沢ケイ子
마쓰키 노부코 요시무라 지쓰코吉村実子
가니에 스마 기타바야시 다니에北林谷栄
오노가와 구와야마 쇼이치桑山正一
혼다 슌조 쓰유구치 시게루露口茂
사카시타 가네 아즈마 에미코東恵美子
간바야시 요시지 히라타 다이자부로平田大三郎
마쓰나미 모리오 나가토 히로유키長門裕之
다니 미도리 하루카와 마스미春川ますみ
미도리의 기둥서방 오자와 쇼이치小沢昭一
반장 도노야마 다이지殿山泰司
젊은이 A 에노키 효에榎木兵衛
젊은이 B 다카오 히로시高緒弘志
다카바 제사 여공 A 와타나베 세쓰코渡辺節子
다카바 제사 여공 B 가와구치 미치에川口道江
정심정토회 A 스미카와 도루澄川透
정심정토회 B 사카이 고이치로阪井幸一朗
가라사와 가와즈 세이자부로河津清三郎
택시 운전수 시바타 신조柴田新三
도호쿠 본선 여객 A 아오키 도미오青木富夫
도호쿠 본선 여객 B 다카시나 가쿠高品格
경찰 수사관 구메 아키라久米明
매춘부 미야코 호노 가요코炎加世子

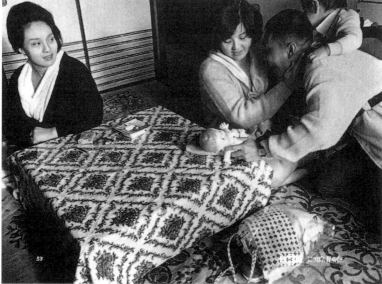

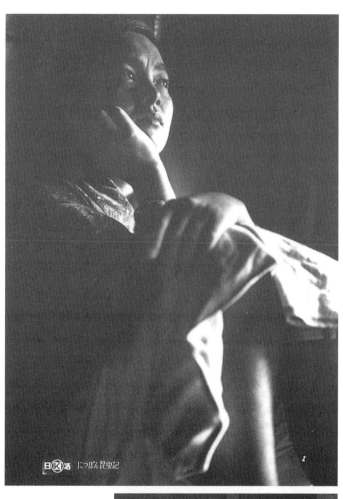

붉은 살의 赤い殺意

닛카쓰 제작, 1964년 6월 28일, 흑백, 시네마스코프, 150분

여자의 끈끈한 생명력을 그리는 이마무라 영화의 하나의 정점. 봉건적인 도호쿠 땅에서 사다코는 도서관 사서인 리이치와 시어머니에게 야단을 맞고 괴롭힘을 당하며 식모처럼 살아간다. 혼자서 집을 보고 있던 사다코는 어느 날 강도인 히라오카에게 능욕당한다. 사다코는 한탄하여 목을 매지만 몸의 무게로 끈이 끊어져버린다. 그 풍요롭게 감싸 안는 듯한 육체에 끌린 히라오카는 그 후로도 자주 나타나 "함께 지내달라" 강권한다. 사다코는 그를 살해하기로 결심하고 눈 속에서 열차로 함께 여행을 떠난다. 타이틀과 줄거리는 서스펜스 같지만 둔중한 사다코가 점차 주위를 그녀의 페이스로 끌어들여 자립해가는 과정이 선명하고 강렬하게 그려져 있다.

스태프

기획 **다카기 마사유키**高木雅行, **도모다 지로**友田二郎
원작 **후지와라 신지**藤原審爾
각본 **하세베 게이지**長谷部慶次, **이마무라 쇼헤이**
감독 **이마무라 쇼헤이**
촬영 **히메다 신사쿠**姫田真佐久
음악 **마유즈미 도시로**黛敏郎
미술 **나카무라 기미히코**中村公彦
조명 **이와키 야스오**岩木保夫
녹음 **진보 고시로**神保小四郎
편집 **단지 무쓰오**丹治睦夫
스틸 **사이토 고이치**斎藤耕一
조감독 **엔도 사부로**遠藤三郎

배역

다카하시 리이치 **니시무라 고**西村晃

다카하시 사다코 **하루카와 마스미**春川ますみ
다카하시 마사루 **히노 도시히코**日野利彦
다카하시 다다에 **아카기 란코**赤木蘭子
다카하시 세이조 **가토 요시**加藤嘉
다카하시 세이이치로 **기타무라 가즈오**北村和夫
다카하시 나미에 **기쓰다 요시에**橘田良江
다카하시 기누 **기타바야시 다니에**北林谷栄
미야타 겐지 **미야구치 세이지**宮口精二
히라오카 **쓰유구치 시게루**露口茂
마스다 요시코 **구스노키 유코**楠侑子
닛타 **곤도 히로시**近藤宏
와타나베 주임 **야마노베 준이치**山之辺潤一
가리하라 히사코 **기타하라 후미에**北原文枝
전당포 주인 **가하라 부몬**加原武門
다무라 에이지 **이토가 야스오**糸賀靖雄
다마루 가즈유키 **오자와 쇼이치**小沢昭一
베레모 악사 **도노야마 다이지**殿山泰司
기타 악사 **이토 류세이**井東柳晴
사환 아줌마 **우루시자와 마사코**漆沢政子
다카야시키초사무소호적계 **히사마쓰 고스케**久松洪介
여관 여주인 **미후네 요시에**三船好重

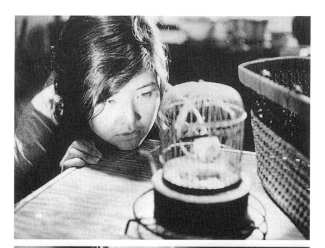

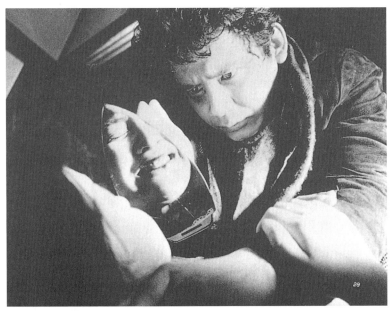

인류학 입문 「エロ事師たち」より 人類学入門

이마무라 프로덕션 제작, 닛카쓰 배급, 1966년 3월 12일, 흑백, 시네마스코프, 128분

스부얀으로 불리는 오가타는 단골의 주문에 따라 에로 사진과 자칭 처녀 매춘 알선, 그룹 필름 제작부터 판매까지 하는 '에로업자'다. 하숙하고 있는 이발소에서 미망인인 하루, 그리고 불량 그룹 동료들과 비행의 길로 접어든 중학생 딸 게이코와 기묘한 육체관계를 맺지만 성적 불능에 빠져버린다. 하루는 병으로 쓰러지더니 이윽고 발광해 죽음을 맞는다. 수년 후 오가타는 게이코가 꾸려가는 미용실 뒤편의 강에 떠 있는 방주에 틀어박혀 하루와 꼭 닮은 더치와이프를 만드는 데 심혈을 기울인다. 성에 대한 스부얀의 탐구는 이미 육체를 넘어 경건한 신앙에 가까운 영역에 도달해간다. 원작은 노사카 아키유키.

스태프

기획 도모다 지로友田二郎, 이마무라 쇼헤이, 야마모토 가즈야山本一哉

원작 노사카 아키유키野坂昭如

각본 이마무라 쇼헤이, 누마타 고지沼田幸二

감독 이마무라 쇼헤이

촬영 히메다 신사쿠姫田真佐久

음악 마유즈미 도시로黛敏郎

미술 다카다 이치로高田一郎

조명 이와키 야스오岩木保夫

녹음 베니타니 겐이치紅谷愔一

편집 단지 무쓰오丹治睦夫

스틸 오기노 노보루荻野昇

조감독 이소미 다다히코磯見忠彦

배역

스부얀 오자와 쇼이치小沢昭一

마쓰다 하루 사카모토 스미코坂本スミ子

마쓰다 고이치 곤도 마사오미近藤正臣

마쓰다 게이코 사가와 게이코佐川啓子

반테키 다나카 하루오田中春男

가보 나카노 신이쓰中野伸逸

오가타 료운 스가이 이치로菅井一郎

그의 후처 데루요 소노 가야코園佳也子

헌책방의 다케 기노시타 사요코木下サヨ子

오다 선생님 스가이 긴菅井きん

의사 기타무라 가즈오北村和夫

기타 소재 회사 부장 하마무라 준浜村純

시라토리 중역 나카무라 간지로中村鴈治郎

마른 중년 남자 에노키 효榎木兵衛

통통한 여자 니시무라 사다코西村貞子

정박아 소녀 사쿠라이 준코桜井詢子

그 아버지 도노야마 다이지殿山泰司

처녀집 아줌마 미야코 초초ミヤコ蝶々

처녀 지요코 고다 게이코甲田啓子

마을 공장 여주인 니시오카 게이코西岡慶子

마을 공장 주인 오구라 도쿠시치小倉德七

니시오카 다마무라 슌타로玉村駿太郎

기도사 후쿠야마 쇼조福山象三

글래머 에이코 후쿠치 도모福地登茂

사나다 경부 니시무라 고西村晃

세키구치 긴지로 시마 요네하치島米八

마코토 사토 가지로佐藤蛾次郎

314

인간증발 人間蒸発

이마무라 프로덕션+ATG+닛폰에이가신샤 제작, 1967년 6월 25일(닛카쓰 계열에서는 7월 8일), 흑백, 스탠더드, 130분

이유를 알 수 없이 돌연 가족을 버리고 사라져 모습을 감추는 "인간증발"이 부각되던 무렵, 이마무라 쇼헤이는 극영화에 성이 차지 않고 또 저예산으로 찍을 수 있다는 점에서 한 편의 기록영화에 착수한다. 행방불명이 된 오시마 다다시大島裁를 찾는 그의 약혼자 하야카와 요시에를 도와 행방을 조사하는 과정 자체를 영화화했다. 쥐를 뜻하는 '네즈미'라는 애칭의 요시에를 쓰유구치 시게루가 곁에서 따르는데, 둘이서 오시마의 전 연인과 친구 들을 차례로 찾아다니는 여행을 7개월 동안 계속한다. 통상 카메라가 침입하는 일 없는 사람들의 사생활이, 때로 도둑촬영 카메라를 써가며 모조리 촬영되고 기록된다. 추적이 진행될수록 네즈미가 쓰유구치를 사랑하기 시작하고, 점점 여배우의 얼굴이 되어가는 변화가 흥미 깊다.

스태프

기획 이마무라 쇼헤이
감독 이마무라 쇼헤이
촬영 이시구로 겐지石黒健治
음악 마유즈미 도시로黛敏郎
녹음 다케시게 구니오武重邦夫
편집 단지 무쓰오丹治睦夫
협력 우라야마 기리오浦山桐郎

출연

하야카와 요시에早川佳江, 하야카와 사요早川サヨ,
쓰유구치 시게루露口茂

신들의 깊은 욕망 神々の深き欲望

이마무라 프로덕션 제작, 닛카쓰 배급, 1968년 11월 22일, 컬러, 시네마스코프, 175분

구라게지마クラゲ島(해파리섬)로 불리며 문명으로부터 격리된, 난세이제도南西諸島의 어느 섬이 무대다. 거기에 사는 사람들은 섬의 우두머리의 애인인 무녀의 신탁에 지배되고 있었다. 하지만 신화와 전설로 둘러싸인 섬에 돌연히 관광 붐이 일어나 하는 수 없이 근대화의 물결을 맞닥뜨리게 된다. 낙원 같은 아름다운 풍경과 때때로 거칠고 우락부락한 자연의 영상을 배경으로 혈연과 부락공동체가 외압에 의해 해체되는 모습을 상징적으로 그린다. 이마무라 쇼헤이와 하세베 게이지가 극단 하이유쇼게키조俳優小劇場를 위해 쓴 희곡 〈파라지—신들과 돼지들パラジ—神々と豚々〉을 기본 틀로 삼아 강력하고 장대한 서사시로 새롭게 태어났다. 일가의 장로 역을 연기하는 '구라마 덴구'의 명배우 아라시 간주로가 남다른 존재감을 드러낸다.

스태프

제작 야마노이 마사노리山野井正則
각본 이마무라 쇼헤이, 하세베 게이지長谷部慶次
감독 이마무라 쇼헤이
촬영 도치자와 마사오栃沢正夫
음악 마유즈미 도시로黛敏郎
미술 오무라 다케시大村武
조명 이와키 야스오岩木保夫
녹음 베니타니 겐이치紅谷愃一
편집 단지 무쓰오丹治睦夫
스틸 쓰치야 유타카土屋豊
조감독 후지타 덴藤田傳
안무 세키야 유키오関矢幸雄

배역

후토리 네키치 미쿠니 렌타로三國連太郎
후토리 가메타로 가와라사키 조이치로河原崎長一郎
후토리 도리코 오키야마 히데코沖山秀子
후토리 야마모리 아라시 간주로嵐寛寿郎
후토리 우마 마쓰이 야스코松井康子
류 류겐 가토 요시加藤嘉
류 우나리 하라 이즈미原泉
사토 도쿠사토 하마무라 준浜村純
사토 우토 나카무라 다쓰中村たつ
후모토 긴초 미즈시마 스스무水島晋
가리야 기타무라 가즈오北村和夫
히가 도노야마 다이지殿山泰司
야마시로 도쿠가와 기요시徳川清
쓰치모치 이시즈 야스히코石津康彦
가리야 부인 오기 지카게扇千景
히가시 부인 호소카와 지카코細川ちか子
시마지리 고마쓰 호세이小松方正
밤마다 숨어드는 마을 청년 하세가와 가즈히코長谷川和彦

호스티스가 말하는 일본 전후사 にっぽん戦後史 マダムおんぼろの生活

닛폰에이가신샤 제작, 도호 배급, 1970년 6월 3일, 흑백, 스탠더드, 105분

요코스카에서 바 '누더기'를 경영하던 마담 아카
자 에미코에게 전후 25년간의 뉴스영화를 보여
주고 당시의 체험을 얘기하게 해 그 모습을 기록
했다. 이마무라 쇼헤이가 국제전화로 그녀에게
출연 교섭을 하는 신에서 영화는 시작된다. 캐
묻는 질문에도 주눅 드는 일 없이 대답하는 여
자들의 말에서 마담과 여자뿐인 가족의 터프한
삶의 방식, 나아가서는 전후 사회의 변화가 드러
난다.

스태프

제작 호리바 노부요堀場伸世, 오가사와라 모토
오小笠原基生

감독 이마무라 쇼헤이

각본 이마무라 쇼헤이

촬영 도치자와 마사오栃沢正夫

녹음 하세가와 요시오長谷川良雄

배역

마담 아카자 에미코赤座エミ子

어머니 아카자 다미赤座たみ

장녀 아카자 에쓰코赤座悦子

그 딸 아카자 아케미赤座あけみ

그 딸 아카자 마사코赤座昌子

그 딸 아카자 지에코赤座千枝子

복수는 나의 것 復讐するは我にあり

쇼치쿠+이마무라 프로덕션 제작, 1979년 4월 21일, 컬러, 비스타비전, 140분

'범죄의 모든 것을 그려 현대인의 존재의 뿌리를 파악하고 싶다'라는 의도를 바탕으로 희대의 강도 살인귀를 모델로 했다. 에노키즈 이와오의 범죄와 가족 관계, 교묘히 거짓말을 일삼는 일그러진 성격을 파내려가면서 피해자들과의 관계에서 흔들리고 동요되는 심리를 남김없이 그려냈다. 에노키즈의 이해자로 보였던 여인숙 여주인 하루와 그 어머니 히사노를 살해하는 불가해함, 에노키즈와 대립하는 아버지 시즈오와 에노키즈의 아내 가즈코 간의 뒤틀린 관능 등 연출과 배우의 역량이 뛰어난 균형을 보인다. 사키 류조의 논픽션 소설을 밑받침 삼아 이마무라 쇼헤이가 거듭 조사를 되풀이해 단순 범죄 영화를 뛰어넘은 제1급의 인간탐구극을 완성했다.

스태프

제작 이노우에 가즈오井上和男
원작 사키 류조佐木隆三
각본 바바 마사루馬場当
감독 이마무라 쇼헤이
촬영 히메다 신사쿠姫田真佐久
음악 이케베 신이치로池辺晋一郎
미술 사타니 아키요시佐谷晃能
녹음 요시다 쇼타로吉田庄太郎
조명 이와키 야스오岩木保夫
편집 우라오카 게이이치浦岡敬一
스틸 이시구로 겐지石黒健治
조감독 신조 다쿠新城卓

배역

에노키즈 이와오 오가타 겐緒形拳

에노키즈 시즈오 미쿠니 렌타로三國連太郎
에노키즈 가요 미야코 초초ミヤコ蝶々
에노키즈 가즈코 바이쇼 미쓰코倍賞美津子
아사노 하루 오가와 마유미小川真由美
아사노 히사노 기요카와 니지코清川虹子
시바타 다네지로 도노야마 다이지殿山泰司
바바 다이하치 다루미 고로垂水悟郎
하타 지요코 에자와 모에코絵沢萠子
요시자토 사치코 시라카와 가즈코白川和子
요시노 경시 하마다 도라히코浜田寅彦
가와이 경부 프랑키 사카이フランキー堺
이데이케 시게미 기타무라 가즈오北村和夫
요시타케 준이치로 히노 쇼헤이火野正平
오카 게이코 네기시 도시에根岸とし江
'아사노'의 손님 사키 류조佐木隆三
어리숙한 경관 우메즈 사카에梅津栄
전당포 주인 가와라사키 조이치로河原崎長一郎
국철 부역장 가네우치 기쿠오金内喜久夫
가와시마 교헤이 가토 요시加藤嘉
회계 중위 오노 신야小野進也
재판장 이시도 도시로石堂淑朗

좋지 않은가 ええじゃないか

쇼치쿠+이마무라 프로덕션 제작, 1981년 3월 14일, 컬러, 비스타비전, 151분

막부 시대 말, 스미다가와를 사이에 두고 에도 측 권력자와 반대편 지역 민중 간의 대립을 '좋지 않은가 춤'을 추는 무리 안에 그려냈다. 이마무라로는 드물게 대규모 오픈 세트를 만들어, 에도 서민의 반권력 투쟁 속에 컬러풀한 색조가 난무하는 오락 대작이 되었다. 본 작품에서는 미국에서 돌아온 이즈미야 시게루, 그 아내 역인 모모이 가오리, 오키나와 사람 이토만에 구사카리 마사오 등 이마무라 팀에 처음 참가하는 배우들이 눈길을 끌었다. 모모이와 바이쇼 등이 연기하는 여자들이 한 줄로 늘어서서, 총포를 겨누는 보병대를 향해 기모노 엉덩이를 걷어 올리고 소변을 보는 신이 화제를 불렀다.

스태프

제작 오자와 쇼이치小沢昭一, 도모다 지로友田二郎, 스기사키 시게미杉崎重美

제작 보조 나카조 히로유키中條宏行

원작 이마무라 쇼헤이

각본 이마무라 쇼헤이, 미야모토 겐宮本研

감독 이마무라 쇼헤이

촬영 히메다 신사쿠姫田真佐久

음악 이케베 신이치로池辺晋一郎

미술 사타니 아키요시佐谷晃能

녹음 요시다 쇼타로吉田庄太郎

조명 이와키 야스오岩木保夫

편집 우라오카 게이이치浦岡敬一

스틸 아카이 히로카쓰赤井博且

조감독 난부 히데오南部英夫

고증 하야시 요시카즈林美一

안무 세키야 유키오関矢幸雄

배역

이네 모모이 가오리桃井かおり

겐지 이즈미야 시게루泉谷しげる

후루카와 조리 오가타 겐緒形拳

긴조 쓰유구치 시게루露口茂

이토만 구사카리 마사오草刈正雄

산지 히우라 벤桶浦勉

곤 단코보 기바지丹古母鬼馬二

마고시치 히노 쇼헤이火野正平

우노키치 노구치 마사히로野口雅弘

오코 바이쇼 미쓰코倍賞美津子

오마쓰 다나카 유코田中裕子

아야와카 가와이 노도카かわいのどか

홀아비 로쿠 이누즈카 히로시犬塚弘

하라 이치노신 고노 요헤이河野洋平

이주인 슈메 데라다 미노리寺田農

쓰키노키 반지로 구라타 야스아키倉田保昭

요시노 이케나미 시노池波志乃

고이데 야마토노카미 다카마쓰 히데오高松英郎

야마쿠모 다유 시라카와 가즈코白川和子

도라마쓰 반 준자부로伴淳三郎

마스야 도미에몬 미키 노리헤이三木のり平

나카자와 잇사쿠 가와라사키 조이치로河原崎長一郎

우카이 사쿠노조 오자와 쇼이치小沢昭一

후루카와 누이 이쿠타 에쓰코生田悦子

마타키치 고바야시 넨지小林稔侍

센마쓰 야부키 지로矢吹二朗

조슈야 도노야마 다이지殿山泰司

오요시 아코亜湖

덴스케 신스이 산쇼深水三章

곡예사 가사이 겐지河西健司

나라야마부시코 楢山節考

도에이+이마무라 프로덕션 제작, 1983년 4월 29일, 컬러, 비스타비전, 131분

일찍이 식량 사정이 나쁜 어느 외딴 산속의 한촌에서는 70세를 지나면 자식의 등에 업혀 가까이에 있는 나라야마 꼭대기에 버려지는 관습이 있었다. 가혹한 자연에 순응해 조화를 지키면서 삶을 견뎌내는 마을 사람들. 오린 할머니는 나라야마 신을 신앙하고 하늘에 불려 가는 것을 기쁨으로 느끼지만 아들은 애가 탄다. 일본 각지에 전해지는 '노사姥捨(노인 버리기) 전설'을 모티프로 인간의 삶과 죽음의 본질을 파헤친다. 기노시타 게이스케 감독의 〈나라야마부시코〉(1958)는 세트 안에서 촬영해 환상적인 양식미가 인상적이었으나, 이마무라판은 신슈信州의 산중에 1년간 틀어박혀 겨울의 엄혹한 로케이션 촬영으로 압도적일 만큼 박진감 넘치는 영상을 만들어냈다. 칸영화제 황금종려상 수상.

스태프

제작 도모다 지로友田二郎

기획 구사카베 고로日下部五朗

원작 후카자와 시치로深沢七郎

각본 이마무라 쇼헤이

감독 이마무라 쇼헤이

촬영 도치자와 마사오栃沢正夫

음악 이케베 신이치로池辺晋一郎

미술 요시노 노부타카芳野尹孝, 이나가키 히사오稲垣尚夫

녹음 베니타니 겐이치紅谷愃一

조명 이와키 야스오岩木保夫

편집 오카야스 하지메岡安肇

스틸 이시구로 겐지石黒健治

조감독 다케시게 구니오武重邦夫, 이케하타 슌

사쿠池端俊策

배역

다쓰헤이 오가타 겐緒形拳

오린 사카모토 스미코坂本スミ子

다마얀 아키 다케조あき竹城

게사키치 구라사키 세이지倉崎青児

마쓰얀 다카다 준코高田順子

도메키치 시마모리 가오루嶋守薫

리스케 히다리 돈페이左とん平

제니야의 마타얀 다쓰미 류타로辰巳柳太郎

제니야의 다다얀 신스이 산쇼深水三章

아마야 요코야마 아키오横山あきお

아마야의 처 시무라 유키에志村幸江

아마야의 장남 오카모토 마사미岡本正巳

오카네 기요카와 니지코清川虹子

긴얀 에토 간江藤漢

진사쿠 도키타 후지오常田富士男

쓰네 고바야시 넨스小林稔侍

시오야 미키 노리헤이三木のり平

아라야시키의 노인 게시 다카미네ケーシー高峰

오에이 바이쇼 미쓰코倍賞美津子

데루얀 도노야마 다이지殿山泰司

야키마쓰 히우라 벤樋浦勉

가쓰조 오자와 쇼이치小沢昭一

뚜쟁이 *女衒 Zegen*

도에이+이마무라 프로덕션 제작, 1987년 9월 5일, 컬러, 비스타비전, 124분

메이지 말기부터 쇼와 초기에 걸쳐서 아시아 각지에서 다수의 일본인 창부가 현지의 남자를 상대로 매춘을 강요당하고 있었다. 소위 '가라유키상'들이다. 그녀들 중 많은 수는 유괴 조직의 감언에 속아 밀출국한 가난한 아가씨들이었다. 싱가포르를 거점으로 동남아시아 일대에서 매춘업자의 총괄을 맡고 있던 것이 무라오카 이헤이지村岡伊平治라는 남자. 뚜쟁이 일은 고용과 효행, 외화 획득, 불량배의 복리후생이라는 세 가지 장점이 있어서 애국적인 사업이라고 그는 큰소리치고 있었다. 오가타 겐이 연기하는 뚜쟁이의 정력적인, 그러면서도 우스꽝스러운 '삶의 태도'는 현대의 경제 대국 일본의 기업 전사의 모습처럼도 비쳐, 제멋대로인 그의 억지 이치도 어딘가 웃을 수 없는 블랙 유머처럼 울려온다.

스태프

기획 미호리 아쓰시三堀篤, 다키타 고로滝田五郎
제작 스기야마 요시히코杉山義彦, 다케시게 구니오武重邦夫, 오바 지로大庭二郎
각본 이마무라 쇼헤이, 오카베 고다이岡部耕大
감독 이마무라 쇼헤이
촬영 도치자와 마사오栃沢正夫
음악 이케베 신이치로池辺晋一郎
미술 요코오 요시나가横尾嘉良
녹음 베니타니 겐이치紅谷愃一
조명 이와키 야스오岩木保夫
편집 오카야스 하지메岡安肇
스틸 가토 미쓰오加藤光男
조감독 사토 다케미쓰佐藤武光

배역

무라오카 이헤이지 **오가타 겐**緒形拳
시호 **바이쇼 미쓰코**倍賞美津子
왕 커 **쿼슝**柯俊雄
조타 **신스이 산쇼**深水三章
겐키치 **스기모토 뎃타**杉本哲太
행동대 **조방호**趙方豪
구마 **이시이 미쓰조**石井光三
도모나가 **미키 노리헤이**三木のり平
시마다 **도노야마 다이지**殿山泰司
니시야마 **도키다 후지오**常田富士男
히사미쓰 영사 **데라다 미노리**寺田農
우에하라 대위 **고니시 히로유키**小西博之
도메 **이케나미 시노**池波志乃
하나코 **가자마 마이코**風間舞子
기노 **구마가이 마미**熊谷真実
오쓰노 **간다 구레나이**神田紅
다케요 **요시미야 기미코**吉宮君子
구니쿠라 영사 **가와라사키 조이치로**河原崎長一郎
집화점 **레오나르도 구마**レオナルド熊

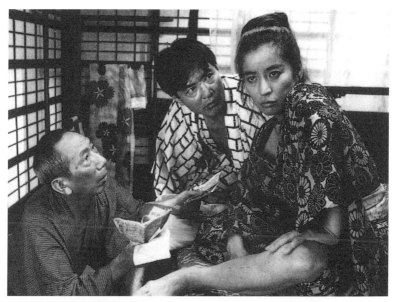

검은 비 黒い雨

이마무라 프로덕션+하야시바라 그룹 제작. 도에이 배급. 1989년 5월 13일. 흑백. 비스타비전. 123분

1945년 8월 6일, 히로시마 교외에서 평범하게 살아가던 시게마쓰 일가는 영문도 모른 채 원폭의 폭풍과 맞닥뜨린다. 피폭의 참화에 당황하는 사람들을 겉보기엔 평온한 일상생활 속에서 때로는 익살을 감돌게 하며 담담하게 그린다. 피폭 후의 시가지를 걸어 다녀 방사능 검은 비를 뒤집어쓴 히로인 야스코의 혼담이 잘 성사되지 않아서 걱정하는 삼촌 시게마쓰. 그러던 중 오자와 쇼이치와 이치하라 에쓰코, 고바야시 아키지 등이 연기하는 피폭자는, 살아남으려는 의지도 덧없이 어느 날 갑작스레 쓰러져 돌아오지 못하는 사람이 된다. 이마무라 쇼헤이는 이부세 마스지의 원작을 비교적 충실히 따르며 전편 모노크롬으로 만들어, 깊은 음영이 있는 영상을 필름에 새겨 넣었다.

스태프

제작 이노 히사 飯野久
원작 이부세 마스지 井伏鱒二
각본 이시도 도시로 石堂淑朗, 이마무라 쇼헤이
감독 이마무라 쇼헤이
촬영 가와마타 다카시 川又昻
음악 다케미쓰 도루 武満徹
미술 이나가키 히사오 稲垣尚夫
녹음 베니타니 겐이치 紅谷愃一
조명 이와키 야스오 岩木保夫
편집 오카야스 하지메 岡安肇
스틸 이시즈키 요시노리 石月美德
조감독 쓰키노키 다카시 月野木隆

배역

다카마루 야스코 다나카 요시코 田中好子
시즈마 시게마쓰 기타무라 가즈오 北村和夫
시즈마 시게코 이치하라 에쓰코 市原悦子
시즈마 긴 하라 히사코 原ひさ子
이케모토야의 할머니 사와 다마키 沢たまき
이케모토야의 후미코 다테이시 마유미 立石麻由美
가타야마 고바야시 아키지 小林昭二
오카자키야 다쓰 야마다 마사 山田昌
오카자키야 유이치 이시다 게이스케 石田圭祐
쇼키치 오자와 쇼이치 小沢昭一
가네 구스노키 도시에 楠トシエ
고타로 미키 노리헤이 三木のり平
루이 나나오 레이코 七尾伶子
양식업자 가네마루 가와하라 사부 河原さぶ
아오노 이시마루 겐지로 石丸謙二郎
후지타 의사 오타키 히데지 大滝秀治
시라하타 할머니 시라카와 가즈코 白川和子
다카마루 이누마 게이 飯沼慧
노시마 신스이 산쇼 深水三章
노승 도노야마 다이지 殿山泰司
화상 입은 40대 남자 도키타 후지오 常田富士男
우체국장 미타니 노보루 三谷昇
오토바이 탄 남자 야마자키 고준 山崎功順

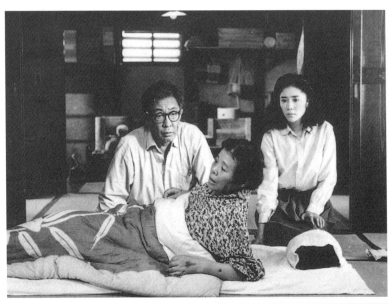

우나기 うなぎ

KSS+에이세이게키조衛星劇場+그룹 코퍼레이션 제작, 쇼치쿠+쇼치쿠후지 배급, 1997년 5월 24일, 컬러, 비스타비전, 117분

정체를 알 수 없는 편지의 밀고로 아내의 부정을
안 야마시타는 정사 현장을 실제로 목격하고서
아내를 난도질하고는 그길로 경찰에 자수한다.
가석방으로 출소한 야마시타는 복역 중이던 때
부터 마음을 주었던 장어(우나기)에게밖에 마음
을 열지 않지만, 이발소 일을 돕는 게이코에 의해
조금씩 사회성을 되찾아간다. 물이 많은 고장의
풍경과 경쾌한 감각의 러브 스토리 등 이전의 작
품과는 상당히 정취를 달리한다. 한편 형무소 동
료인 다카사키의 편집증적인 거동에 대한 야마
시타의 심리나 카르멘을 미친 듯 추는 노파 핫토
리 후미에의 반생을 상상하면, 이전 작품과 저변
에서 공통되는 감독의 상념을 일부 암시하는 듯
보인다. 칸영화제 황금종려상 수상.

스태프

제작 오쿠야마 가즈요시奥山和由
기획 스자키 가즈오須崎一夫, 나리사와 아키라成
澤章, 나카가와 요시히사中川好久
제작 이노 히사飯野久
감독 이마무라 쇼헤이
각색 도미카와 모토후미冨川元文, 덴간 다이스케
天願大介, 이마무라 쇼헤이
원작 요시무라 아키라吉村昭(『어둠에 번뜩이다闇
にひらめく』)
촬영 고마쓰바라 시게루小松原茂
음악 이케베 신이치로池辺晋一郎
미술 이나가키 히사오稲垣尚夫
장식 아이다 도시하루相田敏春
녹음 베니타니 겐이치紅谷愃一
조명 이와키 야스오岩木保夫

편집 오카야스 하지메岡安肇
무술 연기 나카세 히로후미中瀬博文
스틸 사사다 가즈토시笹田和俊
조감독 이노우에 후미오井上文雄
제작 협력 이마무라 프로덕션

배역

야마시타 다쿠로 야쿠쇼 고지役所広司
핫토리 게이코 시미즈 미사清水美砂
나카지마 지로 도키타 후지오常田富士男
나카지마 미사코 바이쇼 미쓰코倍賞美津子
다카다 주키치 사토 마코토佐藤允
노자와 유지 아이카와 쇼哀川翔
사이토 마사키 고바야시 겐小林健
미사토 세이타로 가와하라 사부河原さぶ
야마시타 에미코 데라다 지호寺田千穂
의사 신스이 산쇼深水三章
형사 우에다 고이치上田耕一
형사 미쓰이시 겐光石研
감찰관 고니시 히로유키小西博之
도지마 에이지 다구치 도모로田ロトモロヲ
초로의 의사 오자와 쇼이치小沢昭一
핫토리 후미에 이치하라 에쓰코市原悦子
다카사키 다모쓰 에모토 아키라柄本明

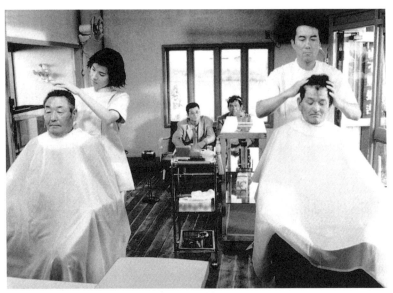

간장 선생 カンゾー先生

이마무라 프로덕션+도에이+도호쿠신사+가도카와쇼텐角川書店 제작, 도에이 배급, 1998년 10월 17일, 컬러, 129분

아카기 후우는 세토우치의 작은 마을에서 매일 땀범벅이 되어 왕진하러 뛰어다니는 마을 의사다. 가난한 환자들로부터 치료비도 받지 않고, 태평양전쟁 말기에 만연한 간장염을 규명하는 데 힘을 쏟아 '간장 선생'으로 불리며 사랑받고 있다. 이마무라 쇼헤이의 아버지도 감독이 말하기를 "살아가는 게 서투른" 개업의여서, 사카구치 안고의 원작을 읽은 후로 50년 가까이 영화화를 구상하다가 드디어 그 기회가 찾아왔다고 하는 작품. 모르핀에 중독된 의사 도리우미, 속물 그 자체인 승려 우메모토, 성에 대해 개방적인 자연인 소노코, 요염한 미망인 도미코 등 매력적인 조연들 덕에 상쾌한 질주감으로 충만한 영화가 되었다. 배경음악을 작곡한 야마시타 요스케의 재즈도 쾌조다.

스태프

제작 이노 히사飯野久, 마쓰다 고지松田康史

감독 이마무라 쇼헤이

조감독 구와하라 마사히데桑原昌英

각색 이마무라 쇼헤이, 덴간 다이스케天願大介

원작 사카구치 안고坂口安吾

촬영 고마쓰바라 시게루小松原茂

수중촬영 다케다 아쓰시武田篤, 다나카 도모지田中知二, 야마모토 아키라山本亨

음악 야마시타 요스케山下洋輔, 구리야마 가즈키栗山和樹

음악 제작 오쿠가이치 아키라おくがいち明

미술 이나가키 히사오稲垣尚夫

녹음 베니타니 겐이치紅谷愃一

조명 야마카와 히데아키山川英明

편집 오카야스 하지메岡安肇

배역

아카기 후우 에모토 아키라柄本明

만나미 소노코 아소 구미코麻生久美子

만나미 긴 시미즈 미사清水美砂

피트 자크 강블랭Jacques Gamblin

도미코 마쓰자카 게이코松坂慶子

도리우미 세라 마사노리世良公則

우메모토 가라 주로唐十郎

이케다 중좌 이부 마사토伊武雅刀

노사카 대위 다구치 도모로田口トモロヲ

후사코 유키 나에裕木奈江

기타 가나야마 가즈히코金山一彦

기타 오자와 쇼이치小沢昭一

붉은 다리 아래 따뜻한 물 赤い橋の下のぬるい水

닛카쓰+이마무라 프로덕션+vap+에이세이게키조+마루ㄱ 제작, 닛카쓰 배급, 2001년 11월 3일, 컬러, 비스타사이즈, 119분

실업 중인 신통찮은 남자 요스케는, 노숙자 노인 다로가 죽기 전에 들려준 금불상을 찾으러 노토 반도로 향한다. 목표 삼았던 장소에는 아름다운 여자가 노파와 살고 있다. 사에코는 욕정이 끓어오르면 심상치 않은 양의 액체가 넘쳐흐르는 체질로, 요스케는 놀라면서도 여자와 격하게 몸을 섞어 물을 줄이는 '처리'에 협력한다. 요스케는 어부 일을 도우면서 마을에 눌러앉아 사에코와의 사랑을 거듭한다. 그러는 사이 찾으려던 보물 따위는 어찌 되든 상관없어진다. 사에코의 육체에서 흘러넘치는 애액이 집 밖의 하천까지 흘러가 그 물을 노리고 물고기가 모여드는 묘사가 우스꽝스럽다. 가다루카나루 다카가 수상쩍은 불량배 역을 호연.

아이자와 사에코 시미즈 미사清水美砂
아이자와 미쓰 바이쇼 미쓰코倍賞美津子
다로 기타무라 가즈오北村和夫
겐 후와 만사쿠不破万作
우오미 마사유키 나쓰야기 이사오夏八木勲
우오미 신타로 기타무라 유키야北村有起哉
다가미 미키 고지마 히지리小島聖
사사노 도모코 네기시 도시에根岸季衣
야마다 마사코 사카모토 스미코坂本スミ子
다치바나 다이조 가다루카나루 다카ガダルカナル·タカ
낚시하는 수염 노인 미키 커티스Mickey Curtis·ミッキー·カーチス
낚시하는 검은 안경 노인 나카무라 가쓰오中村嘉葎雄

스태프

제작 총지휘 나카무라 마사야中村雅哉
각본 도미카와 모토후미冨川元文, 덴간 다이스케天願大介, 이마무라 쇼헤이
원작 헨미 요辺見庸
감독 이마무라 쇼헤이
촬영 고마쓰바라 시게루小松原茂
음악 이케베 신이치로池辺晋一郎
미술 이나가키 히사오稲垣尚夫
녹음 베니타니 겐이치紅谷愃一
조명 야마카와 히데아키山川英明
편집 오카야스 하지메岡安肇
조감독 다니구치 마사유키谷口正行

배역

사사노 요스케 야쿠쇼 고지役所広司

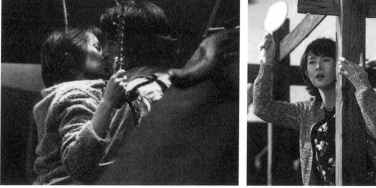

텔레비전
기록영화

미귀환병을 좇아(말레이시아편·태국편) 未帰還兵を追って(マレー篇·タイ篇)

이마무라 프로덕션+도쿄12채널 제작. 1971년 12월 10일. 컬러, 스탠더드, 각 편 49분/47분

이마무라 쇼헤이가 수년에 걸쳐 계속해온 태국·미얀마 오지의 전 일본병 수색 여행을 기록했다. 제1부 말레이시아 편에서는 마을 사람의 소문 등에 기대어, 밀림과 산악 지대를 도보로 돌아다녀 겨우 한 사람의 미귀환병과 만난다. 제2부 태국에서는 세 사람의 미귀환병이 둘러앉아 환담하는 장면이 흥미 깊다. 각자의 전쟁관과 조국을 향한 마음이 대화로 전해지고, 버려진 인간의 눈을 통해 일본이 도드라진다. 1975년 8월 15일에는 〈속·미귀환병을 좇아〉가 방송되었다.

스태프

연출 이마무라 쇼헤이
제작 와카이다 히사시若井田久, 스즈키 히사오鈴木久雄
촬영 히메다 신사쿠姫田真佐久, 에노모토 히로유키榎本裕之
녹음 베니타니 겐이치紅谷愃一
편집 오카야스 하지메岡安肇
협찬 MSA 항공

출연

(말레이시아 편)

야노矢野 씨 부부 외

(태국 편)

후지타 마쓰키치藤田松吉, 나카야마 나미오中山波男, 도시다 긴자부로利田銀三郎 외

碑念紀民人難死期時

멀리 가고 싶다―나의 시모키타 遠くへ行きたい おれの下北

요미우리 텔레비전+TV Man Union 제작, 1972년 4월 9일, 컬러, 스탠더드, 26분

"모르는 거리를 걸어 보고 싶어……" 하는 주제
곡으로 시작되는 〈멀리 가고 싶다〉 시리즈 프로
그램의 한 편을 이마무라 쇼헤이가 연출과 리포
터를 겸해서 만들었다. 스승 가와시마 유조의 고
향인 아오모리현 시모키타는 영매가 많고 오소
레잔恐山(시모키타 반도의 중앙부에 있는 활화산.
일본 3대 영험지 중 하나로 알려진 사찰 보다이지
菩提寺가 있다―옮긴이) 신앙이 뿌리 깊은 토지이
기도 하다. 카메라는 유황천의 강렬한 취기가 코
를 찌르는 오소레잔과 장례 행렬의 사람들을 비
춘다. 황량한 겨울 풍경을 걷는 이마무라 감독은
거기서 무엇을 보았나.

스태프

연출 이마무라 쇼헤이
제작 곤도 히사야近藤久也
촬영 이시구로 겐지石黒健治
녹음 베니타니 겐이치紅谷愃一
편집 스즈키 마사하루鈴木雅晴

주제곡 〈멀리 가고 싶다遠くへ行きたい〉
작곡 나카무라 하치다이中村八大
작사 에이 로쿠스케永六輔
노래 로쿠몬센六文銭

부부안의 해적 ブブアンの海賊

이마무라 프로덕션+도쿄12채널 제작, 1972년 10월 20일, 컬러, 스탠더드, 46분

필리핀제도의 남단에 자리한 섬들이 있다. 사람들의 생활은 편치 않지만 그 가난한 사람들 중에 한층 더 차별받는 사람들이 있음을 이마무라 쇼헤이는 안다. 왜 살림살이는 나아지지 않는가. 어떤 이유로 차별을 받는가. 주민 속에 비집고 들어가 캐묻자 가까운 섬에 해적이 있는데 아무리 일해도 그 무리가 약탈해 간다고 한다. 이마무라와 스태프가 해적을 만나러 가자 그들은 총을 들고 맞으러 나왔다.

스태프

연출 이마무라 쇼헤이

촬영 도치자와 마사오栃沢正夫

녹음 베니타니 겐이치紅谷愃一

조감독 다케시게 구니오武重邦夫

편집 이노우에 오사무井上治, 히사노 규조久野久三

목소리 출연

오자와 쇼이치小沢昭一, 기타무라 가즈오北村和夫, 니시무라 고西村晃, 쓰유구치 시게루露口茂, 곤도 마사오미近藤正臣, 에모리 도루江守徹, 하마다 도라히코浜田寅彦, 가토 다케시加藤武, 고바야시 아키지小林昭二, 모리타 이쿠요森田育代

가라유키상 からゆきさん

이마무라 프로덕션+도쿄12채널 제작, 1973년 8월 5일, 스탠더드, 75분

전 가라유키상인 젠도 기쿠요 씨와 함께, 그녀가 다이쇼 초기 뚜쟁이에게 속아 싱가포르에 왔을 때부터의 족적을 더듬으며 신세타령을 듣는 장편 다큐멘터리. 이마무라 감독은 일단 일본에 돌아가 그녀의 고향을 방문하고 그곳이 미해방 부락이었던 것을 알게 된다. 그로써 고뇌로 가득한 체험을 이야기하는 그녀의 뒤편에 있는 사정이 이해되어온다. 가열할 만큼 진실을 추구한 감동작.(가라유키상은 19세기 후반, 동남아시아를 비롯한 아시아 각지에서 창부로 일한 일본인 여성을 가리키는 말이다. '唐行きさん', 즉 외국에 나간 사람이라는 뜻으로 '唐'은 일본어에서 당나라-중국-외국으로 그 의미가 확대되어 쓰이는 경우가 많다. 이들이 해외로 밀출국하는 데에는 알선업자가 관여했고, 실상 유괴, 인신매매 등의 범죄인 이와 같은 중개업을 '제겐女衒'—이마무라 쇼헤이의 영화 제목이기도 한데 이 책에서는 '뚜쟁이'라고 옮겼다—이라고 하는데, 유곽이나 성 풍속 업소에 여성을 알선하거나 팔아넘기는 일 등을 비롯해 그 역사는 고대까지 올라간다. —옮긴이)

스태프

연출 이마무라 쇼헤이

촬영 도치자와 마사오栃沢正夫

조감독 다케시게 구니오武重邦夫

편집 오카야스 하지메岡安肇

제작 오가와 아키라小川明

출연

젠도 기쿠요善道菊代 외

무호마쓰, 고향으로 돌아가다 無法松故郷に帰る

이마무라 프로덕션+TBS 제작, 1973년 12월 8일, 컬러, 스탠더드, 47분

〈미귀환병을 좇아〉에 등장한, 미얀마 국경 근처
에서 농업을 하는 후지타 마쓰키치 씨를 클로즈
업했다. 나가사키 출신의 전 상등병 마쓰키치 씨
는 지금도 여전히 대일본제국의 충성되고 용맹
한 군인이라는 의식을 그대로 지키고 있다. 그를
고향으로 데리고 돌아가 형제자매와 전우들과
재회하게 한다. 이마무라 쇼헤이는 전후 일본의
모순이 응축된 한 남자를 카메라로 좇아 애정과
증오, 무관심이라는 감정을 드러내놓고 기록해
서 제시해 보였다.

스태프

연출 이마무라 쇼헤이
제작 다카하시 마쓰오高橋松男
촬영 도치자와 마사오栃沢正夫
녹음 다케시게 구니오武重邦夫
편집 오카야스 하지메岡安肇(크레디트에 오카야
히로시岡谷洋로 올라감)
조감독 오가와 아키라小川明
촬영 조수 가도쿠라 유이치門倉祐一
후원 도호산업KK 東宝産業KK

출연

후지타 마쓰키치藤田松吉 외

그 밖의
작품

•조감독 작품은 '치프 조감독'으로 참여한 작품이다.
그리고 각본 작품은 감독한 작품을 제외했다.

조감독 작품

사랑의 집愛のお荷物
닛카쓰 제작, 1955년

감독 가와시마 유조川島雄三

내일 오는 사람あした来る人
닛카쓰 제작, 1955년

감독 가와시마 유조川島雄三

풍선風船
닛카쓰 제작, 1956년

감독 가와시마 유조川島雄三

스사키 파라다이스 적신호洲崎パラダイス 赤
信号
닛카쓰 제작, 1956년

감독 가와시마 유조川島雄三

우리 읍내わが町
닛카쓰 제작, 1956년

감독 가와시마 유조川島雄三

막말태양전幕末太陽伝
닛카쓰 제작, 1957년

감독 가와시마 유조川島雄三

각본 작품

풍선風船
닛카쓰 제작, 1956년 2월 19일. 흑백

협동 각색으로서 이마무라가 정식으로 크레
디트에 오른 첫 작품. 과거에 천재 화가였던 실
업가, 풍선처럼 위태롭게 행동하는 가수들을
통해 전후 일본인의 도덕을 그렸다.

제작 야마모토 다케시山本武
감독 가와시마 유조川島雄三
원작 오사라기 지로大佛次郎
각본 가와시마 유조川島雄三, 이마무라 쇼헤이
촬영 다카무라 구라타로高村倉太郎
음악 마유즈미 도시로黛敏郎
조감독 이마무라 쇼헤이
출연 모리 마사유키森雅之, 다카노 유미高野由
美, 미하시 다쓰야三橋達也, 아시카와 이즈미芦
川いづみ, 히다리 사치코左幸子, 기타하라 미에
北原三枝, 아라타마 미치요新珠三千代

막말태양전幕末太陽伝

닛카쓰 제작, 1957년 7월 14일, 흑백

가와시마의 대표작이자 이마무라가 가와시마
의 팀에서 마지막 조감독을 맡은 작품이다. 라
쿠고 〈혼자 남은 사헤이지〉를 원작으로 한 희
극 대작.

제작 야마모토 다케시山本武
감독 가와시마 유조川島雄三
각본 야마노우치 히사시山内久(크레디트에 다
나카 게이이치田中啓一로 올라감), 가와시마 유
조川島雄三, 이마무라 쇼헤이
촬영 다카무라 구라타로高村倉太郎
음악 마유즈미 도시로黛敏郎
미술 나카무라 기미히코中村公彦, 지바 가즈히
코千葉一彦
조명 오니시 미쓰오大西美津男
녹음 하시모토 후미오橋本文雄
편집 나카무라 다다시中村正
조감독 이마무라 쇼헤이
출연 프랑키 사카이フランキー堺, 이시하라 유
지로石原裕次郎, 미나미다 요코南田洋子, 히다리
사치코左幸子, 고바야시 아키라小林旭, 오자와
쇼이치小沢昭一, 니타니 히데아키二谷英明

지옥의 길모퉁이地獄の曲り角

닛카쓰 제작, 1959년 10월 6일, 흑백

기획 오쓰카 가노大塚和
감독 구라하라 고레요시蔵原惟繕
각본 야마다 노부오山田信夫, 이마무라 쇼헤이

원작 후지와라 신지藤原審爾
촬영 마미야 요시오間宮義雄
음악 마나베 리이치로真鍋理一郎
조명 다카시마 마사히로高島正博
미술 지바 가즈히코千葉一彦
녹음 누마쿠라 노리오沼倉範夫
출연 하야마 료지葉山良二, 미나미다 요코南田
洋子, 이나가키 미호코稲垣美穂子, 오이즈미 아
키라大泉滉, 다카시나 가쿠高品格, 곤도 히로시
近藤宏, 니혼야나기 히로시二本柳寛

큐폴라가 있는 마을キューポラのある街

닛카쓰 제작, 1962년 4월 8일, 흑백

이마무라가 공통의 테마를 가진 자신의 작품
〈니안짱〉을 넘어서고자 열심히 시나리오를 쓴
작품으로 애제자 우라야마의 감독 데뷔작이
다. 사이타마현 가와구치시를 무대로 가난하
면서도 힘차게 살아가는 누나와 남동생을 일
상적 시선으로 포착해 화제가 되었다.

기획 오쓰카 가노大塚和
감독 우라야마 기리오浦山桐郎
원작 하야후네 지요早船ちよ
각본 이마무라 쇼헤이, 우라야마 기리오浦山桐郎
촬영 히메다 신사쿠姫田真佐久
음악 마유즈미 도시로黛敏郎
미술 나카무라 기미히코中村公彦
조명 이와키 야스오岩木保夫
녹음 후루야마 쓰네오古山恒夫
편집 단지 무쓰오丹治睦夫
조감독 오키 다카시大木崇史

출연 요시나가 사유리吉永小百合, 하마다 미쓰오浜田光夫, 도노 에이지로東野英治郎, 오자와 쇼이치小沢昭一, 요시유키 가즈코吉行和子, 가토 다케시加藤武, 도노야마 다이지殿山泰司

사무라이의 아이サムライの子
닛카쓰 제작, 1963년 2월 24일, 흑백

닛카쓰가 〈큐폴라가 있는 마을〉의 흥행에 힘입어 제작한 작품. 홋카이도 오타루에서 생활하는 소녀 유미가 까닭 없는 차별과 심한 가난에도 아랑곳하지 않고 씩씩하게 살아가는 모습을 쫓는다. 제목에서 '사무라이'는 홋카이도 방언으로 거지를 뜻한다.

기획 오쓰카 가노大塚和
감독 와카스기 미쓰오若杉光夫
원작 야마나카 히사시山中恒
각본 이마무라 쇼헤이
촬영 이노우에 간井上莞
음악 와타나베 주메이渡辺宙明
미술 오카다 도무岡田戸夢
조명 기타우치 도시타케北内年武
녹음 미야나가 신宮永晉
편집 단지 무쓰오丹治睦夫
조감독 미야가와 다카시宮川孝司
출연 오자와 쇼이치小沢昭一, 미나미다 요코南田洋子, 다나카 스즈코田中鈴子, 하마다 미쓰오浜田光夫, 마쓰오 가요松尾嘉代, 다시로 미도리田代みどり

경륜대사 행장기競輪上人行状記
닛카쓰 제작, 1963년 10월 13일, 흑백

70년대에 다수의 작품을 남겨 닛카쓰 로망포르노를 대표하는 감독이 된 니시무라 쇼고로의 데뷔작. 형의 미망인에게 남몰래 마음을 두고 있는 남자가 미망인의 그로테스크한 천성을 알게 되고서 자포자기하여 경륜 마니아가 된다.

감독 니시무라 쇼고로西村昭五郎
원작 데라우치 다이키치寺内大吉
각본 오니시 노부유키大西信行, 이마무라 쇼헤이
촬영 나가쓰카 가즈永塚一栄
음악 마유즈미 도시로黛敏郎
미술 오쓰루 야스히로大鶴泰弘
조명 미쓰오 사부로三尾三郎
녹음 야기타 기노스케八木多木之助
편집 단지 무쓰오丹治睦夫
조감독 후지타 시게오藤田繁夫
출연 오자와 쇼이치小沢昭一, 미나미다 요코南田洋子, 가토 요시加藤嘉, 다카하시 마사야高橋昌也, 가토 다케시加藤武, 와타나베 미사코渡辺美佐子

경영학 입문—네온 태평기「経営学入門」より
ネオン太平記
닛카쓰 제작, 1968년 4월 13일, 흑백

이마무라의 팀에서 조감독을 맡았던 이소미의 데뷔작. 오사카의 카바레를 무대로 예사롭지 않은 사람투성이인 호스티스들을 이끌고

술장사 한길을 살아가는 남자 마쓰모토 도시
노리益本利德의 유머러스한 모습을 그린다. 개
봉 당시 〈인류학 입문〉에 이어지는 '입문' 시리
즈 제2탄으로 자리매김했었다.

기획 도모다 지로友田二郎
감독 이소미 다다히코磯見忠彦
원작 이소다 도시오磯田敏夫
각본 이마무라 쇼헤이, 이소미 다다히코磯見忠彦
촬영 히메다 신사쿠姬田真佐久
음악 마유즈미 도시로黛敏郎
미술 요코오 요시나가横尾嘉良
조명 마쓰시타 후미오松下文雄
녹음 오타 무쓰토시太田六敏
편집 단지 무쓰오丹治睦夫
조감독 이지치 게이伊地智啓
출연 오자와 쇼이치小沢昭一, 니시무라 고西村
晃, 소노 가야코園佳也子, 마쓰오 가요松尾嘉代,
하루카와 마스미春川ますみ, 미쿠니 렌타로三國
連太郎, 아쓰미 기요시渥美清

동중국해東シナ海
이마무라 프로덕션 제작, 1968년 10월 5일. 컬러

본토 복귀 전의 오키나와에서 로케이션을 감
행. 참치선의 머릿수를 세는 일만을 위해 고용
된 다섯 명의 젊은이. 배가 고장 나서 그들은
오키나와의 나하에 남겨진다. 그 지역의 야쿠
자와 한바탕 말썽이 일었던 다음 날, 선내에서
신원불명의 시체를 발견하는데……

기획·원작 이마무라 쇼헤이

감독 이소미 다다히코磯見忠彦
각본 이마무라 쇼헤이, 이소미 다다히코磯見忠彦
촬영 히메다 신사쿠姬田真佐久
음악 가부라기 하지메鏑木創
미술 소노 데쓰히코園鉄彦
조명 마쓰시타 후미오松下文雄
녹음 구보타 유키오久保田幸雄
편집 단지 무쓰오丹治睦夫
조감독 이지치 게이伊地智啓
출연 다무라 마사카즈田村正和, 와타리 데쓰
야渡哲也, 우치다 료헤이內田良平, 오마에 히토
시大前均, 야마노 슌야山野俊也, 호즈미 다카노
부穂積隆信, 가토 하루코加藤治子

풍류 여복성風流女福星
홍콩 작품. 일본 미공개. 1974년

라쿠고가 산유테이 엔초三遊亭円朝가 유럽에
전해지는 사신의 이야기에 착안해 라쿠고로
만든 〈사신死神〉과 함께 라쿠고인 〈낙타〉를 가
미한 작품으로 이마무라가 각본에 참여했다.
본 작품의 제목은, '사신'으로는 재수가 없다고
한 홍콩인 제작자의 희망에 따라 결정되었다.

감독 화산華山(Hua Shan)
각본 이마무라 쇼헤이 외

제작·관여 작품

⊙ 텔레비전

보르네오 ボルネオ

1972년 1월, 컬러

사라와크Sarawak주의 산중에서 생활하는 이 반족. 근대화 속에서 변화를 피할 수 없는 인간 사냥족의 일상을 공들여 그렸다. 원래 제1부는 우라야마 기리오, 제2부는 다케시게 구니오가 맡아 두 개의 부로 구성할 예정이었으나 우라야마의 강한 희망으로 한 작품으로 정리되었다.

기획 이마무라 쇼헤이
제작 스즈키 히사오鈴木久雄
감독 우라야마 기리오浦山桐郎
촬영 우치다 슈사쿠内田周作
녹음 베니타니 겐이치紅谷愃一
편집 이노우에 오사무井上治
감독 보좌 다케시게 구니오武重邦夫

야마구치 다카시, 축제 노점상이 되다 山口崇、テキヤになる

1972년 4월, 컬러

야마구치 다카시는 소속 극단인 하이유자게키조俳優座劇場의 해산을 계기로 스스로의 재능을 닦으려고 축제 노점상의 왕초 두목 아래 제자로 들어가는데…….

기획 이마무라 쇼헤이
제작 스즈키 히사오鈴木久雄
감독 후지타 덴藤田傳
촬영 이시구로 겐지石黑健治

녹음 다케시게 구니오武重邦夫
편집 히사노 규조久野久三

산야의 이고로트족 山野民イゴロット族

1972년 12월, 컬러

다케시게 구니오의 첫 감독 작품. 루손섬Luzon 북부 산중에 사는 이고로트족Igorot. 그들의 불합리하기 짝이 없는 기이한 인습의 저편에서 근대 문명이 잃어버린 '인간의 광채'가 보인다.

기획 이마무라 쇼헤이
제작 우에무라 도모네植村鞆音
감독 다케시게 구니오武重邦夫
촬영 도치자와 마사오栃沢正夫
녹음 베니타니 겐이치紅谷愃一
편집 이노우에 오사무井上治

타이푸삼 タイ・プーサン(Thaipusam)

1973년 3월, 컬러

몸에 굵은 바늘을 찔러 넣어 고행을 견디는 힌두교도들. 말레이시아에 사는 가난한 인도인 가족의 고생 가득한 사흘간의 축제를 카메라가 쫓는다.

기획 이마무라 쇼헤이
제작 우에무라 도모네植村鞆音
감독 다케시게 구니오武重邦夫
촬영 도치자와 마사오栃沢正夫
녹음 베니타니 겐이치紅谷愃一

편집 이노우에 오사무井上治

편집 오카야스 하지메岡安肇

Ⅱ세 로드Ⅱ世ロード
1973년 5월, 컬러

필리핀에 남겨진 많은 일본인의 후예. 메이지
시대의 뱅큇 로드 공사부터 태평양전쟁까지,
일본인 2세들의 고난의 여정을 우라야마 기리
오가 더듬는다.

기획 이마무라 쇼헤이
제작 다카하시 마쓰오高橋松男
감독 우라야마 기리오浦山桐郎
촬영 도치자와 마사오栃沢正夫
녹음 다케시게 구니오武重邦夫
편집 이노우에 오사무井上治

수마트라 카로바탁족スマトラ·カロバタック族
1973년 8월, 컬러

아침부터 도박에 흥겨운 남자들과 밭일에 땀
흘리는 여자들. 전쟁이 없어져 존재의 의미를
잃어버린 인간사냥족 용사들의 비애를 그린다.

기획 이마무라 쇼헤이
제작 우에무라 도모네植村鞆音, 다케시게 구니
오武重邦夫
감독 후지타 덴藤田傳
촬영 도치자와 마사오栃沢正夫
녹음 오가와 아키라小川明
편집 히사노 규조久野久三

비경 니아스秘境ニアス
1973년 8월, 컬러

인도네시아 남단의 고도 니아스Nias. 정글에
홀연히 나타나는 배 모양의 거대 목조 가옥과
간다라 문화. 카메라는 수수께끼로 가득한 섬
사람의 생활을 좇는다.

기획 이마무라 쇼헤이
제작 우에무라 도모네植村鞆音, 다케시게 구니
오武重邦夫
감독 호사카 야스오保坂康夫
촬영 도치자와 마사오栃沢正夫
녹음 오가와 아키라小川明

뉴기니 이면족ニューギニア泥面族
1973년 11월, 컬러

온몸에 진흙을 바르고 관광객 앞에서 섬뜩하
게 춤을 추는 이면족. 문명에 드러나 붕괴해가
는 원주민 세계에 새로운 슬픔의 신화가 태어
난다.

기획 이마무라 쇼헤이
제작 요시다 아키라吉田明, 다케시게 구니오武
重邦夫
감독 기무라 고이치木村光一
촬영 이지마 미노루飯島実
녹음 세가와 데쓰로瀬川徹郎

편집 오카야스 하지메岡安肇

편집 오카야스 하지메岡安肇

뉴기니 호족ニューギニア湖族

1973년 12월, 컬러

호수에 떠 있는 작은 섬에서 소리 없이 살고 있는 호족 사람들. 바깥세상을 차단한 생활 속에서 그들은 조용히 선조에게 이야기를 걸어 죽은 자들과 기쁨을 나눈다.

기획 이마무라 쇼헤이
제작 요시다 아키라吉田明, 다케시게 구니오武重邦夫
감독 기무라 고이치木村光一
촬영 이지마 미노루飯島実
녹음 세가와 데쓰로瀬川徹郎
편집 오카야스 하지메岡安肇

거대 코끼리의 섬 스리랑카巨象の島スリランカ

1974년 6월, 컬러

동물의 낙원이라 불리는 열대 정글. 거대 코끼리가 지배하는 일견 평화로워 보이는 숲도 밤이 되면 치열한 약육강식의 세계로 변한다.

기획 이마무라 쇼헤이
제작 우에무라 도모네植村鞆音, 다케시게 구니오武重邦夫
감독 오하라 고유小原宏裕
촬영 도치자와 마사오栃沢正夫
녹음 요시다 겐이치吉田憲一

세계의 어머니—스리랑카 편世界のお母さん（スリランカ篇）

1974년 7월, 컬러

가난하지만 경건한 불교도 일가를 꾸려가는 스리랑카의 어머니. 어린 딸이 길을 떠나는 날에 그녀는 일대 결심을 한다.

기획 이마무라 쇼헤이
제작 다카하시 마쓰오高橋松男
감독 우라야마 기리오浦山桐郎
촬영 도치자와 마사오栃沢正夫
녹음 요시다 겐이치吉田憲一
편집 오카야스 하지메岡安肇

세계의 어머니—말레이시아 편世界のお母さん（マレー篇）

1974년 7월, 컬러

인도인 가정에 팔려 온 중국계 소녀. 결혼해서 어머니가 된 그녀는 아이들의 행복을 바라는 마음으로 혹독한 신의 시련에 맞선다.

기획 이마무라 쇼헤이
제작 다카하시 마쓰오高橋松男
감독 다케시게 구니오武重邦夫
촬영 도치자와 마사오栃沢正夫
녹음 베니타니 겐이치紅谷愃一

편집 오카야스 하지메岡安肇

밀림의 취시족密林の吹き矢族
1974년 8월, 컬러

불어서 쏘는 화살을 사용해 말레이시아 깊은 정글에서 사냥을 하는 사람들. 지상에서 사라진 길고 큰 대나무통과 독화살의 로맨틱한 세계.

기획 이마무라 쇼헤이
제작 우에무라 도모네植村鞆音, 다카하시 마쓰오高橋松男
감독 오하라 고유小原宏裕
촬영 도치자와 마사오栃沢正夫
녹음 요시다 겐이치吉田憲一
편집 오카야스 하지메岡安肇

기아해협飢餓海峽
후지텔레비전, 1978년 9월 2일~10월 21일, 컬러

도야마루洞爺丸 침몰 사건과 하코다테 대화재의 틈새에 일어난 살인 사건. 쓰루가 해협의 어두컴컴한 파도 속, 과거를 지우고 다시 시작하려는 남자, 내력을 알 수 없는 이 남자를 사랑하는 창부, 범인을 집요하게 쫓는 형사들의 10여 년에 이르는 인생의 드라마가 전개된다. 우라야마 기리오의 열망에 따라 이마무라가 경찰서장 역으로 출연한다.

기획 이마무라 쇼헤이
제작 나카이 아키라中井景, 다케시게 구니오武

重邦夫, 벳쇼 다카하루別所孝治
감독 우라야마 기리오浦山桐郎, 온치 히데오恩地日出夫
원작 미즈카미 쓰토무水上勉
각본 이시도 도시로石堂淑朗, 도미타 요시로富田義朗
촬영 안도 쇼헤이安藤庄平
음악 마나베 리이치로真鍋理一郎
녹음 요시다 쇼타로吉田庄太郎
조명 시마다 다다아키島田忠昭
편집 오카야스 하지메岡安肇
조감독 오구리 고헤이小栗康平

유리코에게서 온 편지ユリ子からの手紙
1980년, 컬러

13인의 지적장애자가 일하는 중화요리점 '코란香蘭'. 30세가 되는 아라이 유리코新井ユリ子가 카메라를 향해 애처롭고 기구한 자신의 반생을 이야기하기 시작한다.

제작 이마무라 쇼헤이
감독 다케시게 구니오武重邦夫
각본 니시무라 노부유키西村宣之
촬영 도치자와 마사오栃沢正夫
녹음 나카가와 구니히코中川邦彦
편집 오카야스 하지메岡安肇

⊙극장 영화

청춘의 살인자青春の殺人者

이마무라 프로덕션+소에이샤綜映社+ATG 제작.
1976년 10월 23일, 컬러

도쿄대 재학 중에 이마무라 프로덕션의 조감
독 시험에 합격해 〈신들의 깊은 욕망〉〈호스티
스가 말하는 일본 전후사〉 등에 스태프로 참
가한 하세가와 가즈히코의 감독 데뷔작. 청년
주인공이 아버지를 살해한 사건을 축으로 현
대사회의 온갖 모순을 고발한다.

제작 이마무라 쇼헤이, 오쓰카 가노大塚和
감독 하세가와 가즈히코長谷川和彦
원작 나카가미 겐지中上健次
각본 다무라 쓰토무田村孟
촬영 스즈키 다쓰오鈴木達夫
음악 고다이고ゴダイゴ
미술 기무라 다케오木村威夫
조명 반노 이사오伴野功
녹음 구보타 유키오久保田幸雄
편집 야마지 사치코山地早智子
조감독 소마이 신지相米慎二

얼어붙은 불꽃凍りついた炎

요코하마 방송영화전문학원 제3기 연구과 실습 작
품, 1980년, 16밀리

연출 이마무라 쇼헤이
각본 다무라 고타로田村浩太郎, 시미즈 노부유
키清水信行
촬영 고다 모리오幸田守雄
음악 오카다 가즈오岡田和夫
출연 야마모토 류지山本龍二, 와타나베 도쿠

코渡辺とく子, 기타무라 가즈오北村和夫, 아오키
도미오青木富夫

너는 맨발의 신을 보았는가君は裸足の神を見たか

ATG+일본영화학교 제작, 1986년 4월 26일, 컬러

이마무라 쇼헤이가 교장을 역임한 일본영화학
교가 ATG와 제휴해 처음 제작한 극장용 영화.

제작 총지휘 이마무라 쇼헤이
제작 사사키 시로佐々木史朗, 다케시게 구니오
武重邦夫
감독 김수길金秀吉
각본 니시무라 노부유키西村宣之
촬영 김덕철金德哲
음악 모리 구로도毛利蔵人
미술 마루야마 히로시丸山裕司
조명 이와키 야스오岩木保夫
녹음 마쓰모토 류지松本隆司
편집 우라오카 게이이치浦岡敬一
조감독 하기와라 데쓰타로萩原鐵太郎

천황의 군대는 진군한다ゆきゆきて、神軍

싯소疾走 프로덕션 제작, 1987년 8월 1일, 컬러

'신군평등병'으로서 국가, 사회에 과격한 수단
으로 도전을 계속하는 오쿠자키 겐조奧崎謙三.
그가 전시하의 뉴기니에서 벌어졌다는 식인
사건을 좇는다. 시부야 '유로 스페이스'에서 5
개월에 걸쳐 롱런으로 상영된 충격작.

기획 이마무라 쇼헤이

제작 고바야시 사치코小林佐智子

감독 하라 가즈오原一男

촬영 하라 가즈오原一男

음악 야마가와 시게루山川繁

녹음 구리바야시 도요히코栗林豊彦

편집 나베시마 준鍋島惇

2001년 9월 11일 11'09''01 September 11

카날프로덕션Canal Productions 제작, 도호쿠신샤
배급, 2002년(일본 2003년 공개)

미국 9·11 사태와 관련한 옴니버스영화로 이
마무라 쇼헤이 외에 켄 로치, 알레한드로 곤
살레스 이냐리투, 숀 펜 등 11개국 명감독들의
단편을 모은 영화. 이마무라 쇼헤이는 제2차
세계대전 참전 용사의 에피소드를 다룸. 아래
는 일본 편 스태프.

제작 카트린 뒤사르Catherine Dussart, 사와다
마사미치澤田正道 외

각본 덴간 다이스케天願大介

감독 이마무라 쇼헤이

음악 이와시로 다로岩代太郎

촬영 오카 마사카즈岡雅一

조명 기요노 도시히로清野俊博

편집 오카야스 하지메岡安肇

출연 마리암 카리미Maryam Karimi, 다구치
도모로田ロトモロク, 아소 구미코麻生久美子, 에
모토 아키라柄本明, 바이쇼 미쓰코倍賞美津子,
단바 데쓰로丹波哲郎, 오가타 겐緖形拳, 아흐메
드 세이프 엘딘Ahmed Seif Eldine, 에마뉘엘
라보리트Emmanuelle Laborit

⊙ 다큐멘터리

스즈키 요시고로의 세계鈴木吉五郎の世界

1987년, 컬러

일본 최고의 난蘭 육성자 스즈키 요시고로가
이야기하는 난과의 마음의 교류. 제12회 난 세
계회의에서 상영되어 절찬을 받았다.

기획 오다큐전철

제작 총지휘 이마무라 쇼헤이

제작 다케시게 구니오武重邦夫

감독 다케다 가즈나리武田一成

촬영 하기와라 이즈미萩原泉

녹음 마쓰모토 류지松本隆司

편집 가케스 슈이치掛須秀一

난, 세계의 제전蘭·世界の祭典

1987년, 컬러

일본에서 개최된 '난 올림픽'의 전 기록.

기획 제12회 난 세계회의 조직위원회

제작 총지휘 이마무라 쇼헤이

제작 다케시게 구니오武重邦夫

감독 지바 시게키千葉茂樹

촬영 하기와라 이즈미萩原泉

음악 이시다 모모코石田桃子

녹음 마쓰모토 류지松本隆司

편집 가케스 슈이치掛須秀一

시동, 오다큐 배구부의 기록 **제1부**始動·小田

急バレーボール部の記録 第一部

1988년, 컬러

오다큐전철의 도시미쓰利光 회장에 의해 창설된 오다큐 배구부. 그 배구부가 지역 리그에서 우승을 달성하기까지를 좇는다.

기획 오다큐전철
제작 총지휘 이마무라 쇼헤이
제작 다케시게 구니오武重邦夫
감독 오가와 아키라小川明
촬영 가나자와 히로시金沢裕
녹음 마쓰모토 류지松本隆司
편집 오카야스 하지메岡安肇

비상, 오다큐 배구부의 기록 **제2부**翔·小田急

バレーボール部の記録 第二部

1990년, 컬러

실업단 리그에 승격한 오다큐 배구부는 불과 2년째에 리그 우승한다.

기획 오다큐전철
제작 총지휘 이마무라 쇼헤이
제작 다케시게 구니오武重邦夫
감독 사토 미유키佐藤美由紀
촬영 가나자와 히로시金沢裕
녹음 마쓰모토 류지松本隆司
편집 오카야스 하지메岡安肇

시련, 오다큐 배구부의 기록 **제3부**試練·小田

急バレーボール部の記録 第三部

1992년, 컬러

창설 4년째를 맞아 일본 리그에 참가하게 된 오다큐 배구부. 젊은 선수들이 강호를 상대로 베스트 3에 도전한다.

기획 오다큐전철
제작 총지휘 이마무라 쇼헤이
제작 다케시게 구니오武重邦夫
감독 하시모토 신이치橋本信一
촬영 가나자와 히로시金沢裕
음악 미야자키 세이지宮崎誠二
녹음 마쓰모토 류지松本隆司
편집 오카야스 하지메岡安肇

극기, 오다큐 배구부의 기록 **제4부**克己·小田

急バレーボール部の記録 第四部

1994년, 컬러

일본 리그의 두꺼운 벽에 가로막혀 상위에 파고들지 못하는 오다큐 배구부. 감독이 교체되고 새로운 맹훈련이 시작된다.

기획 오다큐전철
제작 총지휘 이마무라 쇼헤이
제작 다케시게 구니오武重邦夫
감독 하시모토 신이치橋本信一
촬영 가나자와 히로시金沢裕
음악 나카오 준中尾淳
녹음 마쓰모토 류지松本隆司

편집 오카야스 하지메岡安肇

백성과 장인의 전설民と匠の伝説

1995년, 컬러

가루이자와의 숲에 자리하고 있는 황폐해진 여관 산고소三五荘. 건축 교사들의 조사로 전통 민가와 사람들의 160년에 이르는 변천이 부각된다.

기획 주오공학교中央工学校
제작 총지휘 이마무라 쇼헤이
제작 야스이 시게루安井滋
감독 다케시게 구니오武重邦夫
촬영 가나자와 히로시金沢裕
편집 오카야스 하지메岡安肇
내레이션 단 후미檀ふみ

재기, 오다큐 배구부의 기록 제5부再起·小田
急バレーボール部の記録 第五部

1996년, 컬러

침체한 오다큐 배구부에 도시미쓰 회장의 급작스러운 부고 소식이 날아든다. 선수들은 회장의 영정을 가슴에 품고 애도하며 시합에 나선다.

기획 오다큐전철
제작 총지휘 이마무라 쇼헤이
제작 다케시게 구니오武重邦夫
감독 지바 시게키千葉茂樹
촬영 가나자와 히로시金沢裕

녹음 마쓰모토 류지松本隆司
편집 오카야스 하지메岡安肇

우리 읍내―반다이 제1·2부わが町·磐梯 第一
部 第二部

1998년, 컬러

버블경제기에 시작한 반다이초 리조트 계획이 규모를 축소하면서, 10년의 세월을 들여 완성된다.

기획 반다이초磐梯町
제작 총지휘 이마무라 쇼헤이
제작 이가라시 미쓰루五十嵐満
감독 지바 시게키千葉茂樹
촬영 하기와라 이즈미萩原泉
녹음 마쓰모토 류지松本隆司
편집 오카야스 하지메岡安肇

⊙ 연극

파라지―신들과 돼지들パラジ―神々と豚々

1962년 12월, 하이유쇼게키조俳優小劇場

작作 이마무라 쇼헤이
연출 이마무라 쇼헤이
각본 이마무라 쇼헤이, 하세베 게이지長谷部慶次
출연 오야마다 무네노리小山田宗徳, 도미타 게이코冨田恵子, 쓰유구치 시게루露口茂, 기타무라 가즈오北村和夫, 야마자키 사토코山崎左度子, 하쓰이 고토에初井言葉, 기타하라 후미에北原文枝

사신―라쿠고 〈사신〉에서 死神·落語『死神』より
1971년 5월, NHK

작作 이마무라 쇼헤이
연출 스기 노리카즈杉理一
작곡 이케베 신이치로池辺晋一郎
각본 와카스기 히로시若杉弘
관현악 NHK교향악단
합창 도쿄방송합창단
출연 사이토 마사코斉藤昌子, 나카무라 요시하
루中村義春, 나리타 에치코成田絵智子

흑염불 살인 사건 黑念仏殺人事件
1972년 2월, 하이유쇼게키조

원안 이마무라 쇼헤이
연출 후지타 덴藤田傳
각본 이마무라 쇼헤이, 후지타 덴藤田傳
출연 니시무라 고西村晃, 마쓰다 도모에松田友
絵, 마쓰이 히로코松井博子, 고바야시 아키지小
林昭二, 오가와 신지小川真司, 에스미 에이메이
江角英明

좋지 않은가 ええじゃないか
1978년 3월, 도톤보리·나카자道頓堀·中座
원작 오다 사쿠노스케織田作之助
연출 이마무라 쇼헤이
각본 이마무라 쇼헤이
출연 오가타 겐緒形拳, 다쓰미 류타로辰巳柳太
郎, 기요카와 니지코清川虹子

도쿄몽환도 東京夢幻図絵
1991년(1998년 재연), 가메야토자이샤亀屋東西社

연출 이마무라 쇼헤이
출연 기타무라 가즈오北村和夫

⊙ 출연

기아해협 飢餓海峡
후지텔레비전, 1978년

달러와 군함―요코스카 시궁창 판자 거리
ドルと軍艦～ヨコスカ·ドブ板通り～
NHK, 1979년, 컬러

NHK의 시리즈 프로그램 〈르포르타주 닛폰〉
의 한 편. 이마무라 쇼헤이에게 〈돼지와 군함〉
과 〈호스티스가 말하는 일본 전후사〉 등으로
이런저런 인연이 깊은 가나가와현 요코스카
를 보도한다.

감독 다키사와 쓰카사瀧澤司
촬영 에구치 다다시江口正
효과 오다 고노스케織田晃之佑
편집 스스키 요시코鈴木良子
출연 이마무라 쇼헤이

살아보기는 했지만―오즈 야스지로 이야기
生きてはみたけれど 小津安二郎物語
쇼치쿠 제작, 1983년

감독 이노우에 가즈오井上和男

⊙ 상업광고

기분의 두유紀文の豆乳
— **이마무라 감독 편**今村監督篇
기분의 장어구이紀文のかば焼き
— **오자와 쇼이치 편**小沢昭一篇
기분+라이프 사이언스 인포메이션+이마무라 프
로덕션 제작, 1980년 10월~, 컬러

제작 이마무라 쇼헤이, 가와무라 기요노부河
村清信
연출 다케시게 구니오武重邦夫(이마무라 편),
신조 다쿠新城卓(오자와 편)

미쓰비시비디오 프리판타스三菱ビデオ フリ
ーファンタス
— **세 손가락 비디오 편**三つ指ビデオ篇
— **내쫓기 비디오 편**追い出しビデオ篇
— **발전 비디오 편**発展ビデオ篇
미쓰비시전기+하쿠호도博報堂+도호쿠신샤 제작,
1983년 2월~, 컬러

연출 이마무라 쇼헤이
촬영 도치자와 마사오栃沢正夫
미술 마노 시게오間野重雄
조명 이와키 야스오岩木保夫
출연 오가타 겐緒形拳, 마노 아즈사眞野あずさ

사쓰마 흰 물결さつま白波
— **전차 편**電車篇
— **항구 편**漁港篇
— **레스토랑 편**レストラン篇
사쓰마주조薩摩酒造+덴쓰電通+제이앤드제이 프로
덕션 제작, 1985년 2월~, 컬러

제작 니시우치 노리유키西内紀幸, 이노 히사飯野久
연출 이마무라 쇼헤이
촬영 도치자와 마사오栃沢正夫
미술 이나가키 히사오稲垣尚夫
조명 이와키 야스오岩木保夫
편집 사와타리 요시노부沢渡義信
출연 바이쇼 미쓰코倍賞美津子

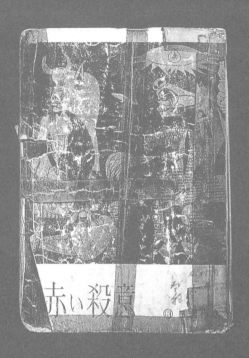

-2-

製作スタッフ

監督助手	瀬見宗卯　斉藤光正
撮影助手	安藤庄平　諸城良照
録音助手	山本近二　橋原名張田照
照明助手	飯田水彦　義禾城作
作画助手	社谷篠一
美術助手	中林谷容
音響効果	梅井郎
録音効果	馮田瑞
現像	伊藤
発声潤温	阿川
男装温	

-3-

背景	荻原郁
電飾	泉名映り
字幕	
特殊撮影	小川
夜景撮影	小塚倉木助
スチール	伊川柳子
宣伝	不川理
記録	青景理
技師事務	（アスピ羅寛里）小林正雄
演技事務	松田文夫
企画助手	

-5-

人物

役名	説明	配役
平（31才）	ストリップ劇場楽士	露口茂
増田暢子（46才）	東北大国際新聞管所	楠侑子
渡辺圭任（50才）（25才）	南北大生捜を訪ねる	近藤宏
狩原久子（82才）	高橋家の親入愛	
賀昆の旦那（81才）	久子の旦那	
西村英二（23才）	対社宅に下宿する大学生	北原文枝

-6-

人物

役名	説明	配役
高橋更一（37才）	東北大学医学部勤務	西村晃
貞子	更一の妻（宮田貞子）	春川ますみ
駒子（6才）	忠の子	赤木蘭子
忠三（?才）	更一の兄	加藤嘉
清一郎（45才）	更一の父	北村和夫
改江	更一の妹	楠田良江
きね	高橋家の使用人	北林谷栄
宮田源次（64才）	（昭和二十三年現在）職人貞子の伯父	宮口精二

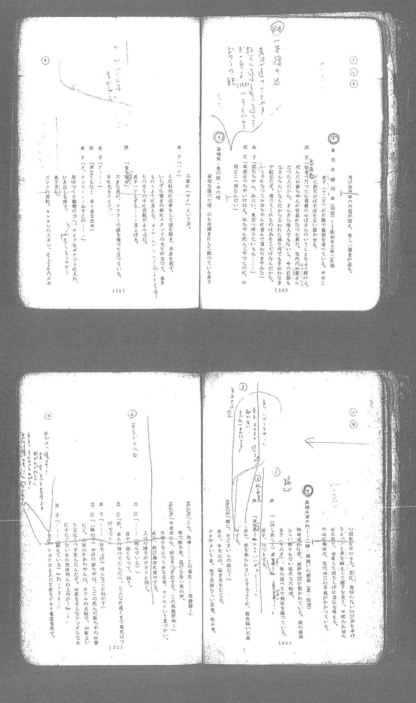

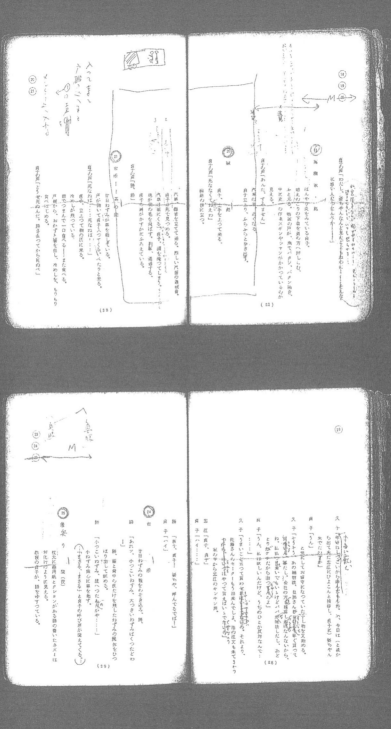

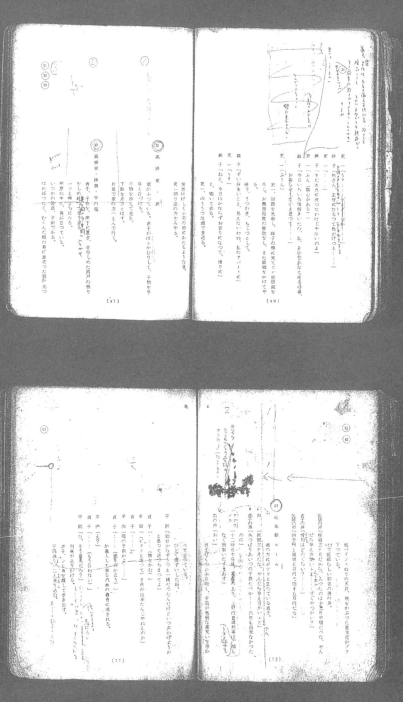

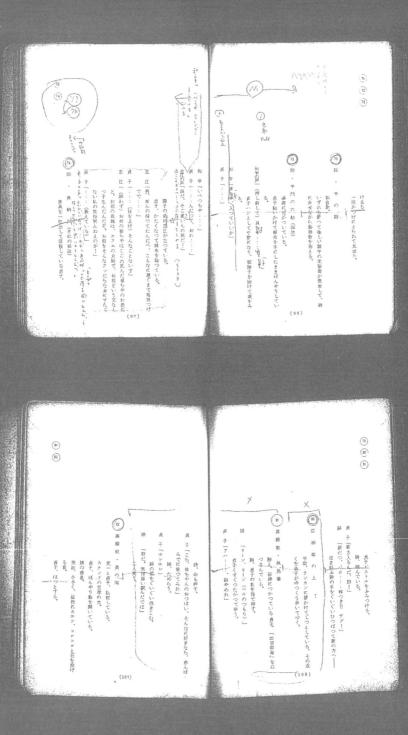

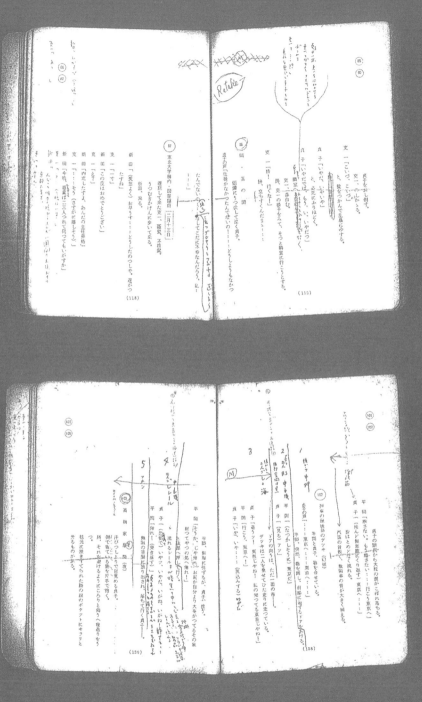

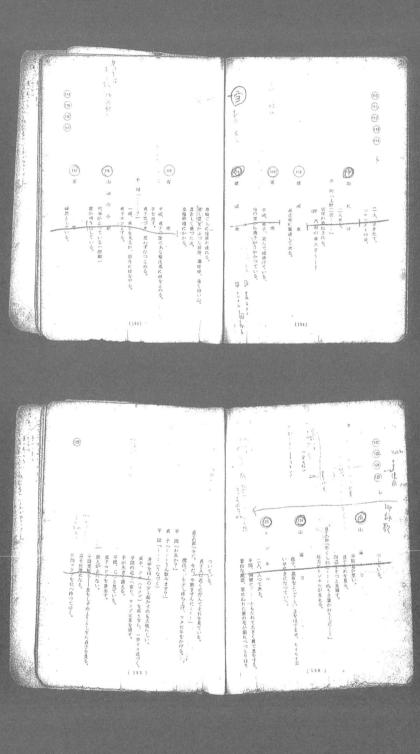

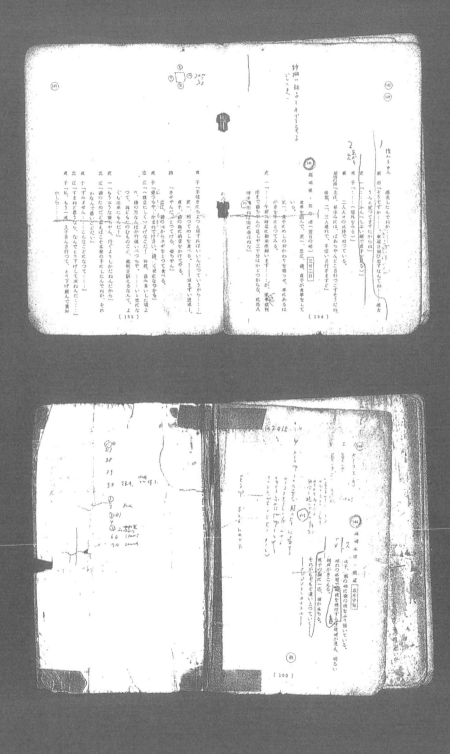

후기를 대신하여

영화라는 일을 하고 있으면 그날의 기분이 날씨에 몹시 심하게 좌우된다. 크랭크인하기 전에도 장마 사이에 돌연 쨍하고 쾌청한 날씨가 찾아오거나 하면 벌써 아침부터 종일 들떠서 안정되지 않는 것이다. 영화는 딱히 맑은 날만으로 만들어지는 게 아니라 비나 눈이나 바람도 물론 크게 필요한 것이지만, 그래도 구름 하나 없는 푸른 하늘은 아무래도 아깝다는 생각이 든다.

이번에 이 책을 정리하느라 5월 중순의 사흘간 호텔 방에서 인터뷰를 하게 되었다. 그걸 세팅한 친구가 오후 시작부터 저녁까지, 사흘 동안 총 열두 시간이라는 무턱대고 긴 시간을 촬영해준 덕분에 그동안 소위 통조림 상태가 되었다. 다행인지 불행인지 사흘간 내내 비가 왔다. 일반적으로는 짜증스럽기 짝이 없는 날씨지만 영화감독에게는 인터뷰하기에 절호의 날씨였던 것이다.

인터뷰를 하면서 그러고 보니 지금쯤 영화학교 학생들은 후쿠시마의 시골에서 비 내리는 와중에 농작물에 열심을 다하고 있겠다는 생각이 들었다. 지금까지 몇 번인가 썼지만 영화 만들기와 농업은 공통점이 있다. 첫 번째는 양쪽 다 '수지가 나쁜 일'이라는 것인데, 날씨에 좌우되는 면에서 닮지 않은 것도 아니다. 다만 영화가 직업인 사람은 막상 좋은 날씨가 이어지거나 하면 이번에는 비 오는 신을 못 찍는다고 소란을 피우기 시작해, 물이 부족한 시기에 개골창에 펌프를 꽂아서 더러운 물로 비를 억지로 내리게 한 끝에 정신적으로도 육체적으로도 배우의 건강을 위협하거나 하니까 다루기가 어렵다. 제멋대로에 그때만 넘기고 보자는 임시방편이고 폭력적인 것이다. 농업에서는 날씨가 기대에 어긋나면 더 지적인 대응을 한다. 궁지를 타개하기 위해서 지혜를 짜내고 자신의 육체를 혹사하고 흙투성이가 되기는 하지만, 자연에 대해 어디까지나 신사적이기를 그만두지는 않는다.

옛날에 북간토北関東 지방의 이모작을 하는 농촌에서 보리 베기를 했을 때, 발밑에 묵직하게 무거운 짚섬이 있어서 검고 지저분한 그 짚섬을 마음껏 걷어차고 문득 돌아보니, 베어 들이기가 끝난 마른 무논에 검은 짚섬이 기하학 무늬를 그리며 점점이 늘어서 있는 게 아닌가. 이윽고 그 밭 주인이 나타나 짚섬을 밀어 무너뜨리고 가래를 가지고 힘껏 비료를 꺼내서 밭 위에 뿌리는 것을 봤다. 주인의 힘의 한계가 그 비료가 날아가는 한계로, 결국 그 비료는 마른 보리밭에 등거리로 훌륭하게, 너무 많지도 적지도 않게 균등하게 다 뿌려졌다.

농업 실습으로 농가에 기숙하는 학생들이 도쿄, 즉 영화학교에 돌아가고 싶지 않다는 등 얘기하기 시작하는 심정은, 그러니까 실로 제대로 된 것이다. 그래도 그들 중 많은 수는 한차례 영화의 세계에 발을 들여놓으면, 수지 나쁜 경우를 지겨울 정도로 겪어도 이번에는 좀처럼 발을 씻으려고 하지 않는다. 그러기는커녕 자진해서 깊은 구렁텅이에 빠져드는 것처럼 보이기까지 하니까 이상야릇하기로 이 이상도 없다.

말은 그리해도 50년 이상이나 영화의 세계에 머물며 학교를 만들고 이 수지 나쁜 일에 관해 젊은이들에게 이것저것 가르치는 일까지 시작해버렸으니, 게다가 내 자식 놈까지 같은 세계에 들어와버렸으니 영화라는 일의 재미에 대해 다소간이라도 선전해왔는가 하면 그런 일은 없다. 자기 일에 대해 얼굴을 마주하고 재미있다 같은 소리를 하는 것은 촌스럽다는 생각도 있고, 조금 부끄러운 일이라고도 생각한다. 그래도 역시 영화학교의 대표자로서는 이런 것도 조금은 말해두는 편이 좋지 않은가 하고 생각하지 않는 건 아니다.

영화 만들기의 매력을 굳이 한마디로 말한다면 '인간이 재미있다' 하는 것이 되겠지만, 그게 딱히 영화에 한정된 것은 아니라고 한다면 거기까지다. 도대체 무엇이 재미있어서 너는 영화를 찍고 있느냐고 질문을 받아도, 그러니까 곤란한 것이다.

정말로 재미있는 일에 몰두하고 있으면 곁에서는 바보처럼 보이고 때로는 본인도 스스로 굉장히 바보처럼 생각되는 것이다. 이번 인터뷰에서 내 작품에 대한 코멘트를 요청받고서, 그러고 보니 영화를 만들면서 이득을 본 일 따위 거의 없었던 것에 이제 새삼 생각이 갔다. 어쩌면 영화 만들기의 재미는 할 수 있는 말을 다해 설명하면 운 좋게 이해받는 일은 있을지 모르지만 적어도 현대의 일본에서 마음으로부터 납득되는 일은 우선 있을 수 없을지 모른다. 결국 재미라는 것은, 다름 아닌 자기 자신을 견본으로 내보이지 않고는 전해지지 않는 거겠지.

이제 적당히 좀 그만두면 어떻겠느냐는 소리를 들어도 변함없이 차기작의, 그것도 말도 안 되게 한두 편이 아닌데, 그 로케이션헌팅이나 시나리오 수정 등에 흠뻑 빠져서 지내는 매일이다. 어찌 됐든 영화가 발 빼기 힘든 생업이라는 건 틀림없는 사실이다.

2001년 7월

이마무라 쇼헤이

1926년 _ 쇼와 1년 9월 15일

도쿄 오쓰카의 이비인후과의 이마무라 한지로今村牛次郎의 3남 1녀 중 3남으로 탄생. 태어나기 직전에 쓰키지에서 전입해 본적은 교바시구 고비키초木挽町 2번지(옛 지명). 한지로는 효고현 가코가와 상류의 산골에서 오사카에 나와 고학해서, 구제일고旧制一高와 도쿄제국대학 의과를 졸업한 후 신바시 연무장演舞場 맞은편에 의원을 개업했다. 이마무라의 어머니는 무사 가문 출신으로 홋카이도에서 자랐다. 몸이 크고 호쾌한 성격이었다. 이마무라는 어린 시절부터 아버지를 따라서 요세나 연극을 보러 다녔다.

1933년 _ 쇼와 8년

다케하야초竹早町에 있던 도쿄여자사범학교(현재의 오차노미즈여자대학)의 부속소학교에 입학. 동급생으로 기타무라 가즈오(1927-2007)가 있었다. 중학(구제旧制)은 고등사범(현재의 쓰쿠바대학筑波大学) 부속으로 상류계급의 엘리트 학교였지만, 그러한 분위기에는 어울리지 못하고 있었던 듯하다. 다만 전시 중에 군사교련은 있었어도 비교적 자유로운 학교라, 복자伏字검열로 인해 특정 단어를 가린 형태로 인쇄한 것투성이인 나가이 가후永井荷風나 다니자키 준이치로谷崎潤一郎 그리고 프랑스와 러시아 소설을 탐독하고 외국 영화에 친숙한 한편 축구에 열중하는 10대 시절을 보냈다.

1944년 _ 쇼와 19년

중학교 졸업 후 징용을 피해 기류고등공업학교桐生高等工業学校에 입학. 이 무렵 농업 체험을 했다. 학교에는 가지 않고 기숙사에 틀어박혀 기숙사 축제 때 상연할 연극을 쓰거나 책을 읽으며 보냈다.

1945년 _ 쇼와 20년 1월

시바芝구청에서 징병검사를 받았으나 체중 부족으로 제1을종 합격 처분을 받음. 큰형은 전사하고, 둘째 형도 학도병으로서 전지에 나가 있었다. 소집영장은 끝내 오지 않았고 재학 중에 종전을 맞아 다음 날인 8월 16일에는 서둘러 퇴학원을 제출. 더 이상 징용을 회피할 필요가 없어졌기 때문이다.

1946년 _ 쇼와 21년

와세다대학 제1고등학원 문과에 입학. 오지王子에서 가정교사로 아르바이트를 하는 한편 암시장에서 능숙히 장사를 해 용돈을 버는 방탕무뢰의 생활이었다. 나중에 문학부의 서양 사과에 진학. 강의에는 나가지 않고 사카구치 안고, 사르트르, 셰익스피어, 스트린드베리, 체호프, 이하라 사이카쿠, 하니 고로 등을 읽고, 연극부에는 빠짐없이 얼굴을 내밀며 열심히 연극 공부를 했다. 이 무렵 연극 그룹에서 오자와 쇼이치(1929-2012), 가토 다케시(1929-2015)를 만나 함께한다. 외우畏友 기타무라 가즈오(1927-2007)도 포함해 그들은 졸업 후 신극新劇의 세계에 들어가지만 이마무라는 동료의 예상을 저버리고 영화계를 지망한다.

1951년 _ 쇼와 26년 3월

와세다대학 문학부 서양사과를 졸업. 그 무렵 조감독을 공개 모집하던 것은 쇼치쿠 오후나뿐이었다. 시험을 보기 전의 3개월, 쓰키지 아카시초明石町의 천변에 있던 교쿠요해운주식회사極洋海運株式会社에서 일한다. 배에 고철을 싣고 스미다가와를 왕래하는 일로, 4000엔의 급료를 받는 외에도 몰래 아르바이트를 해서 달에 6000엔의 수입을 얻었다고 한다.

같은 해 6월

쇼치쿠 오후나 촬영소 조감독부에 입사. 수백 대 1의 난관을 합격한 것은 일곱 명, 급료는 3000엔이었다. 시험 면접관은 노무라 요시타로(당시 치프 조감독)로, 함께 일하게 되고서 친밀하게 사귄다. 입사 후에는 오즈 야스지로(1903-1963), 시부야 미노루(1907-1980), 가와시마 유조(1918-1963), 노무라 요시타로(1919-2005), 하라 겐키치(1907-1962), 고바야시 마사키小林正樹(1916-1996), 이케다 다다오池田忠雄(1905-1964), 오바 히데오(1910-1997) 등의 감독 밑에서 조감독으로서 일한다. 가와시마 유조의 영화에 처음 참가한 것은 이듬해인 쇼와 27년의 〈끝까지 서로 사랑하는 사이相惚れトコトン同志〉에서였다. 이후 감독과 치프 조감독으로서 6년간 콤비를 이루었다.

1953년 _ 쇼와 28년

오즈 감독 팀에서 〈도쿄 이야기〉를 촬영하던 중에 어머니를 뇌졸중으로 잃는다.

1954년 _ 쇼와 29년 6월

닛카쓰가 촬영소를 신축해 제작을 재개하게 되면서 쇼치쿠 오후나에서 닛카쓰로 옮겨 간
다. 월급 3만 엔, 감독료가 한 편 3만 엔이었다. 조금 먼저 옮겨 가 있던 쇼치쿠 때의 동료
나카히라 고(1926-1978)나 선배 니시카와 가쓰미(1918-2010) 등의 권유도 있었다. 스즈키
세이타로鈴木淸太郞(세이준淸順, 1923-2017)도 동시기에 이적. 최초로 맡은 일은 야마무라
소山村聰(1910-2000) 감독의 〈검은 물결黑い潮〉로, 치프 조감독이 스즈키 세이타로(당시 30
세), 세컨드가 이마무라(당시 27세), 서드가 우라야마 기리오(당시 23세)였다. 다음 작품인
다나카 기누요 감독 〈달은 오르지 않고月は上りぬ〉 제작 중에 가와시마 유조가 쇼치쿠 오후
나에서 이적해 옴.

1955년 _ 쇼와 30년

쇼치쿠 조감독부에서 알게 된 나카시마 아키코中島昭子와 결혼.

1956년 _ 쇼와 31년

가와시마 유조 감독의 〈풍선〉으로 시나리오 데뷔.

1957년 _ 쇼와 32년

가와시마 유조 감독의 〈막말태양전〉에서 다나카 게이이치, 가와시마 유조와 각본 집필.

1958년 _ 쇼와 33년

〈도둑맞은 욕정〉으로 감독 데뷔. 제목은 회사 측이 준비한 것. 블루리본 신인상 수상. 또
〈끝없는 욕망〉은 〈키네마준포〉 선정 제3위. 이 작품 완성 직전에 다량의 토혈을 하지만
촬영 현장에 누울 수 있는 의자를 가져다놓고 촬영을 속행했다. 이 시기 일본 영화는 스
탠더드 사이즈에서 시네마스코프(회사에 따라서는 닛카쓰스코프, 도호스코프 등으로 불
렀다)로 바뀐다. 이마무라는 조감독 시절에 스탠더드를 촬영한 경험밖에 없었다.

1959년 _ 쇼와 34년

〈니안짱〉으로 예술제 문부대신상, NHK 베스트 10 최우수신인감독상, 블루리본 남우주연상(나가토 히로유키), 시나리오상(이케다 이치로) 등 수상.

1960년 _ 쇼와 35년

〈돼지와 군함〉으로 일본영화기자회 최우수상, 블루리본 최우수작품상 등 수상. 이 작품은 예산을 300만 엔 정도 초과했기 때문에 제작자는 시말서를 써야 했고 이마무라는 이후 3년간 일이 배당되지 않았다. 곤궁해져서 네 명 가족이 시즈오카현 미시마로 이사했다. 그동안 우라야마 기리오 감독의 〈큐폴라가 있는 마을〉의 시나리오를 쓰고, 일본 각지를 걸으며 기획 준비를 하면서 보냈다.

1962년 _ 쇼와 37년

연극 〈파라지—신들과 돼지들〉을 연출.(하이유쇼게키조 공연.) 예술제 장려상 수상.

1963년 _ 쇼와 38년

〈일본 곤충기〉로 일본영화기자회 최우수일본영화상, 〈키네마준포〉 제1위, 동 일본영화감독상, 베를린국제영화제 여우상(히다리 사치코), 마이니치영화콩쿠르 감독상, 블루리본 최우수작품상 및 감독상 외 여러 상을 수상. 흥행에서도 성공을 거뒀다. 이해에 두 사람의 거장 가와시마 유조(6월 11일 몰)와 오즈 야스지로(12월 12일 몰)가 연이어 떠난다.

1964년 _ 쇼와 39년

〈붉은 살의〉로 〈영화예술〉 제1위, 〈키네마준포〉 제4위, 일본영화기자회 최우수일본영화상외 수상.

1966년 _ 쇼와 41년

더 자유로운 기획으로 영화를 제작하기 위해서 닛카쓰와 계약을 끊고 주식회사 이마무라 프로덕션을 설립. 최초의 사무소는 신주쿠 가부키초 잡거빌딩의 일실에서 시작했다. 〈인류학 입문〉으로 〈영화예술〉 제2위, 〈키네마준포〉 제2위, 마이니치영화콩쿠르 남우주연상

(오자와 쇼이치), 화이트브론즈 남우주연상(오자와 쇼이치) 외 수상.

1967년 _ 쇼와 42년

〈인간증발〉로 〈영화예술〉 제1위, 〈키네마준포〉 제2위, 〈영화평론〉 제1위, 마이니치영화콩쿠르 감독상 및 최우수작품상 외 수상. 이 작품 완성 후 출연자의 프라이버시 문제가 불거졌다.

1968년 _ 쇼와 43년

첫 컬러 영화 〈신들의 깊은 욕망〉으로 〈영화예술〉 제1위, 〈키네마준포〉 제1위, 〈영화평론〉 제1위, 마이니치영화콩쿠르 일본영화상, 예술선장 문부대신상芸術選奨文部大臣賞 외 수상.

1970년 _ 쇼와 45년

다큐멘터리 〈호스티스가 말하는 일본 전후사〉로 〈영화예술〉 제1위.

1971년 _ 쇼와 46년

다큐멘터리 〈미귀환병을 좇아〉로 방송비평간담회 텔레비전 대상 수상. 오페라 〈사신〉(스기 노리카즈 연출)으로 NHK 잘츠부르크 텔레비전 오페라상 수상.

1972년 _ 쇼와 47년

후지타 덴이 연출한 〈흑염불 살인 사건〉(하이유쇼게키조 공연)에 원안으로 참가.

1973년 _ 쇼와 48년

다큐멘터리 〈가라유키상〉으로 방송비평간담회 기간선장期間選奨 수상.

1974년 _ 쇼와 49년

수년에 걸친 미귀환병 문제를 좇아 〈테레비가이드テレビガイド〉 특별상 수상.

같은 해 10월

요코하마 방송영화전문학원(2년제 각종학교) 설립. 학원장에 취임해 신인 육성과 학교 경영으로 분주.

1978년 _ 쇼와 53년

CX후지텔레비전계 장편 텔레비전영화 〈기아해협〉(감독 우라야마 기리오, 온치 히데오)에 하코다테 경찰의 서장 역으로 출연.

1979년 _ 쇼와 54년

〈복수는 나의 것〉으로 11년 만에 영화계에 컴백. 〈키네마준포〉 제1위, 마이니치영화콩쿠르 일본영화 최우수작품상, 블루리본 최우수작품상, 일본 아카데미상 최우수작품상 외 다수 수상. 한편 프랑키 사카이, 오자와 쇼이치 등과 가와시마 유조 17주기의 기념비 제막을 아오모리현에서 거행한다.

1981년 _ 쇼와 56년

수년 전에 각본을 쓰고 자금난으로 보류 중이던 〈좋지 않은가〉 완성. 〈키네마준포〉 제9위 외 수상.

1983년 _ 쇼와 58년

〈나라야마부시코〉로 칸영화제 그랑프리(황금종려상) 수상. 일본인으로서는 기누가사 데이노스케衣笠貞之助(1954년), 구로사와 아키라(1981년)에 이어 세 번째 인물. 국내에서도 일본 아카데미상 최우수작품상, 마이니치영화콩쿠르 일본영화 우수상 외 수상.

1984년 _ 쇼와 59년

연극 〈우리 읍내〉(오사카 나카자中座 공연, 다쓰미 류타로 주연)를 연출.

1985년 _ 쇼와 60년

여러 해 동안 명콤비를 이룬 우라야마 기리오 감독이 54세로 급사.

1986년 _ 쇼와 61년

요코하마 방송영화전문학원을 요코하마에서 가와사키시 신유리가오카新百合ヶ丘로 옮겨 학교법인 전수학교 일본영화학교(3년제)로 하고 교장에 취임. 현재 영화업계에서 일하는 사람의 상당수가 이곳 출신이다.

1987년 _ 쇼와 62년

〈뚜쟁이〉, 칸영화제 정식 출품.

1989년 _ 헤이세이 원년

이마무라 작품에 초기부터 다수 출연한 도노야마 다이지(1915-1989)가 73세로 사거.

1990년 _ 헤이세이 2년

〈검은 비〉로 칸영화제 고등기술위원회상, 〈키네마준포〉 제1위, 마이니치예술상, 마이니치 영화콩쿠르 일본영화 대상, 일본 아카데미상 최우수작품상, 문화청 예술작품상 외 다수 수상.

1991년 _ 헤이세이 3년

연극 〈도쿄몽환도〉를 연출.

1997년 _ 헤이세이 9년

〈우나기〉로 칸영화제에서 두 번째 그랑프리 수상. 〈키네마준포〉 제1위, 마이니치영화콩쿠르 우수작품상, 일본 아카데미상 감독상 외 수상. 이해에 이마무라 영화의 단골이었던 니시무라 고(1923-1997)가 74세로 사거.

1998년 _ 헤이세이 10년

〈간장 선생〉, 칸영화제 특별 초대 작품. 〈키네마준포〉 제4위, 마이니치영화콩쿠르 우수작품상, 일본 아카데미상 감독상 외 수상.

2001년 _ 헤이세이 13년

〈붉은 다리 아래 따뜻한 물〉, 칸영화제 경쟁 부문에 출품. 한편 일본영화학교 학생이었던 이시명 감독의 요청으로 〈2009 로스트 메모리즈〉에 역사학자 역으로 특별 출연.

2002년 _ 헤이세이 14년

미국 9·11 사태와 관련한 옴니버스영화 〈2001년 9월 11일〉에 포함된 단편 연출.

2006년 _ 헤이세이 18년

5월 30일, 도쿄 시부야구의 병원에서 간암으로 타계. 향년 79세.

참고 문헌

• 『이마무라 쇼헤이의 영화―전작업의 기록今村昌平の映画―全作業の記録』, 하가쇼텐芳賀書店, 1971

• 『세계의 영화 작가 8―이마무라 쇼헤이·우라야마 기리오 편世界の映画作家 8―今村昌平·浦山桐郎編』, 키네마준포샤キネマ旬報社, 1971

• 이노마타 가쓰히토猪俣勝人, 『일본영화명작전사 전·후편日本映画名作全史 戦後編』, 샤카이시소샤社会思想社, 1974

• 이마무라 쇼헤이, 『이별만이 인생이다―영화감독 가와시마 유조의 일생サヨナラだけが人生だ―映画監督川島雄三の一生』 개정판, 노베루쇼보ノーベル書房, 1976

• 이마무라 쇼헤이, 『이마무라 쇼헤이의 좋지 않은가 에세이今村昌平のええじゃないか エッセイ』, 아시네アシーネ, 1981

• 사토 다다오佐藤忠男, 『이마무라 쇼헤이의 세계今村昌平の世界』 증보판, 가쿠요쇼보学陽書房, 1997

• 가키이 미치히로垣井道弘, 『이마무라 쇼헤이의 제작 현장今村昌平の製作現場』, 고단샤講談社, 1987

• 이마무라 쇼헤이, 『까마득한 일본인遥かなる日本人』, 이와나미쇼텐岩波書店, 1996

• 사이토 류호斎藤竜鳳, 『뭐가 멋이냐なにが粋かよ』, 와이즈슛판ワイズ出版, 1997

• 〈신초45新潮45〉 별책 1998년 2월 호『코마네치!―비토 다케시 전 기록コマネチ!ビートたけし全記録』, 신초샤新潮社, 1998

• 〈키네마준포キネマ旬報〉, 키네마준포샤

참고 문헌

- 이마무라 쇼헤이 감수, 『Guest Information—Japan Now』, 간/오다큐 에이전시キャン
/小田急エージェンシー, 1989~2000

- 〈아사히 '87 일본영화제—이마무라 쇼헤이 전 작업朝日 '87日本映画祭—今村昌平全仕事〉
프로그램, 아사히신문사朝日新聞社, 1987

- 〈이마무라 쇼헤이의 세계今村昌平ノ世界〉 프로그램, 사토 다다오 편집, 일본영화의 발
견 실행위원회日本映画の発見実行委員会, 1995

- 〈니혼케이자이신문日本経済新聞〉

- 〈아사히신문朝日新聞〉

- 〈마이니치신문毎日新聞〉

남들은 꺼내지 않던 얘기

이마무라 쇼헤이는 독보적인 감독이다.

칸영화제가 사랑한 일본 감독은 물론 한두 사람이 아니었고 여러 차례 칸에서 상을 받은 감독도 다수 있지만 최고상인 황금종려상을 두 차례 수상한 일본인은 아직 이마무라 단 한 사람뿐이다. 물론 이건 아주 납작하고 단편적인 근거에 지나지 않으며, 유력 영화제의 인정을 받아야 좋은 영화라는 주장을 하려는 것은 아니다. 하지만 일본 영화 산업이 이미 그 최전성기를 지나 점점 침체되어가는 시기의 한복판을 일본 영화와 함께 걸으면서, 어떻게든 자신만의 방법으로 그 상황을 극복해보려는 노력을 멈추지 않았던 한 영화감독이 인생의 후반부에 이뤄낸 성과는 결코 과소평가되어선 안 될 것이라는 얘기를 하고 싶은 것이다. 그런 그의 노력이 어떤 것이었는지는 이 책을 이루고 있는 그의 말들이 잘 설명해줄 것이라고 믿는다.

구로사와 아키라의 영화를 보고 영화감독이 되겠다는 결심을 하고, 오즈 야스지로, 가와시마 유조 등의 조수로서 영화계에 발을 디딘 그의 일생은 전후 일본영화사를 관통하는 위치에 있다. 일본의 스튜디오 시스템과 그의 반골 기질은 처음부터 불화의 관계에 있었지만 그는 그 시스템과 완전히 손을 끊지 않으면서도 보통의 상업 영화와는 다른 영화를 만들겠다는 의지를 꺾지 않았고, 스튜디오 시스템이 점차 붕괴해가는 것을 그 안에서 목도했으며, 결국 그 후까지 살아남았다. 비록 스튜디오 시스템의 전성기에 활동했던 감독들처럼 많은 영화를 만들 수는 없었지만, 집을 저당 잡히고 빚을 얻으러 뛰어다니면서 꾸준히 영화를 만들기 위해 노력했다. 극영화 세계에서 길이 막히면 다큐멘터리를 찍었고, 극장 영화가 여의치 않을 때는 때때로 텔레비전으로 무대를 옮겼다. 자기 작품을 감독하지 않을 때는 각본을 쓰고 기획을 세워 작품을 만들었다. 거기서 그치는 것이 아니라 스튜디오 시스템 밖에서도 다음 세대가 이 세계에 발을 디딜 수 있게 학교를 만들고 동료들을 모으고 독려해 후배들을 가르쳤다. 그가 세운 일본영화학교(현 일본영화대학)는 그가 이 세상을 떠난 지금도 젊은 인재들을 세상에 내보내고 있다.

이런 그가 독보적인 존재가 아니라면 다른 누가 있다는 말인가.

물론 그가 살았던 시대는 모든 면에서 지금과 다르고, 그의 영화가 제기하는 형식적·테마적 주제들은 현대적인 맥락에서 다시 고찰되어야 할 것이다. 여성을 비롯해 부랑자, 범죄자, 재일조선인 등 그의 눈길은 늘 사회적 약자와 소수자 들을 향해 있었고, 그와 같은 의식이 그의 작품 전체를 잇는 중요한 테마였던 것은 분명하지만, 그의 현실 인식과 방법론 중에는 지금의 관점에서 볼 때 오히려 시대적 한계를 느끼게 하는 부분이 없지 않은 것 또한 사실이다. 하지만 무엇보다 중요한 것은 소수자에 대한 그의 시선이 단지 공감하고 안타까워하는 것에 그치지 않고 그가 가진 무기인 영화를 통해 적극적으로 제기하고 발언하는 행동으로서 결실을 맺고 있다는 점이다. 또 그 행동이 분노

하고 외치는 방식으로써만이 아니라 이마무라류의 비틀기, 장난스러움, 해학을 통해 완성되었다는 점도 영화 작가 이마무라 쇼헤이를 이야기하는 데 있어서 꼭 짚고 넘어가야 할 부분이라고 생각한다. 그의 작품에서 어느 정도 시대적 한계를 느끼게 된다면 그것은 그가 누구보다도 앞에서 동시대적인 문제들에 직접 몸을 부딪쳐가며 실천했기 때문일 것이다. 남들이 못 본 척하는 것을 응시하고 남다른 열정으로 고민하고 파헤쳐 남들은 꺼내지 않는 얘기를 굳이 나서서 말하는 그의 기질과 이 부분은 역시 맞닿아 있는 것이 아닐까. 지금 이 시대에 그가 있다면 역시 누구보다 앞장서서 지금의 사회적 갈등과 모순에 자신의 방식으로 맞섰을 것이라고 믿는다.

우리말로 된 이마무라 감독 관련 자료를 찾지 쉽지 않은 상황에서 관심 있는 분들의 갈증을 조금 풀어드릴 수 있는 작업이 되기를 기대하며, 출판을 결정하고 수고를 아끼지 않은 마음산책에 감사의 말씀을 전하고 싶다. 인명 등 고유명사의 표기는 스스로 조금 위화감을 느끼는 경우에도 외국어 표기 원칙에 최대한 따르는 것을 전제로 옮겼다.

이 글을 쓰고 있는 9월 15일은 우연찮게도 이마무라 쇼헤이 감독이 태어난 날이다. 앞으로도 그의 이름은 오래 기억되겠지만, 국내 관객들에게 그의 작품이 소개되는 일이 더 늘어나기를 희망하며 어떤 계기로든 그의 작품에 관심을 갖게 될 미래의 이마무라 팬들에게도 이 책이 참고가 되기를 바란다.

2018년 9월 15일

박창학